자유의 새로운 공간

국립중앙도서관 출판시도서목록(CIP)

자유의 새로운 공간 / 안또니오 네그리, 펠릭스 가따리 지음 ; 조정환 편역.
-- 서울 : 갈무리, 2007
　p. ;　cm. -- (아우또노미아총서 ; 11)

원서명: Les Nouveaux espaces de liberté
원저자명: Negri, Antonio
원저자명: Guattari, Félix

ISBN 978-89-86114-96-6 04300 : ₩13000
ISBN 978-89-86114-21-8(세트)

340.1-KDC4
320.01-DDC21   CIP2007000215

아우또노미아총서11

자유의 새로운 공간 Les Nouveaux espaces de liberté

지은이 안또니오 네그리·펠릭스 가따리
편역자 조정환

펴낸이 장민성, 조정환
책임운영 신은주 편집부 오정민 마케팅 정현수

용지 화인페이퍼 인쇄·제본 한영문화사 출력 경운출력
펴낸곳 도서출판 갈무리 등록일 1994. 3. 3. 등록번호 제17-0161호
초판인쇄 2007년 1월 31일 초판발행 2007년 2월 22일

주소 서울 마포구 서교동 375-13호 성지빌딩 101호
전화 02-325-1485 팩스 02-325-1407
website http://galmuri.co.kr　e-mail galmuri@galmuri.co.kr

ISBN 978-89-86114-96-6 04300 / 978-89-86114-21-8(세트)
도서분류 1.정치학 2.사회과학 3. 사회학 4. 철학

값 13,000원

자유의 새로운 공간

Les Nouveaux espaces de liberté

안또니오 네그리 · 펠릭스 가따리 지음
조정환 편역

2006년 10월 2일 빠리 주시외(Jussieu) 대학에서 열린 〈방리유-되기〉("Devenir Banlieue") 세미나에서의 안또니오 네그리. 2003년 4월 25일 가택연금이 풀린 이후 세계 여러 나라를 여행하며 강의, 인터뷰, 자료수집 등 왕성한 활동을 하고 있다.

1979년 〈노동자의 자율〉과 〈붉은 여단〉의 수괴라는 혐의로 밀라노에서 체포된 후 법정에서의 네그리. 이때 30명의 동지들이 한꺼번에 체포되었다.

2003년 11월 12일~15일까지 빠리에서 열린 유럽사회포럼에서 〈다중인가 노동계급인가〉라는 주제로 알렉스 캘리니코스와 벌인 토론회에서의 네그리. 1,000여명이 몰려들어 락(Rock) 콘서트를 방불케 했다.

1981년 5월 22일 펠릭스 가따리가 Micro Radio 운동 활동가 Tetsuo Kogawa와 대담하는 모습. 가따리는 반(反)정신의학 운동 뿐만 아니라 여성, 동성애, 생태운동 등 새로운 형태의 운동에서 왕성하게 활동을 했다.

 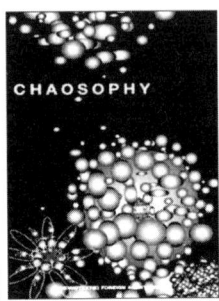

1992년에 출간된 펠릭스 가따리의 마지막 저작 『카오스모제』의 프랑스어본(왼쪽)과 영어본 표지. 가따리는 이해 8월 29일에 죽음을 맞이했다.

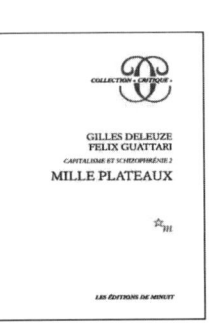 

질 들뢰즈, 펠릭스 가따리(왼쪽)가 함께 쓴 『천개의 고원』(1980) 프랑스어본 표지. 들뢰즈와 가따리는 이외에도 『앙띠 오이디푸스』, 『철학이란 무엇인가』 등 왕성하게 공동저작 활동을 벌였다.

차례

· 책 머리에 | 9
· 2000년 수정증보판 역자 서문 | 12
· 1995년 한국어판 역자 서문 | 20
· 1990년 영어판 발문 | 35
· 1985년 프랑스어판 서문 | 53

자유의 새로운 공간

제1장 1968년에 시작된 혁명 | 67
제2장 1970년대의 반동 : "미래는 없다" | 87
제3장 혁명은 계속된다 | 107
제4장 새로운 연합 | 127
제5장 지금까지와는 다른 방식으로 살고 생각하자 | 147
인터뷰 미래로 돌아가다 | 159
편 지 감옥에서 보낸 네그리의 편지 | 193

부록

국가에 대한 맑스주의 이론은 존재하는가 | 201

제헌적 권력: 대중의 지성으로 소비예뜨를! | 231

이딸리아 자율적 좌파 운동의 약사 | 245

번역 용어 해설 | 255

안또니오 네그리 저작 목록(이딸리아어) | 264

안또니오 네그리 저작 목록(기타어) | 266

안또니오 네그리 저작 목록(한국어) | 273

안또니오 네그리 연보 | 277

펠릭스 가따리 저작 목록(프랑스어) | 284

펠릭스 가따리 저작 목록(영어) | 285

펠릭스 가따리 저작 목록(한국어) | 286

펠릭스 가따리 연보 | 288

· 찾아보기 | 291

책 머리에

1970년대의 반동에도 불구하고 혁명이 계속되고 있다, 연합의 새로운 분자적 노선을 창안하자, 이를 통해 코뮤니즘의 이념을 새롭게 구출하자. 『자유의 새로운 공간』이 제시하는 이 메시지들은 신자유주의 반혁명이 마치 저물 것처럼 깊어가고 있는 지금도 여전히 생생한 울림을 갖는다. 아니 지금이야말로 당시(1985년)로서는 너무 이상적으로 보였던 이 책이 현실적 무게감을 갖고 다가오는 때가 아닐까?

1994년에 이 책을 읽고 번역하는 시간 동안 나의 생각은 전위주의에서 자율주의로 선회했다. 1995년에 한국어로 첫 출판되어 사람들로부터 '다시 쓴 공산당 선언'이라는 세평을 얻었던 이 책은 2000년에 『미래로 돌아가다』로 제목이 바뀐 수정증보판으로 재출판되었다. 이 판에 나는 1997년 오랜 프랑스 망명생활을 청산하고 이딸리아로 자진귀국한 네그리의 귀국 인터뷰 「미래로 돌아가다」를 전면에 새로 배치했다. 그것은 네그리가 귀국 후 구속을 예감하고 밑바닥에서의 재출발을 다짐하면서 쓴 것이다. 『자유의 새로운 공간』이 감옥에서, '미래는 없다'고 명령하는 70년대의 반동 속에서 새로운 운동의 노선을 모색하고 있다면, 「미래로 돌아가다」는 감옥을 향해 가며 그 속에서 미래를 투시한다. 실제로 그는 귀국 후 5년여에 걸친 투옥과 가택연금 생활을 겪었고 2000년에 하트와 함께 『제국』을 출간하여 현재의 세계를 바라보는 거대하고 혁신적인 관점을 제시했다. 이런 의미에서 「미래로 돌아가다」는 가따리의 부재 상태에서 씌어진 『자유의 새로운 공간』의 속편인 셈이다. 공교롭게도 수정증보판을 출간한 바로 그해 2000년부터 나는 수배생활을 끝내고 합법생활로 돌아올 수 있었는데, 그 때문에 『미래로 돌아가다』가 갖는 의미는 내게 각별한 것이었다.

올해는 네그리가 「미래로 돌아가다」를 공표하고 귀국한 지 정확하게 10년이 되는 해이다. 이 10년 사이에 전개된 지구적 현실은 『자유의 새로운 공간』에서 제시되었던 '통합된 세계자본주의'의 문제틀을 놀라울 정도로 우리 삶의 한 복판으로 가져오고 있다. 그래서 다시 『자유의 새로운 공간』을 전면에 배치하는 방식으로 이 책의 체제를 바꾸고 번역을 고쳐 다시 출간한다.

처음 번역본의 용어들에서 이제는 낡은 느낌을 주는 것들을 새롭게 고쳤고(예: 생물정치→삶정치) 시험적 번역어들 중에서 이후 어느 정도 공통어로 정착되어 가고 있는 번역어들은 그것을 채택하는 방향으로(예: 독특성→특이성) 고쳤다. 부적절하거나 일관성이 없는 번역어들도 수정했다. 그것의 개념적 의미가 새롭게 발견된 용어들도 일관성을 주어 새롭게 번역했다(예: 유토피아에 대립하는 것으로서의 real을 현실적→실재적으로 고침). 몇몇 용어들에는 옮긴이의 주를 보강하여 독자들이 쉽게 이해할 수 있도록 노력했다. 또 네그리와 가따리의 연보와 저작목록을 취합, 보충하고 수정하여 실었다. 이렇게 책을 새롭게 하는 데 도움을 준 양창렬·오정민 님께 고마움을 전한다.

  이 책은 2000년에 출간된 『제국』(한국어판: 2001), 2004년에 출간된 『다중』(한국어판: 2007)과 함께 읽음으로써 그것의 정치적 의미를 더욱 깊이 이해할 수 있는 책이다. 네그리가 레빕비아의 감옥 속에서 가따리와의 소통을 통해 쓴 열정으로 가득 찬 이 책이 나날이 심각해져가고 있는 가난, 더욱 치열해지는 서로간의 경쟁, 패배감과 실의로 얼룩진 정서, 비관주의와 냉소주의로 병들어가는 정신을 다시 한번 되돌아보면서 반혁명 속에서도 움직이는 혁명의 은밀한 저력을 발견하는 데 도움이 될 수 있기를 바란다.

2007년 1월 1일

2000년 수정증보판 역자 서문*

이 책은 네그리와 가따리의 공저 『자유의 새로운 공간』(한국어판, 갈무리, 1995)을 전면 수정하고 거기에 네그리의 인터뷰와 편지, 그리고 이딸리아 아우또노미아 운동 약사를 추가한 수정증보판이다.

이 책의 서두에는 1997년 7월 네그리가 14년간에 걸친 프랑스 망명 생활을 끝내고 자신의 의사에 따라 이딸리아로 돌아가기 전에 가진 인터뷰를 실었다. 이 인터뷰는 그가 투옥을 각오하면서, 그리고 망명지 프랑스에서 확보한 일정 수준의 안정된 생활 — 그는 비록 신분을 보장받지는 못했지만 빠리 제8대학 정치학 교수였고 『전 미래』지의 편집위원이었다 — 을 버리고 이딸리아로 돌아가는 이유에 대한 설명이다. 여기에는 1995년 프랑스 노동자 파업이 지닌 역사적 새로움에 대한 이론적 발견과 더불어 그 앞에서 느낀 자신의 실천적 무력감에 대한 고백이 들어 있다. 파업이 수그러든 이후 그는 망명 생활을 청산하고 이딸리아의

---

* 1차 수정증보판은 2000년에 『미래로 돌아가다』라는 제목으로 출간되었다.

감옥으로 돌아가는 것을 '선택'하는데, 그의 인터뷰는 그의 선택이 매저키스트적 선택도 도피적 선택도 아니며 자신의 긍정적 정열, 구성적 역량을 살려내기 위한 선택이며 '탈주선'을 발견하기 위한 노력임을 밝혀 준다. 이런 의미에서 그의 귀환은 결코 하나의 국가로서의 '이딸리아'로의 귀환으로 볼 수 없다. 그것은 로스엔젤레스(1992)에서, 치아빠스(1994~)에서, 그리고 빠리(1995)에서 부활한 코뮨들을 이론적·실천적으로 발전시켜 나가기 위한 네그리 자신의 프로젝트와 연결되는 것으로 보인다.

그 프로젝트 가운데 하나는, 1970년대 후반 이딸리아 노동운동의 일부였으며 1979년 4월의 탄압으로 지하로 숨어든 아우또노미아 운동의 사면을 위한 투쟁이다. 당시 이딸리아에는 약 180여 명의 사람들이 이 죄로 투옥되어 있었으며 약 150명의 사람들이 프랑스를 비롯한 국외에서 망명 생활을 하고 있었기 때문이다. 실제로 네그리의 귀환은 전 세계적 차원에서 사면 운동을 불러일으킴으로써, 비록 그것이 네그리의 즉각적 석방을 가져오지는 못했지만, 아우또노미아 운동에 대한 대중적이고 국제적인 관심을 불러 일으켰다.

이것보다 중요한 네그리의 프로젝트는 '완전히 변화된 사회적 현실을 이해하는 것'에 있다. 그는 아우또노미아 이후의 역사적 현실에서 부정적 측면들만이 승리했다고 보는 것은 잘못이라고 주장한다. 오히려 그는 군주 권력의 곁에 항상 존재하는 다중의 권력을, 지배의 곁에 상존하는 불복종을 주목할 것을 주장한다. 탐색의 문제, '정확히 가장 밑바닥에서부터의 탐색, 실제의 감옥이 아니라 사람들이 고통당하고, 사람들이 여전히 가장 가난하며, 가장 많이 착취당하는 수준, 감각들과 언어들이 일체의 활동 능력으로부터 가장 멀리 분리되어 있으나 여전히 존재하는 수준에서부터의 탐색'(이 책, 192쪽)이 강조되는 것은 이 때문이다. 그가 수감 중에, '정의와 자유를 위한, 분리주의와 인종주의에 반대하는 하나의 사회적 유럽'이라는 주제 하에 유럽 대항 네트워크와 그 동맹자들이 1997년 9월 12일에서 14일까지 이딸리아 베네치아에서 개최한 회의에 보낸 편지는 '공동적 기업 정신'을 중심으로 하는 그의 최근의 탐구 방향을 보여준다. 실제로 그는 수감 생활 중에도 그의 제자이자 동료인 마이클 하트와의 부단한 교류를 통해 오늘날의 지구화하는 현실에서 변형된 제국주의에 대한 탐구이자 그 속에서 성장하고 있는 다중의 힘을 분석한 책 『제국』(*Empire*, Harvard University Press, 2000)을 저술하여 자신의 '고독'을 우리 시대의 혁명의 잠재력을 파헤치는 일에 투여하고 있다. 이런 의미에서 그의 귀환은 그 무엇보다도 우리 시대의 아우또노미아 운동을 위한 귀환이다. 나는 이 책의 끝에 1970년대 이딸리아 아우또노미아 운동의 전개과정을 서술한 약사를 실어 네그리의 귀환의 역사적 맥락을 이해하는 데 도움을 주고자 했다.*

1990년대에 우리는 펠릭스 가따리(1992), 까스또리아디스(1997)의 죽음, 기 드보르(1994)와 질 들뢰즈(1995)의 자살, 안또니오 네그리(1997)의 투옥 등 1968년 사상의 순환에서의 하나의 새로운 국면을 맞이했다. 2000년을 맞이한 우리에게 이 국면은, '이들 이후에도 1968년에 시작된 21세기의 정신이 지속될 수 있을 것인가'라는 물음을 제기한다.

내가 1990년대 중반에 『자유의 새로운 공간』을 번역한 것은 사회주의 붕괴 이후의 정신적 공황과 혼란에 대한 하나의 개입이었으며 나의

---

* 이딸리아 아우또노미아 운동에 대한 상세한 소개로는 조정환, 『아우또노미아』, 갈무리, 2003 참조.

기존의 생각들을 정정하기 위한 것이었다. 이 책은 (1980년대의 한국의 학생운동과 노동운동에 커다란 영향력을 행사한) 볼셰비끼적 사회주의론이 재구성된 현대 노동계급의 잠재력과 부합하지 못한다는 생각을 전달한다. 1990년대 초 한국에서 그것은 국제사회주의 운동으로 재생산되는데 그것은 기존 사회주의의 붕괴를 (사회주의가 아닌) '국가자본주의'의 붕괴로 보면서 '진정한' 사회주의의 정당성을 옹호한다. 이것은 죽기 직전의 레닌의 마지막 열망, 그리고 뜨로츠끼의 정신에 따라 임종에 이른 볼셰비끼적 사회주의를 되살리기 위한 이론적 시도이다. 이것은, 사회주의의 붕괴를 사회혁명의 모든 가능성의 소멸로 이해하는 탈근대주의적 관념이나 그것을 자본주의 내부에서의 개혁주의를 정당화하기 위한 전제로 삼는 일체의 경향들을 비판하고 혁명의 열망을 보존하는 하나의 방법일 수 있었다. 하지만 그것이 사회주의의 지속적 타당성을 확인하는 일에 집착한 나머지, 사회주의의 붕괴를 낳은 동인에 대한 설명을 20세기 초에 구축된 낡은 계급구성론 위에 기초지우는 한에서 새로운 운동들의 탄생과 발전을 외면하는 정치적 보수주의를 드러내게 된다. 이들이 사빠띠스따 운동을 제3세계의 민족해방운동의 한 형태로 보면서 그것의 새로움을 외면하는 것은 이와 결코 무관하지 않다.

이 책은 1968년 이후의 계급구성의 변화를 분석하면서 노동계급 자율성에 기초한 전복적 자기가치화 운동의 새로움과 그 가치를 우리에게 설명한다. 이것은 우리로 하여금 1980년대 운동이 보여주었던 목적의식성, 단일방향-단일형태에 대한 추구, 일치단결론과 중앙집권주의, 일사분란한 군사적 움직임, 대규모 기동전에 대한 집착 등에 내재한 자본의 거울 이미지를 읽을 수 있게 해주며 지난 세기를 지배해온 '정통' 맑스레닌주의와 완전히 상이한 방향에서 맑스 사유의 노선을 재전유할 수 있게 한다. 그리고 이것은 '또 다른' 노동운동이, 다시 말해 반란들이 연결되고 조직되는 또 다른 방식이 가능하고 또 실재함을 느끼게 해 준다.

네그리와 가따리의 분석 속에서 1917년 혁명은 노동계급의 불복종적 힘의 표출이었지만 그 이후, 특히 1930년대 이후의 (케인즈주의를 포함하는) '사회주의'는 그 불복종의 힘을 흡수하기 위한 자본의 전략으로 전유되며 1968혁명을 통해 노동계급은 비사회주의의 방향에서 분자적으로 재구성된 자신의 정치적 전략을 제시하는 것으로 설명된다. 이런 관점에서 보면 1989년 베를린 장벽의 붕괴나 1991년 구 소련의 해체가 한국 사회주의 운동의 침몰을 가져온 원인이라는 통념은 유지될 수 없다. 그것들은 지구 도처에서 시시때때로 출현하고 있었던 사회주의 붕괴의 조짐들, 징후들, 파장들이 종합된 어떤 결정판일 뿐이다. 사회주의의 붕괴는 1917년 혁명 직후부터 이미 시작되었다고 볼 수 있는데, 그것은 결코 국제 자본의 반혁명 압력이 가져온 효과만은 아니었다. 20세기 후반에 찾아 온 사회주의의 결정적 붕괴에 앞서, 러시아 소비예뜨의 국가에의 흡수, 크론슈타트에서의 수병 봉기에 대한 무력 진압, 뜨로츠키주의자들과 좌파 코뮤니스트들의 숙청, 강제 노동수용소의 건설, 그리고 스페인 혁명의 파괴, 폴란드와 헝가리, 체코슬로바키아에서의 반란들에 대한 공산당들의 무력 진압, 천안문에서의 학생 시위에 대한 중국 공산당의 발포가 있었다. 프랑스, 이딸리아, 독일 등을 비롯하여 멕시코, 남미를 휩쓴 1968년 전후의 혁명들은 사회주의 붕괴가 본격화되는 국면들이었다. 이런 맥락에서는 1989년이나 1991년을 민중의 승리로 바라보는 국제사회주의자들의 생각이 사실에 더 접근한다. 그러나 이들은 안타깝게도 이 시기의 민중 투쟁들을 포함하여 1968년 이후의 반란들과 봉기들, 그리고 체제변혁들을 또 다시 '당이 지도하는 노동계급의 국가권력 장악'이라는 낡은 사회주의적 전략관 속에 배치함으로써 그것의 역사적 새로움과 능동적 측면을 보지 못하게 한다.

구 공산당 계열의 좌파민주당이 주도하는 이딸리아의 중도좌파 정부는 네그리의 사면을 거부했다. 네그리는 감옥에서 이딸리아 주변지역 민중 생활상을 조사할 목적으로 당국에 우편배달부 노동을 자청한 바 있지만 그것마저 기각되었다. 5년 형기의 반 이상을 보낸 최근에야 그는 낮에는 감옥 밖에서 생활을 하고 밤에 감옥으로 돌아가는 반(半)자유의 수감생활 속에서 가따리와 들뢰즈의 죽음 이후에 그들의 사유의 노선을 갱신해 나갈 방법을 탐구하고 있다.* 그것은, 오늘날 계급적대의 재구성이 적대를 넘어설 수 있는 자율적 주체성을 생산하고 있다는 인식이다. 그러나 이것은 적대의 해체를 주장하는 포스트모더니즘의 주장과는 근본적으로 다르다. 네그리가 주장하는 것은 적대의 발본화로서의 분리이기 때문이다. 그의 최근 논의에서 분리의 문제가 전면으로 제기되는 것은 이 때문이다. 분리의 시각에서 적대를 사유하는 방법은 언제나 새로운 종합의 시각에서 적대를 사고했던 변증법으로부터의 단절을 수반한다. 오늘날 적대는 지휘하는 주체로서의 기업가와 노동하는 주체로서의 노동자의 대립을 축으로 하던 시대의 적대와는 다르다. 이러한 적대 구조에서는 지휘권의 탈취를 가능케 하는 국가 권력과 생산 수단의 장악이 정치 혁명의 중심 문제로 제기되었다. 그러나 오늘날 노동 과정의 비물질화와 다중지성의 성장은 부를 창출하는 생산 능력이 신체 외부에 고정되어 있는 기계로부터 주체의 신체로, 특히 두뇌로 이전되도록 한다. 네그리는 '오늘날 노동자는 노동의 도구들을, 즉 자본이 제공하는 고

---

* 2000년 이후 네그리의 행보에 대해서는 권말부록(이 책 283쪽) 참조.

정자본을 더 이상 필요로 하지 않는다. 고정자본은, 노동하는 사람들의 두뇌 속에서 그 스스로 혹은 그녀 스스로 지니고 다니는 도구'로 되었다고 주장한다.* 노동은 비물질적이고 지적으로 됨으로써 공장 규율을 벗어나며 바로 이것이 현대 자본주의 사회의 지구적이고 근본적이며 급진적인 혁명의 가능성을 제시한다. 여기에서 자본가들의 능동적 역할은 없다. 그들은 지휘의 기능, 주체로서의 기능을 박탈당하며 기생적으로 된다. 오늘날의 적대 속에 분리의 가능성이, 다중의 언어적·정동적 소통의 공간이, 코뮨으로 향하는 오솔길이 열리고 있다는 네그리의 주장은 이런 맥락에서 이해할 수 있다.

『자유의 새로운 공간』 한글판이 처음 출간되었던 5년 전인 1995년만 하더라도 한국의 상황에서 네그리의 생각들을 이해하는 데에는 커다란 어려움이 따랐다. 그 해는 1987년 이후의 노동자 투쟁이 민주노총의 결성으로 결산되었던 해이고 육체적 산업 노동자의 힘이 여전히 한국 사회에서의 저항을 주도하고 있었기 때문이다. 그러나 경제 위기와 IMF 위임 통치를 거치면서 상황은 바뀌었다. 인터넷, 구조화된 대량 실업, 벤처 기업은 오늘날의 한국 사회를 특징짓는 새로운 세 가지 요소이다. 자율주의자들 가운데서도 네그리가, 관념적 방식으로, 아직도 지속되고 있는 대중노동자 기반을 무시한다는 비판이 없지 않지만 적어도 오늘날 한국뿐만 아니라 전 지구를 가로질러 출현하고 있는 이 새로운 경향들을 이해함에 있어 네그리의 생각은 더 없이 소중한 안내자의 역할을 수행한다는 것이 나의 생각이다.

---

* 이후 비물질노동에 대한 두뇌, 지식 중심적 이해는 정동(affect)을 강조하는 방향으로 일정하게 수정된다.

이렇게 완전히 수정되고 증보된 판본이 나올 수 있게 된 것은 무엇보다도 이 책에 담긴 사상에 애정을 보여 준 독자들의 관심 덕분임을 상기하고 싶다. 나는 『자유의 새로운 공간』 한국어판 출간 이후 네그리의 사상적 동료이자 협력자인 마이클 하트로부터, 허락 없이 번역본을 낸 데 대한 문책이 아니라, 이 책의 한국어판 발간에 대한 축하와 역자의 노고에 대한 감사의 내용을 담은 따뜻한 편지를 받은 바 있다. 지하의 가따리도 감옥의 네그리도 이 수정증보된 한국어판의 발간을 기뻐할 것이라고 믿어 의심치 않는다. 그리고 이 책의 발간이 새로운 천년을 맞아서도 여전히 감금되어 있는 인류의 존엄과 자율에 대한 관심을 환기시키는 데에 조금이라도 기여할 수 있기를 바란다. 구 이딸리아 공산당 출신으로 좌파민주당의 서기였던 맛시모 달레마가 이끄는 이딸리아의 소위 '좌파' 정부가 인간의 존엄과 자율에 조금이라도 관심이 있다면, 1979년 4월 이후 20년이 넘게 투옥, 망명, 재투옥의 고통을 겪고 있는 안또니오 네그리에게 채워진 감금의 족쇄를 이제라도 당장 풀어야 할 것이다.*

2000년 4월 25일
조정환

---

* 2003년 4월 25일 자유의 몸이 된 후 네그리는 유럽 전역과 남미를 여행하며 완성한 활동을 보여주고 있다.

1995년 한국어판 역자 서문*

펠릭스 가따리는 질 들뢰즈의 연구 파트너로 널리 알려져 있다. 우리에게 이미 소개된 『앙띠 오이디푸스』와 『카프카 : 소수적인 문학을 위하여』 등의 가따리의 저작은 모두 들뢰즈와의 공저이다. 이들은 푸꼬, 데리다와 더불어 현대 프랑스 철학을 주도해 온 탈구조주의 철학자들로도 널리 알려져 있다. 많은 사람들은 이들을 료따르 및 보드리야르와 함께 포스트모더니즘의 철학적 전통을 이루는 사람들로 생각하고 있는 것으로 보인다. 이로써 욕망의 철학, 계보학, 해체의 철학은 1968년과 결부된 그것들의 혁명적 뇌관을 제거 당한 채 우리들의 상식 속에서 이미 포스트모더니즘의 철학 속에 안치되어 있다. 그렇다면 이딸리아 아우또노미아(autonomia) 운동의 이론적 대표자로 이제 막 우리에게 소개되기 시작한 안또니오 네그리는 누구인가? 그도 포스트모더니즘의 철학자인가? 알뛰세주의 전통의 이론가인가? 아니면 그와는 전혀 다른 유형에

---

* 한국어판은 1995년에 『자유의 새로운 공간』이라는 제목으로 출간되었다.

속하는가? 그의 위치는 아직 불확정적이다. 오히려 그를 어떻게 규정할 것인가가 지금 하나의 쟁점으로 제기되어 있다.1

펠릭스 가따리가 안또니오 네그리의 사상적 동반자이자 그와의 공동집필자였다는 사실은 널리 알려져 있는 것이 아니다. 이른바 '탈구조주의적' 정신분석가와 아우또노미아 활동가 사이의 이 연합은 뜻밖의 것이다. 이것은 우리에게 무엇을 말해 주는 것일까? 아우또노미아 운동은 탈구조주의 운동이었는가? 혹은 탈구조주의가 아우또노미아 운동의 철학인 것인가? 이 의외의 연합은 우리가 갖고 있는 기존의 지적 관념을 뒤흔들어 놓는다. 이것은 포스트모더니즘과 펠릭스 가따리의 관계가 과연 연속적인 것인가에 대해, 가따리의 욕망론과 분자혁명론의 잠재력에 대해, 그것과 아우또노미아, 즉 어떠한 외적 매개도 거부하는 독립과 자율의 운동과의 관계에 대해, 현대에 있어서의 이행과 코뮤니즘에 대해 다시 한번 생각해 보도록 만든다.

1987년을 맞아 거세게 분출한 남한의 '민주노조' 운동은 그 어떤 외부적 힘에 의해서도 조작되지 않은 대중의 자발적 움직임이었다. 그것은

---

1. 안또니오 네그리가 우리나라에 처음 소개된 것은 1991년 9월에 나온 『전복의 정치학』을 통해서였는데 그것은 세계일보사의 21세기 신서 1권으로 출간되었다. 그러나 이 책에서 우리는 네그리 자신의 목소리를 거의 들을 수 없다. 이 책에서 네그리는 마치 재갈이 물려진 것과 같은 모습으로 등장한다. 이 책의 판권란에는 '이 책은 영국 Polity Press와의 독점 번역판권 계약에 의해 세계일보사가 발행하며 부단 복제·발췌·전재를 금한다'고 씌어 있다. 그래서 아마도 『전복의 정치학』은 상당 기간 그 전복적 힘이 묶인 채 남아 있을 수밖에 없을지도 모른다. 1992년 3월에 네그리를 두 번째로 우리에게 소개한 『마르크스주의의 국가이론은 존재하는가』의 편자들은 보비오 논쟁의 일부로 네그리의 논문 「국가에 대한 마르크스주의 이론은 존재하는가」를 소개했는데 이 책의 두 편자들은 '네그리의 논문은 민주주의 논쟁에 대한 아나키스트의 입장을 보여주는 흥미롭지만 공허한 글이다'라고 해설하고 있다. 재갈이 풀린 네그리의 목소리를 우리는 1994년 8월에 출간된 『맑스를 넘어선 맑스』(새길)를 통해 들을 수 있다.

국가 권력으로부터도 독립적이었고 자본으로부터도 독립적이었다. 그것은 '뻬레스트로이카'의 당으로부터도 '주체'의 당으로부터도 독립적이었다. 그것은 일체의 기존 정당들로부터, 이른바 재야로부터 그리고 한국노총으로부터도 독립적이었다. 그런데 그것은 **독립적일 뿐 자생성의 한계**를 갖는 것은 아닌가? 목적의식적 지도가 없을 때 그것은 경제적 요구 투쟁의 한계를 벗어나지 못하는 것은 아닌가? 일치단결된 혁명적 당의 매개가 없을 때 그것은 지배 이데올로기의 구속을 벗어나지 못하고 결국 체제내화되어 버리는 것은 아닌가? 그렇게 될 때 계급 내부의 불균등 발전은 고정되어 버리고 노동자들은 즉자성에 머물러 스스로를 하나의 대자적인 계급으로 조직하지 못하게 되는 것은 아닌가? 80년대 후반에 『무엇을 할 것인가』(레닌)에 따라 혹은 그것에 준하여 자신을 조직했던 정파들은 이 독립적인 민주노조 운동을 자생성의 운동이라 규정하고 그것을 목적의식적 정치투쟁, 국가 권력에 대항하는 투쟁으로 전화시키고자 애썼다. 대중운동에 대한 지도방침을 둘러싼, 당면 정치투쟁의 전술방침을 둘러싼 치열한 노선투쟁 속에서 정파운동은 생성되고 소멸해 갔다. 그러나 민주노조 운동은 이 운동의 흐름에 개입하고자 하는 이러한 정파운동들의 온갖 노력과 시도에도 불구하고 대개는 이들로부터 독립적으로 전개되었다. 무력한 자기해체, 혁명적 경향성의 포기, 체제내화를 겪은 것은 '자생적' 민주노조 운동이 아니라 역설적이게도 '목적의식적' 정파운동들이었다는 사실에 대해 우리는 진지하게 반성해 볼 필요가 있다.* 왜 80년대가 독립적 민주노조 운동의 전국적 자기조직화와 정파운동의 해체라는 예기치 못한 결과로 끝나고 말았는가?

---

* 2000년대에 우리는 노동조합 운동의 뚜렷한 체제내화를 경험하고 있다.

그러나 질문을 바꾸어 보자. 이것은 스딸린주의적 정파운동의 해체일 뿐 비스딸린주의적 정파운동은 아직 실험되지 않았고 그 가능성은 여전히 남아 있는 것은 아닌가? 레닌주의에 대한 잘못된 이해, 그리고 잘못된 적용이 전위당 노선의 고립을 가져왔던 것은 아닌가? 레닌주의적 당 개념 그 자체는 여전히 유효하며 문제는 오히려 당과 계급의 관계를 잘못 설정했던 데 있었던 것은 아닌가? 대중적 노조운동은 아직 그 독립성을 상실하지 않고 있지만 혁명정당의 지도가 없다면 결국 관료화, 자본과 권력에의 예속화, 제도화의 운명을 피할 수 없는 것은 아닌가? 우리는 80년대 정파운동 및 소련의 해체 이후에도 계속 남아 있는 이러한 의문들을 충분히 검토해 볼 필요가 있다.

90년대에 들어 '포스트모던' 시대를 선언하며 사상과 운동의 대전환을 주장했던 여러 형태의 탈근대주의적 조류들은 80년대의 경험들, 그리고 아직도 여전히 남아 있는 이러한 의문들에 대해 어떠한 태도를 취했는가? 남한 포스트맑스주의의 선구자들은 90년대 초에 80년대적 조류를 거슬러 하나의 '전환'을 이야기하기 위해서 '지옥문의 입구라도 두려워하지 않는' 용기가 필요했다고 말한다. 이에 따라 스딸린주의의 오류와 범죄는 레닌주의-맑스주의로 소급되어 문책되었고 맑스주의-레닌주의-스딸린주의는 발생론적 진화과정으로 설명되었다. 포스트모더니즘의 열풍이 일고 나서 담론, 정보, 문화, 이데올로기, 멀티미디어, 인터넷 등에 쏠리는 관심은 매우 커졌다. 계급, 해방, 주체, 이행 등의 범주들은 나날이 위축되어 가고 있다. 이제 오히려 이 말들을 불러내기 위해서 '지옥문의 입구라도 두려워하지 않는' 용기가 필요하게 되었다.

그러나 그 말들을 다시 불러내려 하기 전에 다시 한번 되물어 보아야 한다. 포스트모더니즘은 스딸린주의로부터, 결정론과 목적론으로부터, 낡은 경제주의와 파국론으로부터의 해방은 아니었는가? 탈맑스주의, 그것은 혹시 낡은 사상으로부터의 해방, 하나의 출애굽의 행렬은 아니었는가? '급진적 민주주의' 정치는 총체화하여 지배하려는 엘리뜨주의적 전위당의 관료주의적 정치를 대체하는 발본적 대안은 아니었는가? 그것은 억압되어 온 민주주의의 부활운동은 아니었는가? 우리는 이러한 의문들에 대해 또한 충분히 검토해 보아야 한다.

내가 이 책을 번역하게 된 데에는 이상의 의문들에 명확한 해답을 찾고자 하는 욕망이 작용하고 있다. 관료들이 주도하는, 그리고 그들에 의해 대행되는 사회주의 소련의 해체와 이에 이어 지속된 '맑스주의의 위기' 국면 속에서 나는 '노동계급의 해방은 노동계급 자신에 의해 쟁취되어야 한다'는 「국제노동자협회 잠정규약」 서두 명제를 구성하는 기본 관점을 되살릴 필요를 느껴왔다. 이것은 관료적 매개에 대한 강력한 거부를 함축하고 있는 관점이다. 이 관점은 소련에서 관철되고 있는 노동강제의 구조와 계급적 적대관계, 바꾸어 말해 소련 사회를 규정하고 있는 자본주의적 사회관계를 포착할 수 있게 해 준다. 이 관점에 따르면 동일한 노동강제에 기초하여 동과 서를 가로지르고 있는 전 지구적 자본주의의 극복이 오늘날 중요한 과제로 포착된다. 그러나 그러한 구조를 깨뜨리는 힘은 어디서 나오며 그 힘은 어떻게 활성화될 수 있을 것인가?

우리가 살고 있는 당대의 성격에 대한 다각도의 직관적 포착에도 불구하고, 그리고 지난날의 사회주의적 실천 속에서 억제되어온 다양성과 이질성, 자유로움의 의미에 대한 효과적인 강조에도 불구하고 포스트모더니즘의 담론과 알뛰세주의 담론이 드러내는 첫째 문제는 이러한 적대관계의 실재성을 원천적으로 부정하거나 혹은 그것을 이데올로기적·담론적 적대의 문제로 환원시키는 방향으로 나아가는 경향이 있다는 점이다. 근대를 미완의 기획으로 파악하면서 의사소통 합리성의 강화라는 개념을 통해 최근 포스트모던 담론에 대한 가장 강력한 반론을 제기하고 있는 하버마스도 이 적대관계의 실재성을 적극적으로 승인하는 대신 이것을 의사소통 행동 조직상의 일정한 결함의 산물 정도로 약화시켜 이해하는 경향을 보인다. 많은 상처를 입었음에도 불구하고 레닌주의가 아직도 갖고 있는 현재적 잠재력이 있다면 그것은 바로 이 지점에 놓여 있다. 그것은 현대화된 이데올로기 대부분에 의해서 부정, 왜곡, 치환되어 버리는 이 계급적 적대관계의 실재성 위에 자신의 정치학 — 봉기의 정치학, 파괴의 정치학 — 을 구성한다는 것이다. 적어도 한 사회가 적대에 기초하고 있을 때 봉기의 이념은 힘을 상실할 수 없다. 오늘날 포스트모더니즘 담론의 영향력이 다른 담론의 영향력을 압도하고 있음에도 불구하고 남한에서 봉기의 이념이 완강한 잠재력을 유지하고 있는 것, 멕시코나 볼리비아 등 지구 곳곳에서 다양한 형태로 — 때로는 테러리즘의 형태로 — 이 봉기의 이념이 계속적으로 재생산되고 있는 것은 이 때문이다.

그렇다면 레닌주의는 오늘날도 우리의 이론적·실천적 대안인가? 특히 전 지구적 자본주의를 관통하고 있는 계급적 적대관계의 주체적 활성화와 봉기 이념의 현실화에 있어 레닌주의 당 개념은 아직도 유의미한가? 많은 사람들은 몇 년 전부터 이러한 질문을 우스갯소리 정도로 취급하게 되었다. 애초부터 이러한 문제에 관심을 갖지 않았던 사람들은 지금 가벼운 마음으로 적대 없는 포스트모던 시대에 대해 말하고 있다. 이러한 문제에 관심을 가진 바 있지만 지금은 더 이상 이 문제에 관심을 갖고 싶어 하지 않는 사람들은 회개와 고백의 형식을 빌려 포스트모던 시대의 적대 없음에 대해 말하고 있다. 자신의 현실적 처지에 의해 아직도 이 문제에 관심을 가질 수밖에 없으면서도 대세를 누를 길을 아직 발견하지 못한 사람들은 침묵하거나 우연적 폭발이라는 형태로 자신의 감성을 표현하고 있다. 오늘날 그 어떤 형태가 지배적이건 계급적 적대관계가 실재하고 있는 한 이러한 적대의 활성화 문제는 결코 땅 속에 묻힐 수 없는 문제이다.

그러나 문제는 단순하지 않다. 80년대야말로 레닌주의적 당 이념이 가장 정열적으로 실험되었던 시대가 아니었던가? 80년대의 남한 정파운동이 스딸린주의의 정체에 대한 명확한 의식을 갖고 있지 못했다 할지라도 그것의 모든 것이 스딸린주의라는 이데올로기로 환원될 수 있는 것은 아니다. '맑스레닌주의'로 분식(粉飾)한 소련의 스딸린주의는 관료지배계급에 근거를 둔 통치이데올로기였지만 남한의 정파운동들은 독립적으로 성장하는 전투적인 노동자운동과 학생 운동에서 자신의 동력을 찾고 있었다. 그리고 그 운동들이 스딸린의 『레닌주의의 기초』와 레닌의 『무엇을 할 것인가』를 구별하진 못했었지만 그 운동들이 전자보다는 후자에서 자신의 조직화 원리를 찾고 있었던 것만은 분명했던 사실이다.

그럼에도 불구하고 그 운동들이 러시아의 볼셰비끼 당이 러시아 노동 운동에 대해 가졌던 효과와는 전혀 다른 효과를 가져왔던 것은 무엇때문이었는가? 러시아의 레닌주의 정당은 여러 가지 우여곡절에도 불구하고 대중투쟁의 동력을 적대의 활성화라는 방향으로, 나아가 그 적대구조의 파괴로서의 봉기의 방향으로 배치시키는 효과를 가져왔음에 반해 남한의 정파운동들은 조직 내적으로는 상부의 관료화(이것은 때때로 지도력과 동일시되었다), 하부의 수동화(이것은 때때로 헌신성과 동일시되었다)를 가져왔고 결과적으로는 노동자대중으로부터의 배척과 고립이라는 효과를 가져왔다. 이러한 역사적·경험적 차이는 무엇을 말해 주는 것인가? 이것은 레닌주의 당 개념 그 자체가 노동계급과 원리적으로 결합될 수 없음을 말하는가, 아니면 그것의 잘못된 적용에 대한 반성을 요구하는 것인가? 이 문제를 풀기 위해서는 많은 연구와 토론, 그리고 경험의 공유가 필요하다.

우리가 이 문제를 단순히 우연적 경험이나 외부로부터 주어지는 관념들에 내맡기지 않고 원리적으로, 그리고 실천이라는 기준 위에서 풀어 볼 수는 없는가? 레닌주의의 당 이념, 혁명의 조직자이자 파괴적 전위의 이념, 객관적 진리와 총체성의 담지자로서의 당 이념은 아직도 유효한가? 아니면 이질성, 우연성, 다양성의 바다 속으로 그것은 가라앉아 버렸는가? 적대의 현존, 그것의 부단한 재구성은 레닌주의의 모든 것을 이질성의 바다 속에 가라앉혀 버릴 수 없도록 한다. 그럼에도 불구하고 계급구성의 다양성, 대중의 자발성의 강화, 새롭고 이질적인 사회운동들의 출현은 중앙주의와 전위주의에 기초한 레닌주의 당 이념 ― 그것은 오늘날에 와서는 광대한 이질성의 바다 속으로 용해되지 못하고 그것 위에, 그 외부에 둥둥 떠다니는 불운한 이념이다 ― 의 현실성에 의문을 제기하도록 만든다. 레닌주의적 계급조직화의 방법은 지금의 계급구성과 투쟁의 새로운 순환에 조응할 수 있는가?* 단순한 외면으로부터도, 그리고 무반성적 정열로부터도 일정한 거리를 두면서 오늘날 우리로 하여금 레닌주의적 당 이념에 대한 재고, 혹은 재구성을 강제하는 이론적·현실적 요인들 중의 일부를 살펴보도록 하자.

---

* 오늘날의 계급구성과 투쟁순환에 대해서는 조정환, 『제국기계 비판』, 갈무리, 2005, 521쪽 참조.

그 첫 번째 요인은 노동계급의 해방은 노동계급 자신에 의해 쟁취되어야 한다는 유물론적 원칙 — 이것은 해방적 힘의 계급 내재성에 대한 철저한 인식의 표현이다 — 의 실현이 오늘날 그 어느 때보다도 더 가능한 것으로 되었기 때문이다. 오늘날 인류의 모든 시공간에 대한 자본의 실질적 포섭으로 지구상에서 자본의 외부는 사라졌다. 역설적으로 이것은 노동과 사회를 일체화하면서 사회 속에서 노동의 외부를 생각할 수 없도록 만든다. 이로부터 어떠한 대표(代表)도, 대의(代議)도, 대리(代理)도 허용하지 않는 노동자의 직접적 행동, 그에 수반되는 직접적 자기지식의 가능성이 증폭된다. 그렇기 때문에 여기에, 불가피하게 외재성의 계기를 도입하게 되는 전위의 이념이 자리 잡을 여지 역시 존재하지 않게 된다.

둘째는 계급적 적대관계가 하나의 고정적이고 사물적인 실체가 아니며 그 자체가 역동하는 하나의 경향, 즉 구성과 재구성의 과정이기 때문이다. 계급은 자주 하나의 사회학적 실체로 여겨져 왔다. 바로 그렇기 때문에 이 사회학적 실체의 정치화라는 문제가 제기되는 것이며 계급 내부에 있다고 관념적으로 사고되면서도 실제로는 그 외부에서 작동하는 전위당 개념이 이 정치화의 계기로서 도입되는 것이다. 그러나 계급을 외부로부터의 활성화를 기다리는 사회학적 실체로 파악하지 않고 그 자체를 정치적 구성과 재구성의 적대적 과정 속에서 바라보게 되면 계급의 대자화(對自化)를 위한 외적 계기로서의 전위당 개념은 필연성을 잃고 우연적 계기로 떨어지게 된다.

셋째는 적대적 계급구성의 현단계에서 과학과 기술이 생산력의 계기로 전화함으로써 노동계급에게 '지식'의 계기가 결코 어떤 자기외적 힘으로 되고 있지 않다는 점이다. 실상 오늘날의 노동계급은 그 어떤 외부적 힘에 의존하지 않고서도 다양한 형태의 커뮤니케이션 네트워크를 자발적으로 구성할 잠재력을 갖고 있다. 이른바 정보사회란 이 새로운 프롤레타리아 주체의 커뮤니케이션 능력이 자본의 생산력으로 결정되어 있는 양태에 다름 아니다.2 1900년대 초 러시아 프롤레타리아트의 계급화가 볼셰비끼 당의 전위적 활동과 밀접한 연관을 갖고 있었음에 반해 오늘날 남한의 노동계급이 여러 가지 형태의 전위적 시도들로부터 독립적으로 자신을 계급으로 구성해 나가고 있는 것은 이러한 지적·정치적 자율성의 증대를 보여주는 징후로 볼 수 있을 것이며 80년대 정파운동의 실패를 규정한 역사적 요인으로 볼 수 있을 것이다.

그러므로 우리에게는 레닌주의 정치학이 기초한 계급적 적대관계라는 기초를 상실하지 않으면서 계급과 독립적으로 작동하는 — 남한에서 그것은 지금까지 계급으로부터의 소외라는 역설적인 모습으로 표현되어 왔다 — 혁명정당이라는 레닌주의 당 형태를 극복하는 것, 즉 오늘날의 시대적 현실과 실천적 요구에 조응할 수 있도록 그것을 근본적으로 재구성해야 한다는 과제가 주어지게 된다. 이것은 하나의 새로운 정치학을 구축하는 과제에 다름 아니다. 레닌주의 당 이념의 전성기는 이미 지나갔다. 그것은 전위의 이념이 더 이상 오늘날의 노동계급을 조직할 힘을 상실했기 때문이다. 그러나 그것은 흔히 이야기되듯 계급 개념이 더 이상 의미를 상실했기 때문이 아니다. 그것은, 계급주체의 재구성이 더 이상 전위의 힘에 의존하는 방식으로는 이루어질 수 없을 만큼 확장된 전사회적 적대관계 위에서 이루어져 나가고 있기 때문이다. 오늘날 중앙집

---

2. 크래커와 구별되는 의미에서의 해커운동 — 정보공유운동 — 의 부상과 그에 맞서는 정부·기업 측의 정보보안부대의 출현은 바야흐로 커뮤니케이션이 하나의 계급적 투쟁의 무대로 대두되고 있음을 보여주는 징후들이다.

권주의가 힘을 상실하고 계급대중으로부터 외면당하는 것은 생산·분배·유통·소비의 전 영역이 자본의 생산 및 재생산 과정에 실질적으로 포섭되면서 적대전선의 다층화, 다양화, 다각화가 이루어지고 있기 때문이다. 전위적 중앙주의가 이 다각적으로 재구성된 주체들의 힘을 활성화시키는 대신 제각각 투쟁의 중심으로 자리 잡아야 할 제 주체들의 자기표현의 욕망을 앗아가는 것으로 작용하고 있기 때문이다.

우리가 안또니오 네그리와 펠릭스 가따리의 이 책을 검토해야 할 필요성 중의 하나도 바로 이러한 변화에 대한 인식 없이 우리의 담론과 운동이 희망의 담론, 희망의 운동으로 될 수 없다는 데에 놓여 있다.

필자들은 1968년 혁명 이후 투쟁의 새로운 순환이 시작되면서 새로운 집단적 주체가 구성되고 있다고 보면서 민주주의의 탈을 쓴 중앙집권주의 대신 다중심주의(multicentrism)를 제안한다. 다시 말해 집합화를 분자적 투쟁의 활성화에 기초할 것을 제안한다(4장). 이러한 주장은 1968년 이후 전 지구상에 전개되고 있는 포스트모던적 현실 — 생산 과정의 사회적 특질과 노동 과정의 새로운 변형 — 에 대한 인식 위에 기초하고 있다(2장). 그것은 '잔존하고 있던 사적 영역, 즉 가족, 개인생활, 자유 시간, 그리고 아마도 심지어는 환상과 꿈 등등의 모든 것이 그때 이후로 자본의 기호학에 종속되어졌다'(이 책, 70면)는 것으로 집약될 수 있다(1장). 이것은 자본의 영구적 승리가 확고해졌다는 속류적 주장과는 전혀 다른 것이다. 자본의 통제망은 언제나 새고 있다. 통합된 세계자본주의(IWC ; Integrated World Capitalism)의 곳곳에서도 새로운 주체들은 그 파열구를 이용하여 운동을 재구성한다(3장). 이 재구성의 과정에서 전통적 노동자운동은 재구성된 노동계급 기반 위에서 새롭게 출현하고 있는 다양한 사회운동들과 연합의 새로운 방법을 찾아 나가야 한다. 필자들에게서 이상의 생각들은 어디로 모아지는가? 그들은 사회주의 역시 자본주의와 동일한 노동강제의 착취사회로 귀결된 현실에서 그 귀결을 외면하는 대신 이를 정면으로 직시하면서 지금 코뮤니즘[3] 의 이념에 가해지고 있는 악평으로부터 그것을 구출하고자 한다. 그러나 그들은 코뮤니즘에 대한 낡은 주장의 복권이라는 방식을 통해서가 아니라 그것의 실천적 재정의라는 방식을 통해서 그렇게 하고자 한다. 필자들에게서 코뮤니즘은 '모든 차원에 걸친 의식과 현실 — 정치적인 것과 사회적인 것, 역사적인 것과 일상적인 것, 의식적인 것과 무의식적인 것 — 의 변형에로 이끄는 다양한 사회적 실천들의 조합'(이 책 56면)이며 '오늘날 끊임없이 억압과 착취가 넘쳐 나도록 만들고 있을 뿐만 아니라 그와 더불어 인류를 절멸의 방향으로 이끌고 있는 자본주의적이고 사회주의적인 노동 조직화의 포위망을 깨어 부수라는 호소'(이 책 56면) 이외에 아무 것도 아니다. 그렇기 때문에 코뮤니즘은 우리가 미래에 도달해야 할 어떤 장소나 상태가 아니라 지금의 현실을 종식시켜 나가는 살아 있는 노동의 현실적 힘이며 바로 지금의 우리 시대에 내재하고 있는 울림이다(1990년 영어판 발문).

 이 책에 대한 이상의 아주 간략한 개괄을 통해 알 수 있듯이 필자들의 목적은 1968년에 시작된 혁명의 의미를 새로운 주체성들의 탄생에서 찾으면서 이 새로운 집단적 주체에게 조응하는 새로운 혁명적 정치학을 재구성하고자 하는 것이다. 이들은 레닌주의적 당 개념, 그리고 그것의 중앙집권주의를 극단화시켜 출현한 초중앙주의적 테러리즘을 기각하면

---

[3]. 여기에서 '공산주의'라는 용어 대신 '코뮤니즘'(communism)이라는 용어를 쓰는 이유에 대해서는 이 책에 실린 〈번역 용어 해설〉을 참조하라.

서 이를 자본주의적 노동강제의 계획화로서의 사회주의에 대한 기각과 결부시킨다. 이들은 사회주의와 레닌주의적 당 개념을 버리지만 계급적 적대관계를 떠나지 않으며 오히려 그것에 매우 강력한 정치적 생동감을 부여한다. 이들은 계급구성의 현 단계, 즉 생산 및 재생산 전 과정의 자본주의에의 포섭과 노동의 정보화, 컴퓨터화 등 포스트모던적 특징을 외면하지 않고 그것을 혁명정치의 중심요소로 끌어안으면서도 적대적 긴장감 없이 개별성 속에 뿔뿔이 흩어져 있는 포스트모더니즘 정치로 주저앉지 않는다. 이들은 민주주의의 현재적 의미를 충분히 승인하면서도 그것을 내재적 코뮤니즘의 활성화라는 전략 속에 위치지운다.

이 책은 1985년에 『자유의 새로운 공간』(Les Nouveaux espaces de liberté)이라는 제목으로 처음 출간되었고 1990년에 마이클 라이언에 의해 Communists like us(Semiotext(e), New York)라는 제목으로 영역되었다. 영역본에는 안또니오 네그리가 1990년에 쓴 발문이 수록되어 있는데 이 글에서 네그리는 1985년에 씌어진 이 책의 메시지가 여전히 유효함을 재확인하면서도 당시에 자신들이 문제들을 만족할 만큼 충분히 다루지 못했던 것에 대해 반성적으로 성찰하고 있다. 영역본을 저본(底本)으로 하여 번역한 이 역서에는 이 책의 내용 이해를 돕기 위해 두 편의 논문을 부록으로 첨부했다. 그중 하나는 안또니오 네그리가 1993년에 빠리에서 쓴 논문 「대중의 지성으로 소비예뜨를!」이며 또 하나는 매우 오래 전인 1976년에 이딸리아 공산당의 노선전환에 즈음하여 이딸리아에서 불붙었던 '국가/민주주의' 논쟁(이른바 '보비오 논쟁') 당시 보비오가 제시하는 대의제적 민주주의 개념을 거부하고 프롤레타리아 독재와 코뮤니즘을 옹호했던 네그리의 논문 「국가에 대한 맑스주의 이론은 존재하는가?」이다. 이 두 편의 논문은 약 20년의 거리를 갖고 있으므로 네그리의 생각의 변화를 읽어보는 데 도움을 줄 것이다. 그러나 이 논문의 내용은 평면적으로 비교되어서는 곤란하다. 1976년의 논문에서 네그리는 민주주의를 낡은 사회권력이 프롤레타리아트의 정치적 구성을 가로막기 위해 채택한 통치형식으로 보아 반대하지만 본 역서와 1993년의 논문에서는 민주주의의 급진화, 급진적 민주주의를 코뮤니즘 활성화의 방법으로 주장하는데 이를 평면적으로 비교하게 되면 전자의 관점이 단순히 철회되고 후자의 관점이 채택된 것으로 생각될 것이기 때문이다. 그러나 이 두 시기 사이에 이딸리아에서는 복지국가의 해체와 이에 상응하여 — 네그리의 관점에 따를 때 — 대중노동자로부터 사회적 노동자로의 주체 재구성이라는 중요한 변화가 있었음을 고려해야만 한다. 1976년의 입장은 민주주의의 가면을 쓴 복지국가에 대한 대중노동자의 투쟁전략으로 제시되었음에 반해 그 이후의 입장은 1968년 혁명으로 인한 위기로 복지국가가 해체되고 그것이 테러리즘적 핵 국가로 전환되면서 이에 대응하기 위한 사회적 노동자의 전략으로 제시되고 있다는 점이 충분히 고려될 필요가 있다.

부록에 실린 두 논문은 모두 이미 소개되었던 글을 일정한 수정을 거쳐 재수록한 것이다. 네그리의 1976년 작품은 구갑우·김영순 편, 『마르크스주의 국가이론은 존재하는가?』(의암출판사, 1992)에 김형일 씨의 번역으로 실린 바 있으며 그의 1993년 작품인 「대중의 지성으로 소비예뜨를!」은 홍경기 씨의 번역으로 『성균비평』(창간호, 1994년 6월)에 게재되었던 것이다. 각 논문의 재수록을 흔쾌히 허락해 준 의암출판사와 홍경기 씨에게 감사드린다. 그러나 재수록의 과정에서 본 역자의 수정이 있었으므로 논문에 있을 수 있는 오역이나 서투름 등은 전적으로 본 역자의 책임이다. 이외에도 이 책을 번역 출간하는 과정에서 많은 사람들의 도움을 받았다. 초역의 과정에서 도움을 주었고 번역 원고의 교열과정에서 많은 도움을 주었던 분들께 고마움을 전한다. 또한 원고의 수정 작업을 위한 토론에 참석하여 여러 가지로 도움말을 주었던 분들 그리고 위의 부록 논문들을 타이핑하여 준 갈무리 편집부에도 감사드린다.

독자들의 이해를 돕기 위해 번역용어 해설을 첨부하였다. 필자들은 언어를 주어진 맥락 속에서, 그리고 자신들의 실천적 필요에 따라 재정의하여 사용하기 때문에 그 용어의 관례적 의미와는 사뭇 다른 뜻을 갖게 되는 경우가 많다. 이로 인해 필자들의 책에 익숙하지 못한 독자들의 경우는 생소한 용어로 말미암아 당황하거나 용어의 특이한 용법으로 인해 의미를 포착하는 데 어려움을 겪을 수 있을 것으로 생각되었다. 이러한 어려움을 덜어주고자 관례적 의미를 벗어나는 용어들이나 생소한 용어들, 특히 조어(造語)들, 번역용어 채택에서 곤란한 단어 등을 모아 사전적 해설을 만들어 수록했다. 가급적이면 이 책을 읽기 전에 일독하기를 권하고 싶다. 하지만 이것은 결코 그 용어에 대한 어떤 절대적 정의를 내리고자 한 것은 아니다. 그러므로 이것이 이 책에 접근하기 위한 도움말로서 유익할 수 있기를 바란다. 두터운 책이 아니었음에도 까다로운 용어와 해석의 다의성 때문에 우리말로 옮기는 데 적지 않은 어려움을 겪었다. 필자들의 생각을 얼마나 제대로 표현했는지 두려움이 앞선다. 독자 여러분들의 관심과 질책을 부탁드린다.

1995년 5월 4일
조정환

1990년 영어판 발문*

"로마, 레비비아 감옥 / 빠리, 1983~84" : 1985년에 출간된 프랑스어본 텍스트 말미에 우리가 쓴 이 연대기적 주석은 전혀 꾸밈이 없는 것이다. 두 저자들 중 한 사람이 투옥되어 있었던 오랜 기간 동안에도 우리들 사이의 대화는 중단되지 않았다. 사실 투옥되어 있었던 마지막 해에 우리는, 억압을 넘어서 그리고 억압의 효과에도 불구하고 존재하는 코뮤니즘적 정치 프로그램의 연속성을 주제로 한 작품을 공동저술 하기로 결정했었다. 우리 둘 중의 한 사람이 감옥을 나와 망명길에 올랐던 1984년에야 비로소 그 계획을 실제로 실행할 가능성이 생겨났다.

바로 이것이 이 책이 태어난 배경이다. 코뮤니즘적 프로그램의 연속성, 우리의 투쟁들에 대한 기억, 그리고 혁명적 선택에 대한 윤리적 충

---

* 영어판은 *Communists Like Us*(Semiotext(e) Foreign Agents Series, 1990)라는 제목으로 Michael Ryan에 의해 번역되었다. 가따리 사후에 나온 이 판의 발문은 안또니오 네그리에 의해 쓰여졌다.

실성 등의 모든 것들이 우리들의 우정을 새롭게 다지고 또 우리들의 토론을 재개하는 것에 도움을 주었다. 앞서 언급한 그 시기가 얼마나 적막한 것이었는가에 대해 다시 회상하는 것은 전혀 불필요한 일이다. 이딸리아에서는 이른바 "납의 시대"는 결코 끝날 것 같지 않았다. 그뿐만 아니라 그곳에서는 납빛의 정치적·사회적 분위기가 확산되고 있었다. 프랑스에서는 사회민주당이 의미심장한 사회적 부흥 계획을 갖고 권력을 장악한 후 자신들의 정치학을 변형시켰다. 그들은 자본이 그들에게 맡긴 재구조화라는 음흉한 사업을 실행하고 있었던 것이다. 대서양 동맹 내부에서 레이건과 대처의 반동적 모험들은 절정에 도달하였고 소련에서는 (우리가 이제야 비로소 인식할 수 있듯이) 스딸린주의의 마지막 ― 그렇지만 여전히 잔인한 ― 찌꺼기라고 할 수 있는 것이 권력을 장악하였다.

이 끔찍한 정지의 시간에 도전하는 것은 아무 것도 없는 것처럼 보였다. 단지 배경에서 약간의 잡음이 들렸을 뿐인데 그것은 이란과 이라크 사이에서 벌어진 "조그마한" 대량학살과 같은 "제한적" 혹은 "지역적" 전쟁, 남동 아시아에서 집단적 식인주의의 재출현, 그리고 라틴 아메리카와 남아프리카의 파시즘과 "인종차별주의" 등이었다. 우리는 영속적인 반혁명의 시대에 살고 있었다. 1980년대 후반에 중요한 것으로 될 새로운 운동들 ― 기동성과 조직에 기초한 운동들, 반인종주의 운동들, 비물질적 욕망으로 충만한 운동들 ― 은 아직 지평선에 나타나지 않았다. 그 대신 1970년대 전반에 걸쳐 지속되었던 운동들이 애처롭고 쇠약하며 절망에 빠진 모습으로 꾸물대고 있는 상태였다.

바로 이러한 상황에 반대하여 우리는 다시 한번 혁명에 대해 쓰기로 결심했다. 그것으로써 희망의 이야기를 소생시키고자 한 것이다.

우리들의 저작은 희망의 이야기였으며 긍정적 의미에서 하나의 단절이었다. 그러나 아무도, 심지어 동료들조차도 이것을 이해하지 못하는 것 같았다. 그들이 보기에 우리들의 입장은 생소했고 즉흥적이었으며 유행에 뒤진 것이었다. 그렇지만 우리는 이러한 반대들에 개의치 않았다. 왜냐하면 우리는 오직 하나의 것에만 관심을 갖고 있었기 때문이다. 그것은 전투성과 전진하는 주체성의 핵심 ― 그것이 아무리 작은 것이라 할지라도 ― 을 재구성하는 것이었다. 이것은 1970년대의 정치적 패배에 저항하는 것을 의미했다. 1970년대의 패배에 뒤이어 나타난 것은 회개, 배신, 자기연민의 이데올로기였으며 그것은 윤리적 냉소주의, 정치적 상대주의, 그리고 화폐적 실리주의라는 새롭고 "유약한" 가치들을 수반하고 있었으며 결과적으로 자본가들을 이롭게 하고 있었다. 우리가 특별히 저항하고자 했던 지점은 바로 이곳이었다.

"순박성"(naiveté)이라는 카드를 내놓으면서 우리가 확인하고 싶었던 것은, 혁명적 주체성을 생산하는 것이 그리고 또 그것으로 삶을 사는(live) 것이 아직도 가능하다는 것이었다.

만약 이것이 우리들의 기본적 메시지였다면 우리가 우리들 자신의 열망을 어떻게 표현하고 또 객관화했는가 하는 문제는 그냥 지나칠 수 있는 문제가 아니다. 오늘날에 와서 우리의 책을 다시 읽으면서 우리는 여기에 제시된 분석 주제들과 행동 계획들이 오늘날에도 여전히 본질적으로 건전한 것으로 남아 있다고 인정할 수 있다. 달리 말해 우리가 생산 양식의 발전 노선들, 지배의 체계, 그리고 이 양자에서 나타난 위기를 서술한 방식, 그리고 다른 한편에서 우리가 대안적 조직의 발전 경로에 대해 그려본 전망들, 또 새로운 주체를 구성하는 과정에 대한, 그 주체의 생산적 특질들에 대한, 그리고 주체를 구성하게 될 문화적 체계에 대한 우리들의 판단들 ― 우리의 분석의 이 모든 요소들은 실재적 경향들을 포착하는 방식으로 명확히 표현되어 있다. 만약 우리가 범한 실수가 있다면 그것은 불충분성이라는 실수였다. 우리는 그 경향들을 충분히 멀리까지 추적하는 모험을 감행하지 않았으며 우리들의 상상력을 충분히 혁명적인 것으로 만들려는 모험을 하지 않았다.

요약하면 이렇다. 우리들의 분석의 대부분이 이후의 사건들에 의해 확인되었다. 그럼에도 불구하고 특정한 요소들은 그렇지 못했다. 그러나 그것은 역사적 발전 그 자체와 불일치한 것이 아니라 이 역사적 발전이 취한 — 예견된 — 강도(强度)와 불일치했다. 이제 이 요소들 중의 일부에 대해 살펴보기로 하자.

가) 우리는 다음과 같은 사실, 즉 노동이 더욱더 추상적이고 유동적으로 되고 사회적으로 확산됨에 따라 그것이 재구성의 새로운 형식을 필요로 하고 있다는 것을 매우 분명히 알고 있었다. 우리는 자본주의적 생산의 새로운 조직이 수반하는 주체성의 생산 속에 내포되어 있는 과정들을 추적하기 시작했다. 그러나 우리는 이 과정 속으로 더 깊이 파고 들었어야 했다. 그리하여 이 새롭게 생산된 주체성이 극복하기 어려운 모순 속에 사로잡혀 있다는 사실을 깨달았어야 했다. 왜냐하면 사회적 협력은 자본주의적 통제의 구조들과 더욱더 격렬하게 대립하였기 때문이다. 이 모순은 지적 노동의 경우에 특히 분명하게 나타나고 있었다. 그 노동은 비물질적이었고 그것이 생산의 중심에 놓여짐에 따라 그것은 자본주의적 규준과의 화해할 수 없는 차이를 드러냈다. 우리는 학교들에서, 교육제도 전반에 걸쳐서, 사회적 유동성의 미로 속에서, 노동능력이 형성되는 장소들 속에서 나타난 투쟁들의 중심적 중요성을 보다 명백하게 지적했어야만 했다. 그리고 우리는 또한 그러한 영역들 속에서 이제

막 표면에 드러나기 시작한 조직화의 과정들과 반란의 과정들에 대한 보다 폭넓은 분석을 발전시켰어야만 했다.

나) 커뮤니케이션에 의해 획득된 새로운 차원이 — 이것은 탈영토화의 도구이자 촉진제로 작용했다 — 지적 권리침해와 도덕적 궁핍화의 방향으로 나아가고 있었다는 것은 의심의 여지가 없다. 그리고 바로 이곳, 이 영역이야말로 자본주의적 지배가 매우 강력한 곳일 뿐만 아니라 우리가 주체를 재구성할 메커니즘을 탐색하고 욕망에 새로운 영토화의 기회를 제공할 수 있었던 곳이더라도 그것은 전혀 역설적인 것이 아니다. 그러나 우리의 작업은 그러한 반란의 가능성을 확인하는 지점에서 멈추어 버렸다. 우리는 우리들의 분석을 좀 더 밀고 나가서 재건축(reconstruction)의 새로운 계기들과 주체 재구성(recomposition)의 새로운 계기들을 추적해야만 했다. 이 후자의 과정은 어떤 인위적인 조작이나 어떤 특이한 실험이라는 관점에서 바라볼 필요가 없는 것이었다. 우리는 앞으로 도래할 어떤 유토피아에 대해 말하고 있는 것이 아니라 어떤 실재적 구성력에 대해, 즉 정치적이고 사회적인 재건축의 물질적 힘에 대해 말하고 있는 것이다.

다) 우리는 생태학적 투쟁, 즉 프롤레타리아적 자유의 프로그램과 보조를 같이해서 나타난 운동의 범위에 대해 보다 잘 정의해야만 했었다. 우리는 파괴의 위협에 대항하여 자연을 방어할 필연성과 이에 수반되는 임박한 대변동의 필연성뿐만 아니라 인류를 재생산할 새로운 체제와 상황을 구축하는 것의 시급성을 밝혀야만 했었다. 다시 말해 바로 이러한 방향으로 전진하는 혁명적 행동의 양식들과 예정표를 명확히 밝혔어야

했다. 우리의 책이 체르노빌 사태 이전에 씌어졌다는 것은 누구나 알 수 있는 것이다.

라) 그리고 이제 우리는 가장 크게 비판받을 만하고 자기검열을 요구하는 문제를 언급해야만 한다. 통합된 세계자본주의를 정의하면서 우리는 소련이 그 메커니즘 속에 직접 참여함으로써 가동된 과정의 강도를 충분히 측정하지 못했다. 물론 우리의 팜플렛 전반에 걸쳐 우리는 자본주의 국가들에서 일어나고 있는 착취와 사회주의 국가들에서 일어나고 있는 착취의 동질성에 대해 지속적으로 주장했다. 이제 스딸린주의적 압력에 대한 세계 시장의 결정적인 승리는 이러한 관찰을 확인해 준다. 그러나 지난 5년간에 걸쳐 일어난 통합과정의 가속화와 그것의 효과는 과소평가될 수 없는 것이다. 매우 첨예한 모순들이 두 블록 각각의 내부에서뿐만 아니라 동과 서 사이의 관계 속에서도 창출되었다. 오늘날 평화의 문제는 우리가 우리의 팜플렛을 썼을 때보다도 훨씬 덜 유토피아적인 용어로 제기될 수 있다. 그러나 바로 이 때문에 평화의 달성과 유지는 해방, 봉기, 그리고 급진적 변형 과정을 재개함에 있어 하나의 긍정적 힘으로 된다.

마) 확실히 우리의 책은 북·남관계를 과소평가하지는 않았다. 그러나 우리는 너무나 낙관적이었다. 우리는 남(南)의 국가들에서 나타난 재앙적인 쇠퇴의 전망에 직면하여 북(北)과의 모종의 새로운 동맹이 불가피하게 설정될 것으로 믿었다. 그러나 그런 일은 일어나지 않았다. 그리고 상황은 오히려 더욱 악화되었다. 모든 대륙들은 나침반도 없이 표류하고 있다. 지금까지 이 재앙에 의해 제기된 거대한 문제들과 대결하기

위해 제안되었다고 볼 수 있는 단 하나의 정치적 창의(initiative)도 없었다. 이익을 노린 제휴와 국가의 후원을 받은 구호활동은 배가되었다. 그리고 이와 동시에 이 극빈 나라들의 고립과 그곳으로부터 오는 뉴스의 부재는 더욱 불길한 전조가 되었다.

절망감과 고통스런 무기력감을 가지고 우리는, 순진무구한 사람들에 대한 대량학살과 인종주의적 집단학살을 바라보고 있다. …… 우리는 이러한 것들을 분노의 감정을 가지고 응시하고 있다.

우리는 우리의 이야기의 실질적 정당성을 여전히 확인하면서도 그것이 갖고 있는 결함을 계속 분석할 수 있을 것이다. 그러나 대체 무슨 목적으로? 오늘날도 여전히 우리로 하여금, 즉 지금처럼 코뮤니즘이 결실을 맺을 지점에 더 가까이 접근한 때는 여태껏 없었다고 믿게 만드는 그 증거는 우리들 자신의 언어로부터 도출한 것이 아니라 지난 4~5년간에 걸쳐 역사가 취한 방향의 급진적 변화로부터 도출한 것이다. 우리가 한때 하나의 유토피아로서 믿었던 것이 이제는 하나의 상식으로 보인다. 레이건 반혁명의 시기와 신자유주의 권력의 매우 음울한 시대는 이제 결정적으로 극복된 것 같다. 우리는 전에도 그것들이 오래 지속되지 못하리라는 것을 알고 있었다. 그리고 우리는 그것들을 대변한 이른바 "신철학자들"을 부단히 조소했으며 "회개한" 철학자들에게서는 구역질을 느꼈다. 그럼에도 불구하고 우리는 지금 그들의 그와 같은 오만스러움이 실로 얼마나 깨지기 쉬운 것이었는가를 보고는 놀라움을 금할 수 없다. 신자유주의에 대한, 새로운 사회적 합의에 대한, 새로운 계몽에 대한 웅장한 선언들은 오늘날 훤히 속이 들여다보이는 하나의 제스처에 불과하다. 이 점은 과거나 마찬가지이다. 그렇지만 과거에 그것은 이렇게 말할 용기라도 갖고 있었다. "오늘날 이 진리는 진부한 것처럼 보입니다."

그러나 우리는 말보다는 오히려 존재에 더 큰 관심을 갖고 있다. 존재, 그리고 이와 관련하여 조직화가 우리의 더 큰 관심사이다. 조직화, 그리고 자본이 이윤을 위하여 우리가 살고 있는 정보지향적 사회구조에 강요하는 생산의 감각을 철폐할 가능성을 갖는 것. 그 감각을 철폐하고 그것을 전복시키는 것 …… 그것을 위하여 우리는 실천에 호소한다. 그리고 오늘날 실천은 동방 블록에서 발견된다.

실천에 대해 말하기 전에 용어를 간명하게 밝혀 두는 것이 필요하다. 사람들은 코뮤니즘이 죽었다고 말한다. 우리는 이러한 단언이 부정확한 것이라고 생각한다. 죽어 가고 있는 것은 사회주의이다. 이 두 개의 용어가 어떻게 구별될 수 있을까? 구노선을 따르는 전사들에게 사회주의와 코뮤니즘의 구별은 분명했다. 사회주의는 "각자에게 노동에 따라 주어지는" 정치·경제적 질서였고 코뮤니즘은 "각자에게 필요에 따라 주어지는" 그러한 체제였다. 사회주의와 코뮤니즘은 혁명적 과정의 두 개의 상이한 단계들을 의미했다. 앞의 것은 생산수단의 사회화와 이행의 정치적 관리(administration)에 의해 특징지워졌고 뒤의 것은 국가의 사멸과 경제와 권력 양자에 대한 자율적 경영(management)에 의해 특징지워졌다.

만약 이 구별이 구 노선의 코뮤니스트 전사들에게 분명한 것이었다면 오늘날, 즉 "현실 사회주의"의 붕괴의 시기에 이 구별은 지워졌으며 코뮤니즘과 사회주의는 쉽게 혼동된다. 그것들은 사회주의의 적대자들 — 이들은 동유럽뿐만 아니라 제3세계에서 1917년 이후에 전 세계에 창출된 사회주의적인 모든 것들을 야만적으로 타파하는 작업을 떠맡아 왔다―에 의해 수행된 적대적이고 대규모적인 환원에 의해 혼동되고 있다. 물론 이 타파 작업이 너무나 쉬웠던 것은 다음과 같은 호조건으로부터, 즉 동유럽의 사회주의적 국가들에서 지난 40년 동안에 권력을 정당화하는 유일한 방법이란 이데올로기의 신비화, 관료제에 의해 영속되는 사기들, 이론을 대하는 냉소주의뿐이었다는 사실로부터 도움을 받았다. 동유럽 사회주의 국가들에서 벌어진 이 모든 것들은―충분히 예견 가능한 것이었지만―급진적 거부와 혐오감이라는 징후들을 야기했다. 이름으로만 사회주의적일 뿐 실제로는 관료적 조직이었던 사회들에서, 유토피아가 현실은폐에 의해서만 달성되고 있었던 사회들에서 코뮤니즘에 의해 약속된 "찬란한 미래"가 어떻게 불신 받지 않을 수 있었겠는가?

이렇게 말했으니 이제 그 개념들 자체로, 그리고 그것들의 역사로 되돌아가기로 하자. 우리는 그 개념들이 오늘날의 논쟁에서 나타나는 겉모양으로 환원될 수 없으며 그것에 대한 요즈음의 무차별적인 거부에 종속될 수도 없다는 것을 주목해야 한다. 지난 세기의 중반기에 맑스에게 지도를 기대했던 "코뮤니스트 동맹"이 결성된 이래 약 한 세기 반 동안 코뮤니즘은 현 시대의 중심적 정치 이데올로기였다. 낡은 유토피아와는 달리 그것은 노동자의 관점에서 자본주의 발전의 메커니즘을 실재적이고 전진적으로 분석하는 것에 기초하고 있었다. 노동능력을 착취함으로써만 살아나가고 또 성장하는 자본주의적 체제의 사회경제적 역동성을 과학적으로 조망하면서 노동계급의 당은 자본주의적 축적 메커니즘의 해체와 정치 권력의 장악을 자신의 목표로 설정하면서 코뮤니즘적 미래를 위한 전략과 전술을 정의할 수 있었다. 맑스는 이 프로젝트를 취급하기 위한 방대한 과학적 도구들을 제공함으로써 우리를 여기까지 인도하였다.

혁명적 기동의 문제에 대한 맑스의 이론적 분석을 금세기 초엽 유럽 자본주의라는 새로운 맥락 속에서 계승하는 문제는 다양한 정치적·사회적 체제들에서의 급진적 불안정성에 의해 특징지워졌다. 그것은 다름 아닌 레닌이 선택한 과제였다. 그는 이 과제를 달성하기 위해 하나의 새로운 종류의 당, 즉 "볼세비끼적 코뮤니스트 당"의 조직 원칙을 정식화했다. 이 당은 노동계급의 전위였으며 노동조합들의 단순한 경제적 요구들, 아나키스트들의 단순한 기회주의적 자생성, 그리고 제2인터내셔널 당들에 의해 실행된 합법주의와 결별하고서 그 자신을 권력 장악과 프롤레타리아 독재의 수립에 특별히 잘 적응할 훈련되고 유연한 도구로 형성하였다. 이 독재의 목표는 사회주의의 창설, 생산수단의 국유화, 그리고 계획의 중앙집중화 등에 있었다. 그러나 이 모든 것은, 급진적으로 민주적인 참여의 과정 내부에서, 모든 사람들을 위해 경제성장의 조건을 창출하고 이와 동시에 국가의 중앙권력과 법률을 해체하며 시민들에게 부와 자유를 가져다 줄 이행기 내부에서 일어날 것으로 기대되고 있었다. 이 얼마나 터무니없는 환상이었으며 그것이 가져다 준 결과는 얼마나 컸는가!

당과 혁명적 이행에 대한 레닌주의적 개념은 노동자운동의 좌파 내부에서는 로자 룩셈부르크에 의해 도전을 받았다. 이 논쟁은 1905년 봉기 때에도 있었으며 1917년 이후에도 있었다. 그녀가 보기에 조직은 노동자의 자기표현을 매개하는 모든 것에 대한 혹은 노동조합이나 개혁주의 정당 등의 대리인들에 의해 수행되는 — 특히 작업장에서의 — 계급투쟁에 대한 영속적인 거부를 의미했다. 그녀의 조직관은 노동자 자발성의 상승 수준 및 그러한 자발성에 의해 생성된 특수한 정치적 기관들과 일치했다. 이것들은 1905년과 1917년에 러시아에서 출현한 "소비예뜨"와 1918~19년 독일에서 나타난 "노동자평의회" 등을 포함하는 것이었다. 한편 레닌은, 노동자들 자신의 자율적 투쟁조직은 당의 원형(原型)이 될 수 없다고 주장했다. 왜냐하면 그는 개별적 투쟁들에서 독립해 있는 혁명적 정치지도 집단만이 여러 다양한 자생성의 표현들 일체를 통제하여 프롤레타리아 독재라는 근본적 목표를 보장해 줄 수 있다고 보았기 때문이다.

봉기가 성공적으로 끝나고 권력을 장악한 후 사회주의 권력의 운영상의 위기를 낳은 것은 룩셈부르크와 레닌 사이의, 즉 투쟁하는 대중에 의해 구성된 민주주의로서의 코뮤니즘이라는 이념과 프롤레타리아 독재로서의 코뮤니즘이라는 이념 사이의 이 모순인가? 많은 코뮤니스트들은 그렇게 생각하였으며 (세계에는 지금도 그렇게 생각하는 코뮤니스트들이 많이 있다.), 그리고 다가오는 수십 년 동안에 전복적 운동이 부활함에 따라 (왜냐하면 그것이 부활하리라는 것은 명백하기 때문이다.) 그 운동은 이 문제들을 재검토하지 않으면 안 될 것이다.

그러나 코뮤니즘의 현재적 위기와 "현실 사회주의"의 붕괴에 의해 동기부여된 토론들 속에서 다른 문제들도 역시 중심적인 것으로 될 수 있다. 특히 레닌의 죽음 이후에 표면화된 딜레마들 속에서 러시아가 발전해 나간 길을 추적해 보는 것은 흥미로운 일이다. 그때에 소비예뜨의 정치적 논쟁은 "영구혁명"인가 아니면 "일국에서의 사회주의"인가라는 두 개의 대안을 중심으로 하여 벌어졌다. 이 두 개의 대안들은 레닌주의 및 10월 혁명과 자신들의 관계라는 맥락 속에서 토론되었다. 국가와 당의 관료화에 대항하여, 혁명을 확산시키기 위한 수단으로서 첫 번째 테제를 열렬히 옹호한 레온 뜨로츠키는, 두 번째 대안을 옹호하면서 자본주의 국가들의 불균등 발전과 제국주의 사슬의 약한 고리에서 이루어진 프롤레타리아 승리의 예외적 성격이 일국에서의 사회주의 건설에 하나의 필수적인 행동 경로를 부여한다고 믿은 사람들에게 패배했다. 두 번째 테제의 옹호자 가운데서 스딸린은 곧 당의 극단적 중앙집권화와 행정적·억압적 기구로의 막대한 권력집중의 무자비한 집행자로 등장했다. 이처럼 자본주의 체제에 대항한 맑스의 계급 투쟁 이론과 사회주의 건설 과정에서 그것의 실제적 실천 사이의 거리는 현기증 날 정도로 넓어졌다. 역설적이게도 코뮤니즘 — 맑스는 이것을 "상황의 현존하는 상태를 폐지하는 실재적 운동"이라고 규정했었다 — 은, 무슨 희생을 치르고서라도, 그 자신의 발전 리듬에 따라 그리고 자본주의 나라들의 발전 리듬과의 경쟁 속에서 하나의 산업 사회의 물질적 기반을 창출해 내는 생산활동으로 되었다.

사회주의는 자본주의 체제와 임금노동 체제를 극복하는 데 헌신하지 않았다. 그 대신 그것은 이른바 자본주의의 사회·경제적 대안이 되었다.

우리는 "현실 사회주의"의 현재적 위기가 자본의 사회주의적 경영의 위기 이상이 아니라고 주장할 수 있는가? 현재의 상황이 코뮤니즘의 궁극적 위기와 아무런 상관도 없다고 주장할 수 있는가? 우리는 아무런 거리낌 없이 그렇게 주장할 수 있다. 만약 우리가 지난 한 세기 반의 역사가 주는 교훈을 받아들이고서 사회주의와 코뮤니즘 사이의 구별을 가능한 최대한의 강조점을 두어 거듭 단언한다면 말이다. 왜냐하면 사회주의란 자본이 조직되고 관리되는 여러 형식들 중의 하나에 불과하기 때문이다. 그리고 바로 이것이야말로 선진 자본주의 나라들의 대부분이 오늘날 사회주의적 요소가 매우 강한 경제적 체제들을 갖고 있는 이유이다. 그러나 코뮤니즘은 자본주의 체제의 해체 이후에, 즉 계급 체제의 해체 이후에, 그리고 착취 체제의 해체 이후에 사회가 조직되는 형식이다. 이때에는 사회의 조직적 역할에 대립되는 것으로서의 국가의 조직적 역할이 중지된다. 나아가서 우리는, 사회주의가 코뮤니즘의 한 국면이거나 그것으로 이행하는 하나의 수단이라는 주장이 전혀 사실이 아니라고 주장해야만 한다. 역사적으로 말하면 이와 정반대의 것이 사실이다. 왜냐하면 정치적·경제적 억압의 가장 잔인한 형식들이 "현실 사회주의" 내부에서 발생했기 때문이다. "현실 사회주의"에서 말하는 "새로운 사회주의적 인간"이란 짐 나르는 짐승의 완성된 형식 이상이 결코 아니다. 맑스가 우리에게 가르쳐 주었듯이 코뮤니즘은 계급 적대로부터, 노동과 노동조직화에 대한 거부로부터 직접적으로 태어난다. 이때 노동과 노동조직화가 부르주아지적 형식인가 사회주의적 형식인가는 아무런 상관도 없다. 이 적대의, 그리고 이 거부의 새로운 양식들은 서유럽에서 볼 수 있다. 그러나 오늘날에 그것은 동방 블록에서의 "현실 사회주의"의 위기 속에서 더욱 분명히 나타나고 있다. 바로 이것이야말로 동유럽 민족들의 반란이 혁신된 토론과 혁신된 전투성을 위한 강력한 유인(誘引)을 코뮤니즘 내부에 구성하는 이유이다. "사회주의"와 "코뮤니즘"을 구별할 필요성은 다시 한번 분명해졌다. 그러나 이번에 이 필요성이 대두된 이유는 이 양자 사이의 구별이 흐려졌기 때문이 아니라 이 양자가 서로 대립하는 것으로 되었기 때문이다. 사회주의는 경제와 권력에 대한 자본주의적 경영이 채택하는 형식들 중의 하나 이상이 결코 아니다. 반면 코뮤니즘은 절대적으로 급진적인 정치적·경제적 민주주의이며 자유를 향한 하나의 열망이다.

　동유럽에서의 사건들은 우리에게 무엇을 말해 주는가? 무엇보다도 먼저 — 그리고 우리는 이미 이것을 알고 있었다 — 그것들은 코뮤니즘에 이르는 지름길이 있을지도 모른다는 환상의 종말을 말해 준다. 우리들의 선배들 — 직업상의 노동자들이나 전위적 지식인들 — 의 믿음이 무엇이었건 간에 우리는 사회주의를 경유하여 자본주의에서 코뮤니즘에 이르는 어떠한 이행도, 또 어떠한 진보도 있을 수 없다는 사실을 승인해야만 한다. 그것은 사회주의 및/또는 자본주의의 조건들로부터 출발하여 이 조건들 내부에서 구성될 수 있고 또 구성되어야만 한다. 이러한 발전의 두 개 혹은 세 개 혹은 네 개 혹은 n개의 국면들이나 단계들이란 존재하지 않는다. 오직 단 하나의 국면이나 단계가 있을 뿐인데 그것은 자유를 우리들 자신의 수중으로 재전유하며 생산에서의 협력을 통제할 집단적 수단들을 구성하는 것이다. 이 단일한 발전단계만이 우리로 하여금 자본주의 및/또는 사회주의가 어느 정도나 생산을 사회적이고 추상적이며 공유된 것으로 만들었는가를 발견하도록 허용한다. 그리고 또 그것은 우리로 하여금 자본주의적 명령 체제에 대항하여 그것의 외부에서, 그리고 전체 사회의 희생을 대가로 하여 소수에 의해 자행되고 있는 권력과 부의 일상적 약탈에 대항하여 그것의 외부에서 이러한 협력을 재조직할 수 있도록 허락한다.

코뮤니즘은 생산에서의 협력에 바쳐지는 비밀스러운 질서의 형태로 오늘날의 자본주의 및/또는 사회주의 사회들 내부에 이미 살아 있다. 그 질서는 자본주의적 명령 체제 및/또는 관료 체제에 의해 은폐되어 있으며 명령하는 사람들과 그 명령을 따르는 사람들 사이의 대립하는 힘들에 의해 압착되어 있고 밖으로 드러나고자 애쓰고 있지만 그렇게 할 수 없는 새로운 질서이다. 동방 블록에서 우리는 과거에 대한 순수한 부정이라는 형식 속에서 폭발하는 대중 저항을 목격했다.

그러나 우리는 서방에서도 그러한 잠재력의 표현들 — 이것에 대해서는 우리가 이미 알고 있다 — 을 보았다. 동유럽 민족들에서 우리는 완전히 충만한 시민사회가 표면으로 올라오는 것을 보았다. 균질화되어 있지 않으면서도 하나의 집단적 정치력으로 자신을 표현하는 시민사회가 서방에서는 이제 더 이상 찾아볼 수 없는 방식으로 솟아올랐다. 그것은 국가 형태들을 향한 충동이 아니라 오히려 사회적 기반 위에 기초한 권력을 향한 충동이었다. 나는, 서방에서도 이와 마찬가지의 것이 그것도 머지않아서 발생하리라고 확신한다. 왜냐하면 동방에서 일어난 것은 그러한 나라들만의 특별한 경험으로부터 탄생한 것이 아니기 때문이다.

동방에서 일어나고 있는 것은 전제(專制)의 절정에 도달한 자본주의에 대항한 반란의 단초일 뿐이다. 자본주의의 발전을 판매된 컴퓨터의 수와 동일시하는 바보들은 언제나 있기 마련이다. 그런 식으로 생각하는 사람이라면 동방에는 자본주의가 전혀 없고 그곳에서의 혁명은 컴퓨터를 판매함으로써 곧 진정될 수 있을 것이라고 믿을 것이다. 그리고 이런 식의 전략을 추구하는 사람들도 없지 않다. 그러나 그것은 사태의 진상이 결코 아니다. 자본주의 발전의 수준은 생산에서의 사회적 협력의 정도에 의해 규정되는 것이다. 이런 관점에서 보면 동방 블록은 결코 서방 블록에 뒤져 있지 않다.

우리는 이런 관점에서 지금 폭발한 혁명을 위에 언급한 사람들과는 다르게 바라본다. 우리는 나아가 과거의 진실했던 모든 혁명들과 마찬가지로 이번의 혁명도 정반대의 방향으로 움직이는 — 즉 동방에서 서방으로 움직이는 — 하나의 새로운 1968년 혁명으로 확산될 것이라고 주장한다.

동방에서의 사건들은 그 외에 또 무엇을 말해 주는가? 다수의 대중들에게 이보다는 덜 가시적이지만 그러나 그에 못지않게 매우 중요한 또 하나의 요소는 새로운 민주주의 모델의 탄생이다. 우리들의 문명 속에서 우리는 민주주의의 모델은 단 하나 서구식 모델뿐이며 이것만이 보편적으로 적용될 필요가 있다고 생각하는 데 익숙해져 있다.

이 관습적 사고에 따르면 역사는 종말에 이르렀고 이제 더 이상 창조할 것은 없으며 서방 민주주의와 "미국식 생활방식"이 인류 정신의 절대적으로 최종적인 생산물을 대표한다! 이 모든 것은 오만한 환상에 지나지 않는다. 동방에서 일어난 것은 사실이 이와는 정반대임을 보여준다. 왜냐하면 — 헤겔의 언명에도 불구하고 — 세계정신은 자신의 여행을 끝마치지 않았을 뿐만 아니라 자신이 밟아 온 길을 되돌아서 대서양을 가로지른 후 동방으로 머리를 돌려 러시아의 대초원 지대로 향하고 있음을 보여주는 징후들이 나타나고 있기 때문이다. 바로 이곳은 세계정신이 다시 태어난 곳이다. 그리고 그곳은 민주주의에 대한 논쟁이 일어나고 있는 곳이다. 민주주의는 단순한 정치적 해방일 수만은 없다. 그것은 사회적·경제적 해방을 포함해야만 한다. 노동의 문제와 통제의 문제가 풀리지 않는 한 어떠한 민주주의도 가능하지 않다. 민주적 정부의 모든 형태는 노동 노예제(the slavery of work)로부터의 해방의 형태여야만 한다. 그것은 생산에서의 협동의 새롭고 자유로운 조직을 이룩해야만 한다. 그것은 공장과 사회적 노동조직을 새로운 지배자들의 손아귀에 넣어주고 스스로를 위선적인 시장적 자유에 떠맡기며 자본가들과 관료들의 착취 욕망에 자신들을 넘겨주는 문제가 아니다. 오히려 그것은, 경제적 기업의 민주적 경영을 위해서 필요한 규율은 무엇일까를 스스로 이해하는 문제이다. 그것은 과연 불가능한 유토피아일까? 오늘날 그렇게 생각하는 사람들의 수는 점점 줄어들고 있다. 동방에서뿐만 아니라 서방에서조차도 더 많은 사람들이 그러한 내용을 포함하는 민주주의를 어떻게 달성할까에 대해 자신들에게 묻고 있다. 그들이 지금 처해 있는 마비 상태 때문에 그들의 생각은 코뮤니즘으로 눈을 돌리지 못하고 현재적 생산 형태에 멈추어 있다. 그들의 놀람(과 그들의 슬픔)은 매일매일 우리가 자본가적 지배자들이나 관료적 지배자들과 같이 아무짝에도 쓸모없는 낡은 인물들의 저 완강한 존속을 목격하지 않을 수 없도록 강제되고 있다는 사실로부터 나온다. 동방에서는 혁명의 내부에서 인민들이 민주주의의 새로운 형태를 경험하고 있다. 그것은 노동의 민주주의이며 코뮤니즘적 민주주의이다.

동방 블록으로부터 우리에게 주어진 세 번째 교훈이 있다. 누가 반란을 일으켰는가 하는 문제가 그것이다. 노동계급인가? 부분적으로는 그렇지만 또 부분적으로는 그렇지 않다. 그렇다면 중간계급인가? 상당한 정도로 그렇다. 그러나 그것은 그들이 관료제에 연결되어 있지 않았을 때만이다. 학생들, 과학자들, 선진적 기술과 연결된 노동자들, 지식인들 등 한 마디로 요약하여 추상적이고 지적인 노동을 취급하는 모든 사람들은 어떤가? 확실히 이들이 반란의 핵심을 표현한다. 간단히 말해 반란을 일으킨 사람들은 새로운 종류의 생산자들이었다. 사회적 생산자, 자기 자신의 생산수단의 경영자, 그리고 노동과 지적 계획 양자 모두를 제공할 수 있는 사람들, 즉 혁신적 활동성과 협력적 사회화 모두를 제공할 수 있는 사람들이었다. 이런 관점에서 볼 때 동방에서 일어난 일은 우리에게 낯선 것이 아니다. 이에 대해 우리는 실로 "당신들, 상상하는 이야기꾼들로부터"라고 말할 수 있다. 왜냐하면 자본주의가 몰상식한 지배를 행사하고 있어서 부패해 있고 자기비판의 능력이 없으며 오만하고 지리멸렬해져 있는 나라들에서도 반란을 제기하는 주체는 언제나 동일하기 때문이다. 이들은 지적이고 추상적인 새로운 생산적 주체, 즉 학생들, 과학자들, 선진적 기술과 연결된 노동자들, 대학 노동자들 등이다. 동방의 사건들이 우리들에게도 해당된다고 보게 되는 것은, 우리가 확인하고 있는 이 주체 때문이다. 고르바쵸프가 권좌에 남아 있을 것인가 리가쵸프에 의해 제거될 것인가, 뻬레스뜨로이까가 현재의 형식 속에서 성공할 것인가 아니면 불가피하게 뒤따를 두 번째 파도 속에서 성공할 것인가, 러시아 제국이 지속될 것인가 붕괴할 것인가 하는 이 모든 문제들은 오직 소비예뜨들의 관심을 끄는 것들일 뿐이다.

우리는 쳐부수어야 할 우리들의 코사크인들(Cossacks ; 코사크인들은 러시아 혁명 당시에 소비예뜨에 맞선 바 있다-역자)를 갖고 있다. 그리고 그들은 수없이 많다. 우리는 매우 늦게야 이 전투에 참가하고 있다. 그럼에도 불구하고 우리는 금세기에 두 번째로 그 정신의 혁신을 이룰 심원한 과정을 개시한 것에 대해 소비예뜨 사람들에게 감사한다. 우리는 이것이 단지 러시아에서뿐만 아니라 인류의 삶 속에서 불가역적인 과정이라고 믿는다.

빠리에서 안또니오 네그리
1989년 크리스마스에

1985년 프랑스어판 서문*

프로젝트 : "코뮤니즘"을 오늘날의 악평에서 구출하라. 일찍이 코뮤니즘은 인류의 집단적 창조를 통한 노동의 해방으로 불러내어진 바 있다. 그러나 그것은 그런 이상을 이루기는커녕 오히려 인류를 질식시켜 왔다. 코뮤니즘 속에서 집단적·개인적 가능성의 해방을 보고 있는 우리는 — 개인을 말살해 버린 — 사상과 욕망에 대한 그러한 집단적 통제를 역전시켜야만 한다.

파산 : 집단주의적 체제는 사회주의적 이상들 혹은 코뮤니즘적 이상들을 실현하는 데 실패했다. 자본주의 역시도 자유, 평등, 진보, 그리고 계몽이라는 약속들을 지키지 못했다. 자본주의니 사회주의니 하는 말을 머리에서 지워 버리고 보자. 그러면 우리는 그것들 대신에 전 지구상에 걸쳐 모든 인류를 노예로 만들고 있는 하나의 거대한 기계를 볼 수 있다. 인간 생활의 모든 측면 — 노동, 유년기, 사랑, 삶, 사색, 환상, 예술

---

* 프랑스어 초판은 *Nouvelles espaces de liberté* 라는 제목으로 1985년에 출간되었다.

등 — 은 이 노역(勞役)의 공간에서 존엄성을 박탈당했다. 모든 사람은 오직 실업, 빈곤, 사회보장과 같은 사회적 죽음의 위협만을 느낀다.

노동 그 자체는 인간과 물질적 환경 사이의 관계를 발전시킨다는 본연의 약속을 지키지 못하고 있다. 지금 모든 사람들은 쫓겨나지 않기 위해 헐떡거리며 노동하고 있다. 하지만 그것이 도리어, 노동이 이루어낸 저 기계적 과정으로부터 노동하는 사람들 자신의 축출을 재촉하고 있을 뿐이다.

실로 노동 자체는 — 자본주의에 의해 조직되었건 사회주의에 의해 조직되었건 — 불합리한 사회적 재생산과 팽배한 사회적 긴장의 교차점이 되었다. 그 결과 노동 과정에서 형성되는 일체의 주체적 의식의 근저에 족쇄들 — 불합리한 사회적 긴장들 — 이 놓여 있다. 그리고 구속과 감독의 집단적 주체성을 확립하는 것은 자본주의적 노동 기구의 첫 번째 명령이다. 자기감독과 의심은 이 체제의 정치적·법적·도덕적 정당성에 대한 일체의 의문 제기를 차단해 버리며 이 체제로부터 빠져나가려는 생각을 하지 못하도록 가로막는다. 그 어느 누구도 맹목적이고 불합리한 목표들을 가진 자본주의의 법적 의무로부터 빠져나갈 수 없다.

노동의 각 심급, 그것의 각 계기들은 자본주의적 재생산의 명령들에 의해 "중첩결정"(overdetermined)[1]된다. 모든 행동은 가치와 권위의 위계를 굳히는 데 기여할 뿐이다.

그러나 지금 왜 코뮤니즘에 대한 토론이 금기인가? 코뮤니즘에 대

---

1. 초판에서는 ovredetermination을 '위로부터의 결정'으로 자본과 국가에 의해 노동에 부과되는 강제력을 드러내고자 했다. 이 역어가 인간의 삶에 부과하는 강제력의 정체와 방향을 뚜렷이 부각시키는 반면 overdetermination 과정 속에 들어 있는 여러 계기들의 복합성을 드러내지 못하는 한계를 갖는다. 그래서 재판에서는 이 역어를 '중첩결정'으로 고쳐 위로부터의 강제와 그 과정의 복합성을 동시에 드러내려고 했다.[역자주]

한 담론은, 이 담론이 사슬에서 풀어 주겠다고 한 바로 그 사람들로부터 욕을 듣고 추방당했다. 그것은 자본주의와 그것의 노동 조직화의 유혹적이고 "진보적"인 합리성 때문일까?2

마침내 자본주의적 노동 질서는 코뮤니즘의 담론 — 노동과 그것의 해방적 힘에 대한 분석 — 을 전유(專有)하여 그것을 조작의 기술로 뒤바꾸는 데 성공했다 : "노동이 자유롭게 한다"는 명제가 바로 그것이다. 심지어 각양각색의 사회주의자들조차도, 마치 회복과 재건이 기술적 수단들에 의해 달성될 수 있는 도구적 목표들인 양, 그 같은 나팔을 불어 댔다. 사회적 혁명의 "윤리"는 배신당한 해방의 악몽이 되고 말았다. 그리고 미래에 대한 전망은 끔찍한 무력증에 짓눌려졌다……

얼마 전까지만 해도, 자본주의에 대한 비판은 파괴적이고 침투적인 자본주의의 시장을 향한 것이었다. 오늘날 우리는 자본주의가 우리의 영혼에 입힌 상처를 감내하면서, 재투자 전략들이 가장 덜 억압적인 계획의 형식이라는 것을 어쩔 수 없이 받아들인다. 그 결과 사회주의냐 아니면 자본주의냐 하는 문제는 미결의 쟁점으로 된다.

그러므로 이제 모든 것이 재창안되어야 한다 ; 사회적 삶의 양식들뿐만 아니라 노동의 목적도, 자유뿐만 아니라 권리도. 우리는 다시 한번 코뮤니즘을 노동의 해방을 위한 집단적 투쟁으로서, 즉 현재 상황의 즉각적 종식으로 규정하기 시작할 것이다!

---

2. 1960년대 이래로 프랑스 철학에서는, 변증법(dialectic)이 권력의 강제 부과와, 그리고 급진적인 대안적 에너지의 중화와 결부되어져 왔다. 갈등하는 대립물들의 매개와 그 대립물들의 보다 높은 통일체의 질서 속으로의 해소는 이제 당 및 국가 질서의 이름으로 갈등을 중화하는 정치학과 연결되어진다. [영역자주]

* * * * *

몰지각한 경제학자들이 지구 전체를 지배한다. 그럼에도 불구하고 지구는 황폐해져 있다. 아마도 돌이킬 수 없을 정도로 말이다. 우리는 그 무엇보다도 먼저, 자본주의적 절대권이라는 길 및/또는 사회주의적/집단주의적 노동 형식이라는 길 — 이 길들이 보여주고 있는 완강함과 지구력은 대부분 노동을 하나의 프로젝트로, 하나의 해방 과정으로 재규정할 수 없는 우리들 자신의 무능력에 의존하는 것이다 — 과는 다른 길이 있다고 주장해야만 한다. 우리는 코뮤니즘을 다음과 같이, 즉 모든 차원에 걸친 의식과 현실 — 정치적인 것과 사회적인 것, 역사적인 것과 일상적인 것, 의식적인 것과 무의식적인 것 — 의 변형에로 이끄는 다양한 사회적 실천들의 조합으로 규정할 것이다. 우리는 담론이 곧 행동임을 인정한다. 그렇기 때문에 우리는 낡은 길의 해체를 개시하는 방식으로 하나의 새로운 담론을 벼려 낼 것이다. 그러나 우리들의 코뮤니즘은 낡은 유럽을 배회하는 유령과 같은 것이 결코 아닐 것이다. …… 우리는 오히려 상상력 넘치는 창조적 과정들을, 거부와 희망의 거대한 물결로 세계를 휩쓰는 특이하고 동시에 집단적인 과정들을 마음속에 그리고 있다. 코뮤니즘은 삶에의 호소 이외에는 아무 것도 아니다. 그것은, 오늘날 끊임없이 억압과 착취가 넘쳐 나도록 만들고 있을 뿐만 아니라 그와 더불어 인류를 절멸의 방향으로 이끌고 있는 자본주의적이고 사회주의적인 노동 조직화의 포위망을 깨어 부수라는 호소일 뿐이다.

착취는, 핵 축적의 기초 위에서, 절멸의 위협으로까지 발전하였다. 전쟁의 순환과 파괴의 위험은 우리에게 잘 알려져 있다. 지금 우리는 결정론자들이 아니다. 그러나 오늘날 종말이 — 비록 임박하지는 않았지만

― 매우 가까이 있다고 생각하는 사람들은 결정론자들만이 아니다. 만약 우리가 노동에 대한 자본주의적이고 사회주의적인 폭압 장치에 대해 힘을 행사하기를 포기한다면 종말은 더욱 가까이 다가올 것이다. 파국을 피하기 위해서는 자유를 위한 집단적 동원이 필요하다.

계속하자 …….

왜 나날의 삶은 공포와 혐오로 전율하고 있는가? 이 공포는 홉스에 의해 서술된 바와 같은 자연적인 성질의 것, 즉 만인은 만인에 대해 전쟁을 벌일 것이며 개인은 권력에 대한 목마름 속에서 파편화될 것이라는 낡은 경구에 나타난 공포와는 다르다. 오히려 우리가 지금 겪고 있는 것은 초월적인 공포이지만 실제로는 인간이 만들어 낸 공포이다. 그것은 사람들을 꼼짝 못하게 고정시키는 파국적 공포스러움으로 모든 인간의 마음속에 파고든다. 실제로 희망은 이 절망적이고 불운하며 음울한 세계를 떠나 버렸다. 삶은 우울함을 넘어 슬픔, 권태, 그리고 단조로움 속으로 가라앉는다. 이 부조리한 곤경에서 벗어날 기회는 전혀 없다. 커뮤니케이션(communication), 즉 연설, 대화, 농담, 심지어 음모마저도 대중매체의 "담론" 속으로 흡수되어 왔다. 인간들 간의 상호관계 역시도 훼손되어 지금은 무관심, 정직하지 못한 혐오와 자기증오 등으로 채색되어 있다. 한마디로 말하여 우리는 모두 불신으로 인해 고통 받고 있다.

놀랍게도 인간 감정이라는 직물(織物) 구조 그 자체가 풀어헤쳐져 버렸다. 왜냐하면 그것이 욕망과 희망의 실들을 더 이상 이어낼 수 없기 때문이다. 그 결과 지난 30년 동안 전 세계에 걸쳐 벌어졌던 사이비 전쟁은 그 핵심적 특징들이 주목되지도 않은 채 지나가 버렸다. 냉전이라는 진범은 그 범죄 사실이 알려지지도 않은 채 도망가 버렸다.

이 기간 내내 인간 의식은 순종적이고 심지어는 공범적인 그 무엇으로 실추되었다. 개인이 고립된 절망 속으로 빠져듦에 따라 기존의 가치들은 그와 함께 붕괴되었다. 공포는 온갖 종류의 무기력과 마비를 키운다. 오직 이 집단적 마취상태만이, 이 절망의 행진이 집단적 자살이라는 그것의 논리적 결론에 이르는 것을 막고 있을 뿐이다. 분명한 것은 자살과 같은 단호한 변형을 위해 남아 있는 정열도 이제 별로 충분치 않다는 것이다. 그러나 진정한 비극은 착취가 공포의 가면을 쓰고 있다는 것이다. 개인의 확장, 미래를 위한 희망과 욕망의 확장은 철저히 금지되어 왔다. 그러나 그 금지의 구실은 정치적인 것이라기보다는 형이상학적인 것이었다.

하지만 다시 한번 살펴보자. 사태가 이와 같음에도 불구하고, 과학과 노동생산성의 일체의 발전은 하나의 대안의 존재를 지시하고 있다. 절멸인가 코뮤니즘인가 이것이 문제이다. 그러나 이 코뮤니즘은 단지 부(이 무가치한 것을 누가 원하겠는가?)의 공유 이상의 것이어야만 한다. 그것은 함께 일하는 완전히 새로운 방식을 개시해야만 한다.

진정한 코뮤니즘은 인간적 소생의 조건을 창출하는 것에 있다. 사람들이 생산을 하면서 스스로 발전시킬 수 있는 활동들, 개인이 기능적인 존재가 아니라 가치 있는 존재가 되는 조직들 등이 그것이다. 이것을 완수하기 위해서는 하나의 운동이 필요하다. 그것은 노동 그 자체의 성격을 변화시키기 위한 운동이다. 그리고 노동을 창조적 활동성으로 재규정하는 것은, 개인들이 숨 막히고 정동적으로 가로막힌 긴장의 리듬으로부터 벗어남으로써만 가능하다. 그것은 오늘날의 상황에서는 변화를 이루고자 하는 의지 이상의 것을 필요로 한다. 우리를 에워싸고 있는 중화작용 그 자체에 저항하기 위해서는 욕망이 필요하다.

역설적으로 보일지 모르지만 노동은, 그것이 본질적으로는 집단적이고 이성적이며 상호의존적인 존재의 인간적 양식 중의 하나이기 때문에 해방될 수 있는 것이다. 그것은 연대를 낳는다. 자본주의와 사회주의는 단지 노동을 이성중심적이고 편집증적이며 권위주의적이고 또 잠재적으로는 파괴적인 사회적 메커니즘에 복종시키는 데 성공했을 뿐이다. 선진 산업사회들의 노동자들은, 점진적 투쟁들에 의해, 직접적이고 위험스런 착취의 수준을 낮추는 데 성공했다. 그러나 이것은 지배의 성격 변화에 의해 무효화되어 왔다. 현대의 착취는 부국과 빈국의 불균형을 심화시키고 있다. 이제 굶주림의 위협과 폭력이라는 착취의 공격에 정면으로 맞서고 있는 것은 저개발국의 부자유스런 노동자들이다. "식민적 거대 본국의 프롤레타리아트"가 겪고 있는 상황의 상대적 향상은 제3, 제4세계들에서의 절멸에 의해 상쇄되고 있다. 노동 속에 깃든 모순들이 그 한도에까지 나아감에 따라 노동의 해방이, 과학과 기술이 가장 선진적으로 발전된 부문의 노동자들에 의해 완수될 수 있게 된 것은 결코 우연이 아니다. 오늘날 문제로 되고 있는 것은, 여러 커뮤니티들(communities), 다양한 인종적·사회적 집단들, 참으로 온갖 종류의 소수 집단들 등이 자율적인 표현 양식들—단순히 생활 양식만을 말하는 것이 아니라 노동 과정 그 자체까지 일컫는 것이다—을 획득하고 확립할 수 있는 근본적 능력인 것이다.

　노동에 있어서 불가피한 것이란 아무 것도 없다. 어떠한 운명도 노동을 점점 더 큰 억압 속으로 끌고 들어가지 못한다. 실제로 노동 그 자체에 내재한 해방의 잠재력은 오늘날 그 어느 때보다도 더욱 가시적으로 되었다. 기술적 이유들 때문에 노동 과정이 나날이 변화하고 있는 오늘날, 자본이 무슨 수로 그 노동 과정이 자연적이고 불변적인 것이라고 계속 우길 수 있겠는가? 노동의 논리 속에 깃들어 있는 이—아직 시험되지 않은 — 간극이야말로 사회적 변형을 이루고자 하는 새로운 운동들이 맹렬하게 돌진해 들어가야 할 틈새이다.

전통적으로 투쟁의 실례(實例)이자 자발적 행동으로서의 노동거부는 노동의 실질적 해방을 가로막는 장애물로 작용하는 그러한 구조들을 겨냥해 왔다. 이제부터 그 투쟁은 새로운 자원의 전유를 내포하게 된다. 여기서 새로운 자원이란 자유 속에서 획득된 집단적 지성을 말하며, 오늘날의 자본주의의 일차원적 경험을 부수고서 나온 경험과 지식을 말한다. 이제 그 투쟁은 해방을 향한 각성 및 훈련과 관련된 일체의 프로젝트를 포함한다. 간단히 말해서 그것은, 삶 시간의 본질적 구성요소인 노동 시간에 대한 통제력의 환수에 도움이 되는 모든 것을 포함한다. 자본주의적 생산이 지금 내세우고 있는 일체의 구호들은 이 같은 전략, 즉 새로운 집단적 주체성 속에 정보 기술을 혁명적으로 확산시키는 전략을 환기시키고 있다. 이것은 투쟁의 새로운 영역이다. 그리고 이제 의식 자체가 자본주의적 길이 선택될 것인가 비자본주의적 길이 선택될 것인가를 결정하는 "결정적 카드"를 쥐고 있다고 믿는 것은 공상적인 것이 아니다. 한때는 지식과 힘이 같은 수의 대포와 미사일들처럼 비축되었다. 이제는 작업장 소요의 일부인 집단적 의식의 활성화가 작은 무기들을 대규모 봉기로 통일시키게 될 것이다.

이러한 관점에서 보면 코뮤니즘은 개인성이 단순히 집단적인 것에 대립되는 것으로 되지 않으면서 그 자체로 인정되고 진실로 해방되는 커뮤널한(communal) 생활 양식의 확립을 의미한다. 그러므로 다음과 같은 것, 즉 건강한 커뮤니티들의 건설은 독특한(unique) 개성들로부터 시작되어 바로 그것으로 끝난다는 것, 그리고 집단적 잠재력[3]은 특이한 것이 자유롭게 될 때에만 비로소 실현될 수 있다는 점이야말로 가장 중요한 교훈이다. 이 통찰은 노동의 해방에 근본적인 것이다. 착취로서의 노동은 일반적이고 대중적인 생산 노선의 발전을 완료했다. 이제, 이전에는 억압되고 있었던 개인의 창조적 에너지의 잠재력을 개발하는 것이 가능해졌다. 다름 아닌 하나의 발생적 도약, 작업장에 존재하는 자율성의 "뿌리줄기"(rhizome)야말로 스스로를 생산적 고양으로 확립할 수 있다. 그리고 그것은 "중첩코드화된" 그리고 탈개인화된 개인으로 구성된 관료적 자본주의의 죽은 몸뚱이에 대한 하나의 진지한 도전이 될 것이다.

이 점을 잘못 생각해서는 안 된다. 코뮤니즘은 억압에 의존하는 맹목적이고 환원주의적인 집단주의가 아니다. 그것은, 결코 서로 환원될 수 없는, 개인들과 그룹들("집단성들")의 결합된 생산성의 특이한 표현이다. 만약 그것이 특이성의 지속적인 재긍정이 아니라면 그것은 아무 것도 아니다. 그러므로 코뮤니즘을 특이화의 과정으로 규정하는 것은 역설이 아니다. 코뮤니즘은 어떤 경우에도 이데올로기적 신념체계로, 하나의 단순한 법적 계약으로, 혹은 추상적 평등주의로 환원될 수 없다. 그것은 노동 자체의 집단적 목표에 대한 질문 제기를 포함하면서 역사를 관통하여 진행되는 하나의 연속적 과정의 일부이다.

이 새로운 연합들을 감지하는 것은 이미 가능하다. 그것들은 자발적이고 창조적인 국면에서 형성되어 서로를 찾기 시작했다. 이러한 자발적이고도 창조적인 국면은 물론 지난 30년간에 걸쳐 우리가 목도해 온 자본주의 사회의 대폭발 및 재정렬과 병행하여 발전하였다. 그것들의 중요성을 보다 잘 이해하고 또 평가하기 위해서 우리는 다음의 것들을 구분

---

3. 가따리와 네그리는 최초의 근대적 유물론 철학자인 스피노자를 연구했다. "잠재력"이라는 용어는 물질적 현실에 내재하는 창조적 가능성을 의미한다. [영역자주]

할 수 있을 것이다.

• "몰적(molar) 적대들" : 작업장에서 이루어지는 착취에 대한 투쟁, 그리고 노동의 조직체제와 그것의 형식들에 대해 해방의 관점에서 가하는 비판.
• 이들 고립된 투쟁 사례들의 외부 세계 속으로의 "분자적(molecular) 증식". 그 속에서 특이한 투쟁들은 한편에서는 개인들과 집단들의 관계를, 다른 한편에서는 물질적 자연과 언어적 기호들(의미들)의 관계를 불가역적으로 변형시킨다.

이리하여 각각의 모든 몰적 적대들에 의해 성숙 중인 사회적 변형들이 하나씩 야기되며, 이 변형들이 다시 생산적 노동 배열에 영향을 미친다. 즉, 자본주의적 및/또는 사회주의적 권력 구성체(power formation)에 대항하는 일체의 투쟁은 전반적 변형에 기여한다. 사회적 진보, 정치적 진보, 그리고 작업장의 진보는 서로를 조건짓는다. 그러나 ─ 그리고 바로 이것이 우리가 말하고자 하는 요점이다 ─ 혁명적 변형은 집단적 노동 경험에서 태어난 새로운 주체적 의식의 창조과정 속에서 일어난다. 이 계기가 무엇보다도 일차적인 것이다. 모든 내기는 개인들에 의한 주체성의 집단적 창조라는 바로 이 문제에서 승패가 결정된다. 우리는 자코뱅적[4] 신비화와 스딸린주의적 악몽으로부터 코뮤니즘의 영예로운 꿈을 구해 낼 필요가 있다. 이제 그것에 분절구조화(articulation)의 힘을,

---

4. 프랑스혁명 당시의 "푸치스트"(putschist ; 작은 반란의 주모자라는 뜻) 혹은 레닌식의 혁명 운동에서 온 용어. 이것은 자발적 대중동원이나 민주적 과정, 혹은 인민에 의한 자치에 의존하지 않고 오히려 작은 음모적 집단을 사용하여 권력을 장악하려는 시도를 지칭한다. [영역자주]

즉 노동의 해방과 주체성의 해방 사이에 구축된 하나의 연합의 힘을 돌려주도록 하자.

특이성, 자율성, 그리고 자유는 자본주의적 및/또는 사회주의적 질서에 대항하는 모든 투쟁을 공고하게 통일시키는 세 가지 깃발이다. 이제부터 이 연합은 노동의 해방과 해방의 노동 속에서 자유의 새로운 형식을 창조할 것이다.

1985년
펠릭스 가따리·안또니오 네그리

1

자유의 새로운 공간

안또니오 네그리 펠릭스 가따리

1968년에 시작된 혁명
1970년대의 반동: "미래는 없다"
혁명은 계속된다
새로운 연합
지금까지와는 다른 방식으로 살고 생각하자
미래로 돌아가다
감옥에서 보낸 네그리의 편지

제1장

1968년에 시작된 혁명

1. 사회화된 생산

혁명의 순환이 1968년에 재개되었으며 최고조의 수위에 도달했었다는 것을 깨닫기 위해 카페에서 책을 읽고 있을 필요는 없다. 1917년에는 단지 하나의 징후에 불과했으며 그 이후의 민족해방 전쟁에 의해서도 지속성 있는 어떤 방식으로 달성되지 못한 것이 1968년의 사건들에 의해 드러났다. 그것은 집단적 의식과 집단적 행동의 직접적 가능성이었다.

그렇다. 코뮤니즘은 가능하다. 그것은 지금 낡은 세계를 괴롭히고 있다. 이것은 지금까지 그 어느 때보다도 더 사실이다. 1968년은 금세기 초의 혁명운동들, 즉 1929년의 대위기에 뒤이은 혁명운동들과 제2차 제국주의 대전에 뒤이은 운동들을 봉쇄하기 위해 계속적으로 취해져 온 사회적 합의들이 얼마나 깨지기 쉬운 것인가를 보여주었다. 우리가 1968년의 사건들을 어떻게 바라보건 그것들이 다음과 같은 사실, 즉 사회적 타협이 자본주의 체제들의 적대적 모순을 제거하거나 지양하지 못했다는 것을 밝혀준다는 사실만은 부인할 수 없다.

우리는 이제 물질적 변형의 세 계열에 대해 검토할 것이다. 그것은 자본주의적 "생산"의 특질, 차원들, 그리고 형식에 관련되는 것이다. 이렇게 함으로써 우리는 사회를 변화시키고자 하는 일체의 노력이 거기에서 시작해야만 할, 하나의 새로운 객관적 출발점을 밝혀낼 것이다.

첫 번째 계열은 생산의 특질 문제이다. 노동계급과 자본주의적 및/또는 사회주의적 지배자 계급 사이의 투쟁은 더욱더 집중되고 "대규모[대중]화된" 생산 체계를 가져왔다. 합리적으로 위기를 극복하는 것의 불가능성 ― 이것은 권력의 사회적 양극화를 드러내었다 ― 은 강력하게 집중되고 계획된 경제를 운영하려는 노력을 낳았다. 이 새로운 환경 속에서 고전적 가치 법칙은 더 이상, 구체적 실제 노동과 생존을 보장하기 위해 필요한 화폐량 사이의 관계의 표현으로서 작동하지 못했다. 새롭게 변경된 것으로서의 이 법칙은 거대한 양(量)의 "추상적"인 혹은 무차별적인 노동을 산업 생산을 대체한 에테르적인 정보 기계들에 관련지었다. 노동은 "탈영토화되었다". 그것은, 근거도 의미도 없이, 노동하는 민중들로부터 지식을 빼앗는 하나의 과정에 신경증적으로 굴복했다. 이제 그것은 무엇보다도 본질적으로 지식 생산적인 활동이다. 현대의 노동은 전 지구적 차원에 걸쳐 비인간적인 훈육 기구를 창출하고 있다. 그 속에서는 강제가 육안으로는 보이지 않는다. 왜냐하면 그것은 노동자를 온종일 자본의 전횡 아래에 묶어두고 있는 교육적·정보적 강제이기 때문이다. 노동자는 이제 더 이상 하루 8시간만 임금 노예인 것이 아니다. 그는 이제 끊임없이 자본을 위해 생산하고 또 소비한다. 그 과정 속에서 자본은 사회적 협력을 발전시키면서, 또 집단적 노동능력을 통합하면서 더욱 사회화된다. 그 결과 그것은 사회를 하나의 거대한 공장으로 바꾸어 놓았다. 그 공장에서 고분고분히 소비하고 있는 계급들은 각종 조합들로 조직되었다.

탈영토화된 생산은 노동과 삶이 더 이상 분리될 수 없다는 것을 의미한다. 사회는 자본주의적 발전의 논리와 과정 속으로 무너져 내렸다. 사회의 노동으로의 이러한 동화(同化)의 결과는 심원하다. 복지국가의 모든 보장물들과 자원들 — 임금제도, 실업보험, 가족보조, 연금 등 — 은 강화되었지만 이제 그것들은 자본주의적 탈구들에 대항하는 사회적 방어물이기보다는 생산 과정 그 자체의 일부로 되었다. 사회적 복지는 사실상 하나의 사회적 꿈으로 바뀌었다. 생산 과정은 사회를 자신의 이미지에 따라 다시 만들어 내었다. 그 결과 그와 같이 높은 수준의 추상이 사회적 삶 속으로 이전되었다. 이제 생산은 사회에게 자신의 구성원으로서의 자격을 부여하였다. 독립변수로서의 생산은 사회에 자신의 특징을 각인하면서 그것의 어떠한 영역도 손대지 않은 상태로 그냥 내버려두지 않는다. 자본주의적 발전과 착취가 사회적 기계의 본질적 특징으로 간주되는 하나의 등식이 성립된다. 바로 이 자본주의적 발전과 착취가 사회의 의미가 되며 당연하게도 사회의 진리가 된다 …….

이러한 변형의 정치적 결과도 이와 마찬가지로 심원하다. 한 세기에 걸친 혁명과 계급의식으로부터 성장해 나온 정치적 참여의 요구 속에 명백히 드러나는 높은 수준의 정치적 동원력은 확장을 거듭하였으나 그 후 하나의 사회적 의식 속으로 흩어져 사라지고 말았다. 이 새로운 사회화를 의식하고 있는 지배자들의 노력은 모두, 사회적 생산을 분할하는 규칙들과 제도들의 틀 속에 그것을 가두어 두는 것 — 민주적 수단을 통해서건 전체주의적 수단을 통해서건 — 으로 이루어져 있다. 그들은 이를 통해 경제적 권력을 정치적 권력으로 변형시키는 방식으로 자신들의 통제적 지위를 재생산하고 또 재강화하고자 한다.

통제의 이러한 변형이 가져온 결과를 검토하기 전에 생산의 변화하는 성격이 갖는 또 다른 본질적 측면을 인식하는 것이 중요하다. 생산의 결정적 구성요소로서 사회화의 출현은 자연스럽게 생산 과정 그 자체에 영향을 미쳤다. 일반적으로 하나의 형식적 특질로서 간주되었던 사회화는 하나의 실체적 특질로 변화하였다. 예를 들어 혹자는, 시골 농민의 사회화가 어떻게 그들의 독립성 상실을 가져오는가를 관찰할 수 있을 것이다. 또 혹자는, 서비스 부문 노동자들이 기능적 측면에서 엄격하고 기계화된 생산 과정 속으로 흡수됨에 따라 그들이 어떻게 해서 사회적 응집력을 상실하는가를 관찰할 수도 있을 것이다.

그렇지만 이때까지 자본주의 및 사회주의와 결부된 생산의 산업적 양태들은, 말하자면 외부로부터만 사회적 불평등들을 점령해 왔다. 1968년의 대폭발은 이제 새로운 경제적 기술들이 사회적 재생산의 영역을 포함하게 되었음을 보여주었다. 그 이전에 생산의 세계는 교환가치(상품생산) 및 사용가치(유용성)의 재생산에 기초하고 있었다. 이제 그러한 모든 것은 끝났다. 바로 이 점에서 우리는 그 시기의 운동을 필수적인 예비행위들로 간주할 수 있을 것이다 ······.

이제 잔존하고 있던 사적 영역, 즉 가족, 개인생활, 자유 시간, 그리고 아마도 심지어는 환상과 꿈 등등의 모든 것이 그때 이후로 자본의 기호학에 종속되어졌다. 이러한 변형은 정치적 분위기와는 무관하게, 즉 그것이 민주적인가 파시즘적인가 사회주의적인가 하는 것과는 무관하게 발생했다. 사회화된 생산은, 자유 시간과 인간의 산 피를 흡혈귀 같이 빨아들이면서, 자신의 법칙, 자신의 논리를 지상에서 전개되는 사회적 삶의 모든 측면에 강제로 부과하는 데 성공했다.

1968년의 사건들은 생산 절차들 및 노동 절차들이 갖는 사회적 특질의 이러한 변형에 대한 적대적 인식으로서 제기되었다. 그것들은, 혼란스럽지만 그럼에도 불구하고 확신을 주는 방식으로, 이러한 변형의 기저에 놓여 있는 근본적 모순, 즉 인류에게 거대한 생산적 능력을 부여하면서 이와 동시에 하나의 새로운 프롤레타리아적 운명을 부과하는 것 사이의 모순을 폭로했다. 이 운명은 끊임없는 착취 속에서, 그리고 어떠한 기반도, 어떠한 연대 책임도, 어떠한 의지처도, 또 어떠한 보증도 제공하지 않는 탈영토화 속에서 비롯되어 사회적 삶 전반뿐만 아니라 무의식에로까지 확장된다.

사회의 모든 층위에 있어서 일반화된 착취는 생산을 새롭고 "추가적인" 유형의 불행의 원천으로, 따라서 새로운 형태의 정치적 갈등의 원천으로, 심지어 미시정치적 갈등의 원천으로 재규정하는 효과를 가져왔다. 통합적이고 총체화하며 미묘하게 전체주의적인 새로운 생산 양식들은 낡은 경제적 노예제 양식들을 살짝 변장된 문화적·정치적 예속으로 변형시켰다. 그 결과 그에 대항하는 하나의 새로운 투쟁이 나타나, 이른바 경제적 필연성에 대항하는 일체의 저항을 무력한 것으로 만들었다. 그러나 개인적·집단적 고립이라는 문제 전체를 부각시키면서 이 가장 직접적인 수준들에서 새로운 저항의 형식들을 산출한 것은, 종래의 "전체주의적인" 목표들을 일상적 존재의 미세하고 분자적인 차원들로 이전(移轉)한 것, 바로 이것이었다.

이 새로운 "반작용"은, 1968년에, 거대한 단락(短絡, shortcircuit)이라는 형태로 자신을 표현했다. 얼간이 같은 수복(收復, recovery) 분자들이 지금까지 그래온 것처럼, 이 사건들을 신비화하려고 애쓰는 것은 아무 소용없는 일일 것이다. 이 대목에서 비합리성이라는 거대한 몬순

(monsoon ; 인도양에 나타나는 계절풍으로 여름은 남서, 겨울은 북동에만 분다-역자)이 되돌아오고 있는 것이라고 비난하는 것 역시 아무런 소용이 없는 일일 것이다. 기능주의가, 그 자신 비합리성의 극치라 할 수 있는 자본주의에 단단히 맞물려져 있는 세계에서, 합리성에 대해 운운한다는 것이 도대체 무슨 의미가 있겠는가? 1968년 이래 제기된 채 아직 남아 있는 문제는 행복과 도구적 이성 사이에 창조적이고 해방적인 관계를 설정할 방법을 밝히는 것이다.

우리는 또, 1968년 이래로, 자본주의 부르주아지 및 사회주의 부르주아지의 보다 역동적인 부문들에서, 식민주의와 저개발에 대항하는 투쟁순환의 역전이 출현하였고 내부적 근대화를 이루려는 몇몇 시도들이 출현했음을 보았다. 하지만 이와 같은 이데올로기적 노력들 — 이것들은 기본적으로는 빈말에 불과하다 — 과, 착취와 새로운 형태의 구체적 저항의 현실 사이에는 커다란 차이가 있다.

1968년은 비판적 의식의 현실적 재개를 표현한다. 그 비판적 의식은 일반적으로 노동능력과 생산에서의 객관적 변화들을 구체적으로 포착하고 있다. 이러한 인식은 처음에는, 경제 성장, 그것의 곤경, 위기 그리고 이것들에서 발생한 거부를 반영함으로써 가능해진 하나의 반란으로서, 그 자체 하나의 새로운 개시로서 출현하였다. 1968년의 본질적 힘은, 착취에 대항한 인간적 반란의 역사에서 처음으로, 그것이 단순한 해방을 목표로 삼는 데 그치지 않고 명백한 개인적 사슬들의 제거를 넘어서 확장되는 진정한 해방을 목표로 삼았다는 데 있다. 그 운동은 특이한 투쟁들의 역사적 연계에 대한 고도의 의식을 통해 자신 속에 전 지구적 차원을 획득했다. 몰적 대우주와 분자적 소우주 — 즉 전 지구적인 것과 지역적인 것 — 가, 그런 수준의 강도로는 처음으로, 동일한 전복적 소용돌이 속에서 결합하기 시작했다.

1968년의 사건들은 이처럼 혁명적 순환의 재개를 표현한다. 그것은 낡은 슬로건들의 반복에 의해서가 아니라 행동에 대한 새로운 전망의 획득을 통해, 그리고 코뮤니즘을 커뮤니티 및 의식의 풍요화와 다양화로 재규정함으로써 가능해졌다. 확실히 그 운동은 이전의 사회적 투쟁들의 발전으로부터, 그리고 저항과 공격에 대한 고용주들의 대응능력의 재배치로부터 분리불가능한 것으로 남아 있다. 그러나 그럼에도 불구하고 하나의 중요한 역사적·질적 도약이 일어난 것이다. 개인적으로 발본적인 저 성취의 순간에, 혁명을 전체 인구의 상당한 부분에게까지 일반화시키기 위해서는 무엇이 필요했던가? 그것은 다름 아닌 사회적 사이클로트론(cyclotron ; 원자 파괴를 위한 이온 가속 장치-역자)이었다. 즉, 거대한 집단적 에너지의 일반화, 사상과 감정의 가속화가 필요했던 것이다. 바로 이렇게 하여 1968년에 인류의 가장 진실한 열망을 담았다고 말할 수 있는 혁명이 태어났던 것이다.

2. 정치를 넘어서

이러한 운동의 시기에, 사회적 산 노동이 이윤에 기초한 자본주의 조직 및/또는 사회주의 조직을 거부하는 행위가 정치적 무대 속으로 확산되기 시작했다. 각양각색의 특이한 갈등들로부터 하나의 거대한 반대가 생성되었다. 그것은 곧장 사회적 생산을 관리하는 데 책임이 있는 정치 권력에 맞서기 시작했다. 전통적 정치는 집단적 의식을 가진 이러한 대중운동으로부터 완전히 분리되어 있었다. 그것은 주체성의 이러한 변형과 어떠한 지반도 공유하지 않았다. 전통적 정치는 그것을 가두고, 억압하고 그리고 궁극적으로는 자신의 입지를 재구조화하고 회복함으로써 단지 그것을 외부로부터 장악하는 데 성공했을 뿐이다. 그러나 바로 이러한 오판과 부정에 의해서 전통적 정치는 자신의 무력함을 입증했을 뿐이다.

오늘날의 정치는 모든 범위의 산 생산에 대한 죽은 구조들의 지배를 표현하는 것 외에 다른 아무 것도 아니다. 바로 얼마 전, 위대한 혁명 시기의 끝 무렵에 역사는 이와 비슷한 정치적 복고를 목격하였다. 그것은 권력을 탈환한 엘리트들의 편에서 정통성의 근본적 부재를 "감추는 것" 이외의 다른 목표를 전혀 갖지 않았었다. 우리를 지배하는 군주들은 가장 터무니없는 방식으로 즉, 프랑스 대혁명 직후에 그리고 나폴레옹 시대에 나타났던 것과 똑같은 엉터리의 보잘것없는 무대 위에, 똑같은 악순환 속에, 다시 돌아온 것처럼 보인다. (여기에서는 『파르마의 카르투지오회 수도원』을 언급해 두는 것으로 충분할 것이다.)

여기까지 이야기하고 나니 헤겔의 말이 떠오른다. "이 사원은 분명히 종교를 결여하고 있으며 독일은 형이상학을 결여하고 있고 유럽은 인간성을 결여하고 있으며 개혁주의는 상상력을 결여하고 있다……."

이와는 다른 한편에 집단적 상상력이 살아남아 있다. 하지만 그것은 1968년에 출현하기 시작한 변화의 패러다임과 경로 외부에서는 어떠한 정치도 더 이상 생각할 수 없다.

이것은 그 무엇보다도 우선 전통적 좌파에게 해당되는 것이다. 낡은 생산 패러다임의 포로인 역사적 공산당들은 출현 도정에 있는 사회적 생산 양식의 혁명적 힘을 상상조차 하지 못했다. 대중과 전위라는 패러다임적 분리에서 도출된 중앙집권주의적 조직모델로부터 스스로를 분리시킬 수 없었기 때문에 그들은 사회운동의 이 예기치 못한 자기조직화에 직면하여 방향을 잃고 놀라지 않을 수 없었던 것이다.

개혁주의적 운동의 일차원적 운명에 충실하게도, 그들은 작업장에서 일어나는 새로운 요구들의 폭발과 사회·문화적 세계 속에서 일어나는 새로운 욕망들의 폭발을 경험했다. 이것은 그들을 문자 그대로 일종의 편집증 상태에 몰아넣었다. 이보다 정도는 덜하지만 사회민주주의도 동일한 경험을 겪었다.

"현실 사회주의" 나라들에 있어서 그 반응은 극단적으로 야만적이었던 반면 서방에서의 반응은 보다 교활하고 기동적이었다. 서방은 타협도 기꺼이 받아들이려 했다.

이 모든 사례들에서 우리는 어떤 불변의 요소들을 발견한다. 그 중의 하나는 사회적 보수주의이다. 이것은 투쟁의 흐름을 딴 곳으로 돌려 자신 속으로 흡수하려는 체계적인 협조 조합주의적(corporatist) 노력과 결부되어 있다. 또 하나는 정치적 반동이다. 이것은 낡은 "엘리트들"의 정통성을 재건하려는 노력 속에서 국가 권력의 사용을 전통적 구조들에 대한 호소와 결합시키는 것이다. 나머지 하나는 집단적 주체성을 탕진시키는 것이다. 특히 이것은 대중매체, 정부기관, 그리고 전체로서의 복지 국가의 강력한 사용을 통해 이루어졌다.

사실상 좌파 정당들은 1968년에 일어난 운동들의 효과에 의해, 그리고 더 나아가 그 이래로 사회변형의 담당자로 출현한 집단적이고 특이한 운동들에 의해 황폐해졌다. 이렇게 되자 좌파는 더욱더 전통적인 국가주의적 구조에 매달렸다. 그리고 그렇게 하는 과정에서 그것은 자신이 유지해 온 투쟁과 타협의 연관 관계들을 내팽개치게 되었고 그 결과 자신의 정통성의 기반을 잃게 되었다. 그러나 이 구조들은 1968년의 반

(反)공격에 의해 회복불가능할 정도로 변경되었다. 그 이후로 낡은 정치는 자신의 새파랗게 질린 얼굴을 더 이상 감출 수 없었다. 동과 서의 발전된 나라들의 헌법적·제도적 구조는 이중으로 침식되어져 있었다. 그 구조는 안으로는 그들의 심각한 적응불능성에 의해서, 밖으로는 주변적인 시간제 "비보장" 노동자들[1]의 증가뿐만 아니라 현 상태를 거부하는 수많은 여타 소수 집단들의 증가 속에 반영된 노동 저항의 새로운 형식들에 의해서 손상되었다. 이러한 곤경은 어떠한 형태의 소생가능성도 차단하는 것이었다.

더 많은 대중적 참여를 함축하는 일체의 "진보적"인 자본주의적 전망들은 체계적으로 저지당했다. 헌법 구조들은 ─ 그것들이 자본주의적이든 사회주의적이든, 민주주의적이든 전체주의적이든 상관없이 ─ 분명히 변화를 겪었다. 하지만 그 변화들은 일반적으로 부정적인 것이었다. 다시 말해 그것들은 언제나, 자신들이 견뎌내야 하는 사회 운동들로부터 단절되어 있었고 또 언제나 정치적 대의제의 현실적 작동을 신비화하고 있었다.

대중적인 정치적 대의제의 이러한 쇠퇴에 대응하기 위해 권력은 예측과 치환이라는 기술에 호소했다. 그것은 상징적 시뮬레이션, 개작, 그리고 통제를 사용하는 것이었다. 사회 전체가 최종적으로 생산 속으로 흡수되었을 때 그리고 노동 전반과 일상 생활이 기본적으로 정치적인 것임이 밝혀졌을 때 그것의 정치적 성격은 억제되고 부정되었으며 그리고 조작되었다. 이것은 그야말로 실재적 삶 일체로부터 완전히 동떨어진

---

1. 보장 노동자들(guaranteed workers)은 국가로부터 실업보험금을 받음으로써 매수된다. 비보장 노동자들(non-guaranteed workers)은 훨씬 더 주변적이며 보험에 의해 보호받지 못한다. [영역자주]

성(城)과 정원의 관점만을 자신의 유일한 이상으로 유지할 수 있는 하나의 고딕 양식의 사회였다! 그리고 이것은 자유의 새로운 열망이나 자율성을 위한 새로운 영토들에 대한 추구 따위에는 완전히 눈감고 있는 하나의 작은 귀족적 우주였다! 자신들의 요새들에서 어떤 일관성도 없이 거만함과 냉정한 잔인함만을 드러내면서 사회에 하나의 위계 질서를 부과하려 하고 있는 이 정치적 귀족제를 대체 이렇게 말고 또 어떤 식으로 묘사할 수 있을까?

앙시앙 레짐(ancien régime)의 지배적 가계들에서 그랬던 것과 같이 질병, 부패, 전염병, 정신착란 등이 이 폐쇄적 우주 속으로 퍼졌다. 그러나 그들의 시대는 끝나 가고 있다. 우리는 수난의 순간과, 역사의 잠재력이 자신을 실현하는 순간 사이의 문턱에 와 있다. 정치적 구조의 마비, 그리고 현대 정부가 겪고 있는 모든 "곤란들"은 사멸해 가는 권력 구성체의 징후일 뿐만 아니라 그것의 특질이기도 하다. 그들은 이제 사회의 운동들에 자신을 적응시킬 능력이 없다.

이 문제들이 1960년대의 운동들에 의해 시작되었다는 것은 물론이다. 사실상 그 해는 밀려오던 사회적 투쟁의 파고가 역사의 중앙 무대에 도달한 순간이다. 그때 이래로 — 우리가 나중에 살펴보겠지만 — 상황에 대한 통제를 재탈환하려는 시도들은 다양하게 전개되었다. 그러나 그것들은 모두 단명했다. 왜냐하면 그 정치적 위기가 — 반동적 우익이 생각하듯이 — 정치와는 아무 관련이 없는 단순한 경제적 불균형들의 결과였던 것이 아니라 오히려 스스로를 변형시킬 수 없는 제도들의 무능력에 기인하고 있었기 때문이다. 정치적 위기의 뿌리는 사회적인 것이었다. 오늘날 대립의 정치적 형식들이 침묵하고 있는 것은 기묘한 중립 상태를 반영한다. 이것은 사회적 생산의 상이한 요소들 — 이 각각의 요소들은 서로에 의해 방해를 받음으로써 철저한 변형을 겪고 있다 — 의 상호 간섭에 의해 일어난 상쇄 현상이다. 우리가 흔히 듣는 소위 "정치의 죽음"은, 지금 막 출현하고 있으며 물질적·문화적 자기가치화의 새롭고 상이한 양식들을 채택하고 있는 새로운 세계의 표현일 뿐이다. 이것은 완전히 외재적인 수단들을 통해서 이루어질 수도 있고 지배적 권력 구성체에 대해 주변적으로 이루어질 수도 있다. 하지만 어쨌든 이것은 지배적 권력 구성체에 대해 적대적이다. 이처럼 이것은 하나의 변화 과정 속에 있는 세계이다. 이 세계는 1968년에 팽창하기 시작하였고, 그 이후로 지속적인 변화의 과정을 거치면서 — 갖가지 실패와 성공을 포함하여 — 자신을 구성하는 고립되고 특이한 요소들의 다양성의 핵심에 연합의 새로운 네트워크를 구축하기 위해 지금까지 투쟁해 왔다.

이것은 새로운 정치이다. 즉 이것은, 근본적 투쟁들을, 자유, 민주주의, 그리고 창조성의 (새로운) 중앙 무대의 지속적 정복으로 재규정할 필요를 제기한다. 그리고 "그 모든 것들을 포기해 버린" 왕년의 전사들과 지식인들이 뭐라고 말하든지 간에, 이 새로운 정치에는 사물을 바라보는 방식에 있어서 시대착오적이거나 반동적이거나 무정부적인 것이라곤 전혀 없다. 오히려 그것은 현대의 사회적 변형을 — 그것의 모순들을 포함하여 — 생산적 활동성들, 욕망을, 그리고 그것들을 조정하는 실재적 필요들에 비추어 이해하려 한다. 반면 완전히 비합리적이고 미쳐 있는 것은 국가 권력이다. 우리는, 국가 권력이 1960년대 이래로 광적인 스딸린주의의 일종으로 진화해 온 것에서, 즉 자신의 경직성과 제도적 무기력을 염증 날 정도로 증폭시켜 왔다는 것에서 이 사실을 알 수 있다. 권력의 얼음궁전에서보다 "정치의 죽음"을 향한 흉포한 의지가 더 두드러진 곳은 어디에도 없다.

비록 이러한 유형의 권력의 상당 부분이 텅 비어 있고 신비화되어 있지만 그럼에도 불구하고 그것은 끔찍할 정도의 효과를 발휘한다. 더구나 우리는 이 권력의 냉소주의와 관료적 냉담함의 배후에 감추어져 있는 엄청난 고통과 고뇌를 과소평가하거나 간과해서는 안 된다. 일상적 삶의 불안정성, 취업의 불확실성, 시민권의 취약성 그리고 아마 그 무엇보다도 가장 심각한 것으로 개인적이고 집단적인 삶 속에 의미를 두는 것의 불가능성, 커뮤니티적 프로젝트들에 대한 사실상의 금지, 그리고 모든 "창조적 생성들"이 그들 고유의 조건 위에서 자신을 정립하는 것에 대한 금지 등이 그것들이다. 자본주의적 유형의 주체성의 인간성 결여에 수반되는 이러한 고통은 끝없는 반동 형성(reaction formations)[2]과 역설적 증상들 — 억제 및 각종의 도피뿐 아니라 사보타주(파괴행위)도 이러한 증상에 속하며, 거부가 증오로 변형되는 것도 마찬가지다 — 로 변형될 수 있다. 이러한 좌충우돌 운동이 극한에 도달하여 파괴에 대한 공포가 권력의 광기에 대한 의식으로 분명히 표현될 때 고통 그 자체는 절멸의 현기증으로 된다. 오늘날 갖가지 형태들로 나타나는 죽음을 향한 이 흉측스런 의지는 정치의 진정한 성격을, 그리고 또 인간적 불행의 진정한 원인을 구성한다.

3. 새로운 주체성들

1960년대 이래로 새로운 집단적 주체성들이 사회적 변형의 드라마

---

[2]. 반동 형성이란 사회적, 도덕적으로 좋지 않은 욕망이나 원망을 억제하기 위하여 이 욕망과는 반대 방향의 독단적 행동을 취하는 무의식적 행위를 일컫는다. [역자주]

속에서 확인되었다. 우리는 그들이 노동 조직화의 변형과 사회화의 발전에 무엇을 의존하고 있는지 살펴보았다. 우리는 그들이 포함하고 있는 적대들이 정치의 전통적 지평 내에서는 더 이상 해결될 수 없는 것임을 증명하려 했다. 그러나 1960년대의 혁신들이 무엇보다도 의식들의 세계, 욕망들의 세계, 행동 양식들의 세계 안에서 이해되어야만 한다는 사실이 입증되어야 할 점으로 남아 있다. 변화들이 결정적으로 불가역적으로 된 것은 바로 이 차원에서이다. 의식의 이 새로운 양식들은 생산적 활동성의 상상적·인식적 뿌리들을 침식함으로써, 즉 활동성에 조응하는 의식을 개인적이고 변형적인 의지의 활동으로 바꿈으로써 계급 투쟁의 낡은 시나리오들을 문자 그대로 탈구(脫臼, dislocate)시켰다. 욕망의 이러한 개인화는 도중에 집단적 실천의 영역으로 확대되었으며, 이제 새로운 정치적 영토들을 구성하고 있다. 욕망에 대한 극적이고 격렬한 긍정은 우리들의 사회적 "욕망"을 질문 속에 던져 넣으며 그 욕망을 생산의 물질적·기호적 체계의 총체에 대한 한층 높은 주체적 표현의 기초로 삼는다. 욕망은 사적 소유를 반대하며, 이러한 반대는 자본주의적 및/또는 사회주의적 기업들 속에서 실행되는 맹목적인 집단주의의 제 형식에 대한 급진적인 부정을 의미한다. 또한 욕망은 통제 받는 노동을 거부하며, 이러한 거부는 실제로 사회적 생산의 더 높은 차원에 대한 의지를 표현한다.

이 노동거부와 사회적 주체성의 대규모대중화 사이에 있는 일체의 그럴듯한 연관들은 깨뜨려져야만 한다. 이 관계는 하나의 역설로 환원됨에 틀림이 없다. 사회적 주체성의 이러한 대규모대중화가 갖는 빈곤은 그 역설에 의해 주체적 의지의 가장 특이한 과정에 직면한다.

코뮤니즘은 지금까지 존재해 온 집단적 야만주의와는 아무런 관계도 없다. 코뮤니즘은 주체성의 가장 강력한 경험이며 특이화 과정의 극대화이다. 그것은 우리의 집단적 뿌리줄기가 갖는 잠재적 능력을 표현하는 개체화이다. 인간의 어떠한 보편성도 사회적 가치를 있는 그대로 추상하는 것을 통해서는 추출될 수 없다.

코뮤니즘은 더 이상 이런 것과는 아무런 상관도 없다. 그것은 오히려 특이한 것을 다양성으로, 유동성으로, 시공간적 가변성과 창조성으로 드러내는 문제이다. 그것이야말로 오늘날 우리들이 노동을 재구성할 수 있는 유일한 가치기반이다. 그 위에서 재구성된 노동은 더 이상 사적 소유의 형식으로 결정화되지 않는 노동이며, 생산수단들을 그 자체 목적으로 간주하지 않으며 대신 그것을 특이성의 행복을 달성하고 그 행복을 기계적 뿌리줄기 속에서 확장시키기 위한 수단으로 간주하는 — 추상적 및/또는 구체적인 — 노동이다. 그것은 또한 위계적 통제를 거부하며, 그렇게 하는 가운데 힘(power)의 문제를 제기하고, 사회 속에서 기만과 착취가 수행하는 기능들을 명백히 밝혀내며, 일체의 타협을, 그리고 그 자신의 존재와 생산성 사이에 끼어드는 일체의 매개를 거부하는 노동이다. (이 모든 것은 노동의 개념을 재규정하는 것, 즉 그것을 직접적인 해방의 노력이라는 틀 내에서 이루어지는 생산의 변형과 배열로 다시 정의하는 것을 의미한다.) 집단적 주체성의 새로운 양태들은 생산성에 따라 변화하는 이러한 특질들과 욕망들을 서로 결합시킨다. 주체성의 새로운 생산은, 바로 이러한 관점에서, 힘을 오직 특이성들의 집단적 해방의 지평으로만, 그리고 그 목적을 지향하는 노동으로만, 바꾸어 말하면 특이성들의 자기가치화와 자기생산으로만 간주한다.

1968년에, 그리고 그에 연이어진 해들에 폭발한 사회적 투쟁들은 학생 및 청년 대중의 의식화(coming-to-awareness)에, 여성 운동, 환경 운동 및 자연 우선 운동들, 문화적·인종적·성적 다원론에 대한 요구 등에, 그리고 사회적 투쟁이 노동자 투쟁에서 시작한다고 보는 전통적인 사회적 투쟁 개념들을 혁신하려는 시도들에 막대한 힘을 부여해 주었다. 아직까지도 이러한 경험들은 너무나도 자주 주변성이라는 말로써 묘사되어져 오고 있다. 하지만 주변성은 신속하게 중심부로 이전되었다. 소수자적(minoritarian) 요구들은 — 어렵사리 — 생기 없는 중앙 무대의 요구들로부터 분리되어 나오는 데 성공했다. 그리고 그것들 각각은, 자기 자신의 길을 밟아 감으로써 그리고 자기 자신의 담론을 명확히 표현함으로써, 잠재적으로는 거대 다수의 필요를 표현한다.

그것은 잠재적인 형태로 이루어졌지만 그러나 그것의 효력이 상대적으로 떨어지는 방식이었던 것은 결코 아니다. 생산적 사회화는 사회 전체를 장악함으로써 개인들, 커뮤니티들, 그리고 그들 상호간의 관계에 보편성이라는 특징을 부여하고자 했다. 그러나 이렇게 하여 그들이 입게 된 이 보편성이라는 옷은 그들 자신에게 전혀 맞지 않았다! 그것은 잘 맞는 모자라기보다는 그들 자신의 필요, 그들 자신의 이해관계, 그리고 그들 자신의 욕망의 표현을 꼴불견으로 만드는 하나의 탈이나 고깔 같은 것이었다. 주변성들만이 보편성을, 혹은 — 당신이 이렇게 말하기를 원한다면 — 보편성을 창조하는 운동을 가능하게 할 수 있다고 말하는 것은 역설이 아니다. "보편적" 정치들은 어떠한 초월적 진리도 가능하게 할 수 없다. 그것들은 경제적 가치화라는 게임들에서 독립되어 있는 것이 아니다. 그것들은 힘(power)의 특수한 영역들로부터, 그리고 인간적 욕망의 특수한 영역들로부터 분리가능한 것이 아니다. 정치적 보편성은 그러므로 반동적 자코뱅 전통이 열심히 처방하는 바와 같은 동맹자/적(敵)의 변증법을 통해 발전될 수는 없다. "보편적 의미를 갖는" 진리는 특이성으로서의 친구를 발견함으로써, 약분할 수 없는 이질성 속에 있는 타자를 발견함으로써, 자기 나름의 고유한 가치와 목적을 소중히 여기는 독립적인 커뮤니티를 발견함으로써 구성될 수 있다. 바로 이것이야말로 주변성들의 "방법"이자 "논리"로서 오늘날의 생산적 질서에 의해 야기된 혁명적 변형에 상응하는 정치적 혁신의 모범이다.

자기 자신에 뿌리박은 모든 주변성은 그러므로 대다수의 필요들과 욕망들의 잠재적 담지자이다. 1968년 이전에 재생산의 문제는 생산과 관련하여 주변적인 위치에 머물러 있었다. 여성 운동은 이 주변성을 중심적인 것으로 만들었다. 추상적이고 비물질적인 노동능력의 예비와 관련된 문제들이 공장 노동능력에 비해서 아직도 부차적인 것으로 남아 있지만 학생 운동은 그것들을 중심적인 것으로 만들었다. 이 과정은 이론적·심미적 상상이 제기한 새로운 필요들과 마찬가지의 방식으로 그렇게 되었다. 이렇게 됨으로써 새롭게 출현하는 집단적 의식은 자기 자신을 수많은 주변성들 및 특이성들의 결절적 분절조직화(nodal articulation)로 보게 되었다. 그것은 중요한 사회적 경험을 통하여 자기 자신의 힘을 확인하기 시작했다. 그것은 자기 자신의 문을 뒤로 닫아 버리지 않았으며 또 "결론을 내려 버리지도" 않았다. 오히려 그것은 투쟁들을 더욱더 앞으로 열어젖히고, 집단적 특이화의 과정을 확산시켰으며 계속적인 변형을 통하여 자기 자신의 형태를 무한히 다양하게 분화시켰다.

이리하여 이 해방의 상상력은 지배적 현실의 허구 위에 자기 자신을, 다소간 성공적으로, 포개기 (그리고 부과하기) 시작했다. 그것이 함유한 집단적 감정의 노선들, 그것의 "새로운 부드러움", 가장 직접적인 관심사를 가장 광범위한 사회적 차원과 결합시킬 수 있는 그것의 능력은, 새롭게 출현하고 있는 생산의 형식들이 욕망, 해방, 그리고 창조성의

적이 아니라 다만 이윤을 추구하는 자본주의적 및/또는 사회주의적 노동 조직화의 적일 뿐이라는 사실을 입증했다. 욕망의 인간적 목표들과 가치들이 바로 이 지점으로부터 생산의 방향을 설정하고 또 그것을 특징지워야만 한다. 결코 그 역이어서는 안 된다. 이 시기 동안에 해방의 생산이 무엇보다도 중요한 목표로 되었다. 우리가 그 당시 문제로 되고 있었던 것의 의미를 완전히 이해할 수 있기 위해서는 아마도 어느 정도의 시간이 필요할 것이다. 다시 한번 말하자면 그것은 유토피아주의와는 아무런 관계도 없었으며 오직 그 역사적 시기의 사회적 운동의 내적 현실과 관계가 있었을 뿐이다. 1968년 이후에 생산의 개념과 사회적 해방의 개념에 대한 새로운 종합을 최고도로 전진시킨 것은 비상한 발전의 힘을 지닌 여성 운동이었던 것으로 보인다. 이윤을 위한 생산과 종(種)의 재생산을 위한 노동은, 가장 극단적인 특이성의 기초 위에서, 어린아이라는 총체적 "개념"의 토대 위에서 그리고 삶에 새로운 부드러움을 낳는 그러한 "개념"의 토대 위에서 전복되고 혁명되었는바 이것이 이처럼 명백하게 이루어진 것은 이것이 처음이었다.

그러나 이 놀라운 경험은 또한 하나의 상징이었다. 혁명은 특이성들의 최적화로서, 현금의 상황이 가져온 재앙과 그것의 통제 형식들에 대항한 유동화(流動化)의 개시로 이해되었다. 해방의 신체화가 무엇보다도 일차적인 것으로 되었다. 육체들의 반란은 주체성의 표현이었고, 욕망들과 필요들의 물질성의 화신이었으며, 경제적 발전의 집단적 성격을 그 목적의 특이성으로부터 분리할 수 없다는 미래의 약속이었다. 육체들의 반란은, 인류가 지금까지 자기 자신에게 대립시켜 온 저 거대한 생산력들의 성공적 해방을 의미했다. 1968년은 생산의 주체적 측면을 드러낸다. 이것은 사회적 결(texture)에 대한 대규모의 "해석"이다. 그것은 이전의 정치적 문제틀을 해방의 특이한 프로젝트로 간주되는 재현의 지형 위로 옮겨 놓는다.

또 1968년은 민주주의에 대한 장엄한 재긍정이다. 그것이 어떤 소박한 "루소주의"와 뒤섞여 있다는 사실, 또 그 기간을 통해 자코뱅주의와 손상된 레닌주의의 몇몇 마지막 챔피언들이 얼마 동안 각광을 받게 되었다는 사실은 이 운동 자체 속에 깃들어 있는 민주주의의 힘을 훼손하는 요소가 결코 아니다. 그것을 통해 우리는, 사회화되고 특이화된 프롤레타리아트가 정치 운동을 함축할 수 있는 것은, 이 운동이 그 활동 속에서 민주적 배열 위에 기초해 있을 때뿐이라는 것을 알게 되었다. 이것은 이론적 진리였을 뿐만 아니라 동시에 역사 속에서 구체적으로 확인된 것이기도 했다. 운동의 집단적 목표에 결부되어 있지 않거나 그 구성원들의 삶 속에 구현되지 못하는, 혹은 그들에 의해 "경험"되어지지 않는 그러한 특수한 형식의 자유란 존재하지 않는다. 이 새로운 "경향"은 1968년 이후의 세대들 속에서 존재론적 차원에서 특정한 방식으로 강조되어졌다. 그리고 오늘날 우리를 앵글로 아메리카적 자유주의의 학교로, 그리고 그것의 시장적 관념으로 다시 되돌려 보내고자 하는 자가 있다면 그는 과연 어느 편이란 말인가? 이리하여 반(反)자본주의와 반(反)사회주의가 민주주의의 르네상스를 가져올 유일한 형식이 된 것이다.

제2장

1970년대의 반동 : "미래는 없다"

1. 통합된 세계자본주의

1970년대에 이루어진 권력(power)의 재구조화는 통제 메커니즘의 회복을 도왔다. 그리고 그것은 자본주의적이거나 사회주의적인 생산적 축적과정의 재출발을 도왔다. 정치와 경제, 자본과 국가는 이제 완전히 통합되었다. 그 과정은 두 가지 방향에서 발전했다.

우선 그것은 국민 경제들의 국제적 통합이 점차 세계적 규모에서 이루어지고 그것들이 다중심적이고 엄격하게 계획된 통제 프로젝트 내에 종속되는 방향으로 발전했다. 우리는, 의사(疑似) 국가주의적인 성격으로 세계 시장의 통일성을 조정하면서도 그것을 생산적 계획, 금융적 통제, 정치적 영향 등의 수단들에 종속시키는 이러한 통제 형태를 통합된 세계자본주의라고 부르겠다. 이 과정 속에서 세계 자본은 선진국들 및 직접적으로 그들에 종속된 국가들을 통합시킬 뿐만 아니라 모든 현실 사회주의 국가들도 통합한다. 또 세계 자본은 "주변적 종속"이라는 제3

세계 국가들의 이전의 지위에 대해 의문을 제기하면서 수많은 제3세계 국가들의 경제를 자기에게 흡수할 수단들을 통제한다. 이렇게 해서 국가주의적 통제와 국민 국가들은 실질적인 탈영토화를 경험한다. 통합된 세계자본주의는 새로운 통합의 형식을 사용하여 전통적 의미에서의 국가주의적 권력의 흐름과 위계를 재구성하는 데 머물지 않는다. 그것은 이에서 더 나아가 국가주의적 기능을 행하는데 그것은 국제 조직들의 네트워크, 대중매체의 전 지구적 전략, 시장과 기술에 대한 통제력 장악 등을 통해 표현된다.

통합된 세계자본주의에 대해 순진무구하고 의인화된 개념을 갖지 않도록 하는 것은 분명 중요한 것이다. 그러한 개념은 그것을 리바이어던(Leviathan ; 전체주의적 국가-역자)이나 마르쿠제적 의미의 일차원적인 거대 구조의 산물로 묘사하는 경향이 있다. 통합된 세계자본주의의 전 지구적 확장과 그것의 분자적 침투가 발생하는 메커니즘은 극히 유연할 수도 있고 또 심지어는 계약적 형식을 띨 수도 있다. 이들 각각은 엄격한 법률을 강제하기보다는 오히려 연속적인 절차들에 의존하는 합법적 형식들을 취한다. 그러나 시공간 속에서 위기들의 효과를 희석시키고 그것을 "극복함"으로써 그 체계의 구심적 경향을 공고히 하는 것이 바로 이 절차적이고 통제적인 연속체라는 것은 엄연한 사실이다.

두 번째로 재구조화는, 이 지구적 통합의 체제를 조건지우면서, 재구조화와 연관된 집단적 노동능력을 구성하는 총체, 즉 생산 양식을 목표로 삼는다. 이러한 탈영토화와 이러한 통합은 사회적인 것을 자료 형식으로 바꿈으로써, 다시 말해 사회의 철저한 컴퓨터화[정보화]에 의해 용이하게 된다. 이리하여 착취는 이윤 창출 메커니즘들에 대한 통제를 확대하면서 사회적인 것의 전 영역에 걸쳐 과학적으로 분절구조화될 수 있었다. 이러한 조건하에서 상업적·산업적 생산의 일관 작업 라인은 ― 상징적 의미에서가 아니라 물질적으로 ― 자신의 직조 구조를 사회적인 것 전반으로 확대한다. 사회는 이제 더 이상 단순히 자본가의 통제에 의해 포섭되지 않는다. 그것은 통합된 생산 양식에 의해 전적으로 흡수된다. 이렇게 되면 생산성의 차이와 착취 수준의 차이는 각각의 지리·정치적 구획 내에서 종교, 국가, 혹은 대륙에 따라 보다 부드럽고 보다 확산적인 방식으로 분절구조화될 수 있다. 부르주아적 시장의 핵심 고리인 경쟁은 이러한 자본주의적 재훈련의 과정에 대해 더 이상 그다지 중요하지 않게 된다.

사회적인 것의 초국가적 컴퓨터화는 경쟁의 단 한 가지 형식과만 관계한다. 그것은 다름 아니라 이러한 컴퓨터화가 노동자들 사이에 그리고 노동계급과 프롤레타리아트의 상이한 계층들 사이에 불러일으키는 경쟁이다. 이리하여 통합된 세계자본주의가 사회 계급들에 대한 분석과 통제의 특수한 기술들을 활성화하는 것이 가능해진다. 이 기술들은 지금 투쟁들이 분출하도록 만들지만 이와 동시에 그것들은 이 투쟁들의 정치화의 수준이 중요해진 그 지점에서 그들의 힘을 분쇄한다. 그렇지 않고 경제적 "이륙"의 문제들이나 정치적 개혁의 문제들이 가장 긴급하게 제기된 곳에서는 이와 반대로 그 투쟁들이 통제된 길을 따라 나아가도록 속박을 풀어준다.

자본의 역사에서 늘 그래 왔듯이 통합된 세계자본주의에 의한 통제 형식의 이러한 혁신은 잉여 가치가 추출되는 방식들(노동 과정의 컴퓨터화, 대중매체를 통한 사회적 통제의 확대, 정부 기구들에 의한 주체적 통합 등등)에 대한 재정의와 병행한다.

지금까지 노동자들의 투쟁을 이용해 온 역사에서 늘 그래 왔듯이 노동 조직화와 국가 조직화에 있어서의 이러한 비약적 전진은 계급 투쟁의 운동에 의해 "선취된다". 1968년에 출현한 사회적 주체성의 형식들은 직접적이면서 동시에 장기적이고, 지역적이고 일상적이며 사소한 것임에도 불구하고 전 지구적 차원에서 인류의 미래와 결부되어 있는 목표들을 이루고자 하는 분자적 해방투쟁들의 "엮어짜임"을 낳았다. 물론 이러한 작업은 매우 복잡한 것이고 또 많은 점에서 단일한 역사적 과정의 틀 내에 "요약될" 수 없는 것이다.

제2차 세계대전 이후 승리를 거둔 자본주의의 의사(疑似) 진보적 변증법이 이 때문에 완전히 저지되었다는 것도 엄연한 사실이다. 1968년 이후 자본의 상이한 기능들 — 고정자본과 가변자본 — 사이의 동학, 그리고 자본가 계급과 사회적 노동능력 사이의 상호작용은 그 맥락이 근본적으로 바뀌었다. 이것은 갈수록 중요해지고 있는, 주체성 및 감수성의 이질적인 배열이 출현한 것의 결과이다. 가치 법칙은 — 비록 지금까지는 그것이, 서술되어진 방식으로 작동했다 하더라도 — 경제적 비례성의 기준과 더불어, 그리고 심지어는 단순한 계급 착취의 일상적 양태들과 더불어 기능을 중지했다. 새로운 프롤레타리아적 주체성들의 사회적 헤게모니는, 일단 그것이 긍정되고 나면, 불가역성이라는 특질을 획득해야만 한다. 그렇게 되면 지배적 역관계가 어떠하든 간에 이제 더 이상 그 어느 것도 그것이 자신을 "마음껏" 드러내는 것을 막을 수 없게 될 것이다. 특히 대중매체에 대한 그들의 긍정이라는 "전선" 위에서는 그 어느 것도 더 이상 이 주체성들이 미래의 투쟁을 위한 기본적 준거 지점으로 되는 것을 막을 수 없다. 자본주의적 및/또는 사회주의적 재구조화가 상대적으로 합리적인 법률들을 자동적으로 가리키지는 않는다. 그것의 이론적 장치들과 그것이 취하는 예언의 도구들이 아무리 세련되어 있다고 할지라도 그것은 "과학적"이지 않다. 그것은 본질적으로 억압적이다. 정보의 체계적 생산은 정보에 대한 탐색으로 대체되는 경향이 있다. 이러한 방식으로 사회적인 것의 컴퓨터화 또는 정보화는 그것의 기계화 및 그것의 군사화로부터 분리할 수 없다. 전략적 중요성을 갖는 영역들이 바로 이러하기 때문에 삶과 투쟁을 지탱하는 재생산의 순환들은 더욱더 통제되고 질서지워지고 궁극적으로는 금지적 방식에 따라 억압받게 된다. 이리하여 삶의 시간은 자본의 군사적 시간에 단단히 붙들려 매어 있는 자기 자신을 보게 된다.

자본의 시간 즉 삶의 매 순간순간을 교환의 용어로 번역할 수 있는 능력, 그리고 경제적 양화(量化)와 정치적 통제를 작동해야 할 긴급성과 필요성에 따라 이루어지는 중첩결정의 능력. 테러 즉 그것에 복종하기를 거부하는 모든 사람들을 절멸시키는 능력. 이것은 국가의 전통적 기능들의 재편이 이르게 되는 귀결점이며, 인민의 태도, 감수성, 그리고 정신 속으로의 그 기능들의 무제한적인 침투가 이르게 되는 귀결점이다. 존재의 바로 그 근거를 위협함으로써 국가는 간신히 우리들의 삶의 특이한 흐름을 통제할 수 있고 그것을 자본주의적 시간의 리듬에 복종시킬 수 있다. 어떠한 법률도 또 여타의 다른 규범도 자본과 집단적 주체성들의 증식 사이를 매개할 수 없다는 사실이 일단 분명해지게 되자 테러는 1970년대의 자본주의적 및 사회주의적 축적의 재개를 보장할 수 있는 유일한 방법이 되었다. 핵 국가가 통합된 세계자본주의의 중심적 특징이 된 것은 이러한 테러의 추동력 하에서였다.

현금(現今)에는 일군의 핵 권력들이 모든 민족들과 인민들을 자신의 다중심화된 네트워크에 대규모로 종속시킨다. 그러나 그것은 또한, 이 지상의 삶을 독살하는 무수한 갈등들과 지역적 분쟁들을 세세하게 지시하며 그것들을 자기 마음대로 억누르거나 혹은 고무한다. 제3세계에서 이른바 "탈식민화"의 시대 이래로 이러한 국부적 갈등들은 일종의 세계 전쟁—스스로를 감히 세계 전쟁이라 부르지는 못하지만—을 구성하게 된다. 핵 테러는 모든 종류의 억압의 뿌리에 놓여 있다. 그리고 그것은 정치적 차원과 미시정치적 차원 모두에 걸친 사회 집단들 사이에 착취의 관계들을 중첩결정한다. 이리하여 위협과 협박은 핵이 갖는 억제력이라는 얇은 피부의 숨구멍 곳곳으로 침투한다. 그것은 보다 직접적인 개입의 형식들을 배제하지 않는다. 언제나 그렇듯이 그것의 궁극적인 목표는 인민들로 하여금 그들의 불행과 정치적 무능력 상태를 순순히 받아들이도록 강제하는 것이다. 자본주의는 프롤레타리아적 주체성의 새로운 형식들의 대두에 직면하여 국가 테러를 가지고 그것들의 공격력을 맞받아치면서, 그들에게 "너희에게는 아무런 미래도 없다"고 대답한다.

이 같은 갈등적인 시기에 "민주주의"라는 말은 재정의를 필요로 한다. "코뮤니즘"이라는 말은 매우 더럽혀졌다. 반면 민주주의라는 말은 시시한 것으로 되었고 또 불구가 되었다. 그리스의 폴리스(polis)에서 르네상스와 종교 개혁 시기의 대중봉기에 이르기까지, 또 거대한 자유주의적 혁명들과 공존했던 프롤레타리아적 봉기들 이후로 민주주의는 언제나 인민에 의한 권력의 합법화와 동의어였다. 언제나 구체적이고 확실하며 물질적인 이 합법화는 신성(神聖)의 전통이나 절대적 전통으로부터 단절하면서 그 나름의 특수한 형식들을 띠었다.

민주주의에 있어서, 합법성은 일차적으로 인간적인 것으로, 시공간적으로 규정되는 것이다.

우리들 모두는 통합된 세계자본주의에 종속되어졌다. 왜냐하면 우리가 그것의 권력 원천을 점유하는 것이 불가능하기 때문이다.

우리가 그것의 권력 원천으로 소급해 보려고 애쓴다 할지라도 거기에서 우리가 발견하는 것은 기껏해야 2차적, 3차적, 혹은 n차적 정도의 종속일 뿐이다.

권력의 기원은 더욱더 희미해져서 그것은 이제 우리들 자신의 무능의 깊이를 통해 측정될 수 있을 뿐이다. 우리가 일상적 기초 위에서 경험하는 "민주주의적"이라고 불리는 정치적 관계들은, 그것들이 우리를 곧장 고통과 절망으로 몰아넣지 않을 때라 할지라도, 기껏해야 눈가림일 뿐이다. 이것은 정치 권력의 자본주의적 및/또는 사회주의적 재구조화의 공통된 특징이며 피할 수 없는 공리(公理)이기도 하다.

2. 북/남 : 테러와 굶주림

우리가 보기 시작한 것처럼, 1970년대의 자본주의적 및/또는 사회주의적 반동은 노동 착취를 위한, 그리고 동질적인 방식으로 진화하는 정치적 통제를 위한 계획에 따라 세계 시장을 통합한다. 이러한 의미에서, 근본적인 이행은 금융적·국제적 정치 무대에서 닉슨주의적 발의가 개시된 시점에서 시작한다. 1971년과 1973년 사이에 일어난 일련의 과정들은 이미 세계 시장에 이식된 착취의 다국적적 네트워크에 정치적 성격을 부여했다. 금 표준과 달러 가치의 분리와 석유 위기는, 동일한 통화적 명령 하에서, 노동의 조직화를 위한 규율들과 국제 수준에서의 생산적 위계 질서를 위한 규율들을 — 일체의 가치 문제로부터 분리된 채로 — 명백히 표현하였다. 석유 위기는 국가들 간의 협정을 공허한 것으로 만들었고 재정적 중앙집중화와 단일화를 발작적 수준에까지 몰아붙였다. 원래 이러한 움직임은 키신저 시기에 하나의 커다란 충격으로 출현하였다. 자본주의적 및/또는 사회주의적 정치가들 내에서의 분할은 삼자위원회(Trilateral Commission)에서, 그리고 통합된 세계자본주의 내에서의 협정과 새 회원의 선출을 통해, 바꾸어 말하면 지배의 정치적 의지의 새로운 배열 속에서 연속적으로 반향을 불러 일으켰다. 전 세계적 규모에서 전개되는 착취의 효율적인 정치적 지도가 그려진 것은 바로 이러한 기초 위에서이다. 자본주의적 통합은 특정의 기본적인 극(極)들을 결정한다. 그리고 그 극들을 중심으로 하여 종속적인 하위 체제들이 움직인다. 부분적으로 그것들은 해방을 위한 투쟁들과 계급 투쟁들 ― 이것들은 자본주의적 통합으로 하여금 자신들의 하위 체제에 대규모의 수정을 가하도록 만든다 ― 을 중첩코드화하는 권력의 위계 질서와 마찰을 빚기도 한다. 이 다중심적인 체제 ― 그것은 투쟁들의 흐름을 해체시키며 탈안정화 및/또는 전략적 안정화를 실행한다 ― 의 복잡한 유희의 핵심에서 초국가적 생산 양식이 공고해진다. 이 체계적 총체를 통하여 사람들은 인공두뇌학적 주체성의 생산이라는 거대한 기획을 보게 된다. 이 주체성은 종속의 네트워크와 주변화의 과정을 통제한다. 이러한 사실로 인하여 특정의 중심 본국들의 노동계급과 사회적으로 생산하는 프롤레타리아트는 저개발국의 대도시 프롤레타리아트와 경쟁에 들어간다. 가장 발전된 나라들의 프롤레타리아트는 이처럼 통합된 세계자본주의가 주변화된 (그리고 때로는 덫에 걸린 듯한) 나라들에 강요하는 굶주림 때문에 야기되는 절멸의 광경에 의해 문자 그대로 공포에 떨게 된다. 절대 빈곤이라는 새로운 법률에 의해 지배되는 산업 예비군은 오늘날 전 대륙적으로 구성된다. 자본주의적 및/또는 사회주의적 통제는 다중심적인 차위(次位)의 하위 체제들로 분열증식되어 빈곤과 죽음의 지역들과 더불어 최고도의 착취율을 가져온다. 그 모든 것에도 불구하고 군사적으로나 정치적으로나 해방을 위한 투쟁들은 짓눌려 죽지 않았다. 그러나 이 상이한 하위 체제들의 틀 내에서 통합된 세계자본주의는, 통합에서 중간적 수준의 참여를 정복하기 위한 동족살해적 전쟁을 자극하는 일을 멈추지 않고 있다. 이제 가난한 사람들, 즉 자신보다 더 가난한 사람들이 적으로 되었다. 만약 이론이 권력의 토대를, 혹은 인간적 삶에 대한 통제의 토대를 평가할 필요를 조금이라도 갖고 있다면, 그것은 바로 이것에서 하나의 설득력 있는 사례를 발견할 것이다. 그 사례 속에서 문제의 본질은 생산 속에, 노동 조직화 속에, 끔찍한 자본가적 탐욕 속에 있음이 판명될 것이다. 바로 이것이 그들을 전 세계적 규모로 구조화하며 그들을 지배의 극들에 대한 보편적인 대중매체적·인공두뇌학적 통합의 틀 내에 종속시킨다.

가난한 사람들은, 어느 정도, 이 체계에 의해 두 번에 걸쳐 생산되는 자기 자신을 발견할 수 있다 : 한번은 착취에 의해, 그리고 한번은 주변화와 죽음에 의해. 거대 중심국들에서 핵 절멸의 잠재력으로 구체화되는 테러는 주변화된 나라들에서는 기근에 의한 절멸로 현실화된다. 그럼에도 불구하고 이 마지막 계획 속에는 "주변적인" 것이라곤 전혀 없다는 사실을 분명히 해 두자. 사실상 착취, 산업적·도시적 공해에 의한 파괴, 빈곤에서의 해방이라고 흔히 생각되는 복지, 그리고 아시아, 아프리카, 라틴 아메리카 등의 대륙에서 일어나는 것과 같은 전 인구의 절멸 사이에는 단지 정도의 차이만 있을 뿐이다.

통합된 세계자본주의에 의해 이행된 통제 형식들의 새로움에 주목하는 것이 필요하다. 테러와 억압의 전략들은 이제 더욱더 횡단적이고 치밀하며 돌발적으로 되는 경향이 있다.

지구상의 각 지역들, 각각의 지리·정치적 부분들은 잠재적인 적대지대로 변했다. 세계는, 사람들이 그 어떤 순간에라도 다국적 권력들의 파괴적 선택의 의지에 내맡겨질 수 있는 하나의 미로로 바뀌었다.

성숙기 제국주의적 자본주의의 권력 정치는 오늘날의 과잉성숙한 자본의 국면에 발맞추어 해적 행위로 대체되어 왔다. 초권력의 함대가 모건(Morgan)이나 네덜란드와 같은 대양이나 바다들을 지배한다.

우리는 자본주의적 및/또는 사회주의적 핵 해적들의 잠수함들과 청산을 할 준비를 해야만 한다. 그러나 세계 사회를 대상으로 한 통합된 세계자본주의의 영원한 전쟁이 일어나는 것은 명백히 군사적인 지상, 해상, 공중의 무대에서만이 아니다. 그것은 시민사회 전체에서, 즉 사회적·경제적·산업적 영역에서도 일어난다. 그리고 그것은 무한히 다양하고 횡단적인 권력 집행자들의 분파들을 따라 — 이들은 적어도 전통적 의미에서 말하는 보통 사람들의 통제나 조합의 통제 혹은 정치적 통제를 벗어나 있다 — 존재하며 그 가운데에는 다국적 자본들, 마피아들, 군산복합체들, 비밀 경찰들, 심지어 바티칸 교황청 등의 상호 결합들도 발견된다. 투기, 강탈, 도발, 안정 파괴, 공갈, 대규모의 국외 추방, 대량 학살 등등의 모든 것이 어떤 차원에서도, 또 어떤 규모로든 허용된다. …… 이 악성의 퇴폐의 국면에서 자본주의적 생산 양식은 자신의 형성기에 발휘했던 잔인성을 고스란히 다시 드러내는 것으로 보인다.

이 모든 양태들은 정보, 명령, 그리고 이윤의 동일한 통합체 내부에 깃들어 있다. 비록 "코뮤니즘적 해방"을 위한 전 지구적 투쟁들이 — 적어도 혁명가들의 상상 속에서는 — 오랫동안 동·서의 축을 따라 발전할 것이라는 것이 사실이라 할지라도 우리는 오늘날 전 세계적 규모로 전개되는 통합된 자본주의적 생산 양식을 관통하는 근본적 모순이 북과 남 사이에 상징적으로 할당되어 있다는 것도 인정해야만 한다. 비록 붉은 광장이 지금까지 희망의 빛을 대표했다고 하더라도 사회주의적 체제는 이제 자본주의적 타락의 최고의 무대가 됐으며 북·남 착취의 다면적 축의 한 구성 부분이 되었다. 1970년대에 이루어진 자본주의적 및/또는 사회주의적 재구조화는 연기자들의 기능들을 재할당하면서, 그리고 착취의 분할을 전 지구적 규모로 재조직하면서 낡은 생산 양식들을 봉합해 왔다.

서구의 지식인들 가운데에는, 전략적 이유에서건 아니면 낡은 마오주의적 기억들 때문이건, 현존 사회주의 국가들이, 그리고 특히 소련이 미국보다는 유럽 및 제3세계 국가들에게 더 큰 위협이 되고 있다고 주장하는 사람이 많이 있다.

이것은 결코 우리의 관점이 아니다. 우리는 서(西)가 동(東)보다 더 선호될 수 있다고 믿지 않는다. 우리가 우리 자신을 "세계 시민"으로 간주한다는 의미에서 우리는 이 두 강대권력들 사이의 현존하는 적대에 관심이 없다. 위험하고, 쇠약하며, 극적인 이 적대는 어떤 점에서는, 즉 그것이 유럽 프롤레타리아트의 생산력의 정복에, 그리고 여타의 대륙들로부터 노동능력과 원료의 확장과 공급을 거의 무상으로 약탈하는 것에 연관이 있는 기본적인 기능적 동의에 의해 중첩결정되고 있다는 의미에서 인위적으로 꾸며낸 것이고 신비화된 것이다.

"최종 심급"에서 궁극적인 맑스주의적 참조물을 불러냄이 없이 단순히 상식과 일상적 국제 관계에 대한 지각에 비추어 보아서도 우리에게는 오늘날 동서 긴장의 고조가, 미국과 소련의 지배 계급을 사로잡고 있는 이윤 추구의 열광 속에서, 그 무엇보다도 굶주림에 의해 야기되고 있는 전 인민의 파괴를 은폐하려는 목표를 갖고 있는 것으로 보인다. 그러므로 결국 그것은 노동 분업과 그에 기초한 착취 위에서 전 세계적 규모의 공동 지배를 보장하기 위한 상보물이며 공범 행위이다.

그리고 자본의 "시민화하는 사명"이 자신의 잔인성과 불합리성을 널리 입증한 것도 바로 이 전 세계적 차원에서이다. 바로 이 차원에서 빈곤과 주변화, 절멸과 대량 학살은, 중심의 거대 국가들에서 전개된 노동계급 투쟁과의 평화적 공생 관계 속에서 지금까지 존재해 온 하나의 생산 양식이 내린 궁극적 결론이었음이 밝혀졌다. 그러나 그 자신의 이윤 체계의 위기에 직면하여 그리고 그 자신의 정당화 원리의 타락에 직면하여 자본은 이제 가장 극단적인 조치들에 의지하도록 (그리고 그 의지를 이론화하도록) 강제되고 있다. 자본주의의 과잉 성숙의 시대는 자신의 행동을 받아들이도록 할 동기 부여 능력이 취약해진 가운데 이로 인한 당황스러움의 분위기 속에서 자신의 형성기에 드러냈던 폭력성을 다시 드러내고 있다. 1970년대 이래로 취해져 온 세계 시장의 자본주의적 재구조화는 통합 과정의 비상한 가속화를 포함하고 있다. 한편 그것은 역설적 위기들의 형식 하에서 자신의 효과들을 뚜렷이 드러내고 있다. 세계 시장의 자본주의적 통합은, 더욱 인간적인 문명의 촉진이라는 꿈을 실현하기는커녕, 그와는 정반대로, 자본주의적 생산 양식의 잔인성과 냉소성이 도달할 수 있는 수준이 대체 어느 정도인가를 보여주었다. 새로운 집단적 주체들의 출현에 의해 개시된 내적 모순들을 극복하려는 시도들은, 키신저나 카터 유형의 개별 정치가들이 가졌던 조심스러움에도 불구하고, 중심의 거대 국가들의 내부적 위기를 끝내는 한편 그것을 주기적 발작의 지점에까지 밀어붙였고 또 그것의 황폐화하는 효과들을 전 지구적 차원에까지 확대시켰다.

자본의 명령의 결과에 따라 세분되고, 파편화되고, 구획되고, 또 기능화된 공간, 즉 자본에 의해 지배된 공간은 저항과 정복의 새로운 영역을 열어 놓고 있다. 절멸과 주변화라는 극단적 무기들은 재구성의 과정을 저지하는 데 결코 성공하지 못할 것이다. 우리는 그 재구성 과정의 활력을 이미 감지할 수 있다. 자본주의적 재구조화에 의해 달성된 차원과 지난 10년간의 위기가 가져온 전례 없는 차원들 사이의 상호관계를 강조하는 것은 중요하다. 그래서 우리는, 한편에서 새로운 사회적 반체제의 힘이 자신이 겪은 가장 끔찍한 시험 속에서조차도 상황에 압박을 가하고 위기를 가속화시키기를 멈추지 않았음을 주목할 수 있다. 그리고 다른 한편에서 통제의 자본주의적 도구들이 자신들이 설정한 목표에 더욱더 어울리지 않게 되었으며 더욱더 비효율적인 것으로 되었다는 것도 주목할 수 있다.

1971년과 1973년 사이에 시작된 재구조화의 순환이 그 첫 번째의 결정적 응수를 불러일으킨 것이 1982년이었다는 것은 의심할 여지가 없다. 이 해에 제3세계의 최대 채무국들은 자신들이 겪고 있는 전례 없는 디플레이션적 교살정치에 대응하여 은행채권단에게 파산을 선언하겠다고 위협했다. 이리하여 새로운 유형의 해방의 과정과 대규모의 자기조직화의 과정이 하나의 불가역적 방식으로 생겨나게 된 것으로 보인다. 우리는 나중에 이 문제로 다시 돌아갈 것이다.

3. 힘에서의 정의

투쟁들을 통제하는 저 시공간적 메커니즘은, 생산의 세계의 자본주의적 및/또는 사회주의적 재구조화 동안에 설치되어, 계급 투쟁의 새로운 형태들을 낳는 데 기여했다. 우익이 승리한 곳들에서 통합된 세계자본주의는 이 새로운 투쟁 형태들을 제도화하는 데에, 그리고 그것들을 재구조화의 동력으로 움직이도록 만드는 데에 성공했다. 1970년대의 반동적 순환이 우리 앞에 전개되면서 계급 투쟁을 제도적 통합의 틀 내에서 흐르도록 하기 위하여, 혹은 심지어는, 그 틀 내에서 계급 투쟁을 생산하기 위하여, 통합된 세계자본주의가 가동한 도구들은 다음과 같은 것들 속에 있게 되었다. 1) 계급 부문들 사이의 초국가적 경쟁의 체계를 수립할 수 있는 그것의 능력 2) 실업을 증대시키는 디플레이션적 금융정책의 활용 3) 빈곤의 "통제된" 증대를 향하여 자신이 복지 정치 속에서 달성한 것의 재개(再開) 등이 그것이다. 이 정치는 일체의 저항 시도들 및 필요의 자유로운 표현 시도들을 분쇄하는 분자적 억압을 수반한다. 이를 위해서는 그것이 진행하는 통제가 집단적 상상계[1] 속에서 효과적인 것으로 될 수 있어야 하며, 이리하여 그것이 분리시키려 하는 것 ― 이 분리의 한 축은, 현존 권력이 협상을 통해 그들의 재생산을 보장해 주는 프롤레타리아트의 일부이고 또 하나의 축은 배제된 혹은 "비보장의" 거대한 대중이다 ― 내부에 위기를 확산시키는 상황을 만들어 내는 것에 성공하여야 한다.

 이 분할은 노동 시장 ― 그 시장 속에서 경쟁을 벌이게 되는 노동자들은 자신이 "사회적인 그리고 제도적인 시장"에 놓여 있음을 느끼게 된다 ― 속에서 무한히 증폭되고 위계화된다. 그 시장 속에서 인구의 모든 다른 부문들은 "자기 자신을 가치 있는 것으로 만들기" 위하여 긴장하게

---

1. 프랑스의 정신분석학으로부터 온 용어로 자아 속에 내재하는 자기기만의 체계를 지칭한다. 그것은 사회집단의 공유된 기만이라는 보다 광범위한 사회학적 의미를 갖게 되었다. [영역자주]

된다.

1968년의 혁명적 사건들뿐만 아니라 이때 이루어진 생산 양식의 물질적 변형들은, 노동계급이 사회적 무대에서 계속적으로 지녀 온 결정적 중요성을 보여주었다. 그 결과 노동자들 사이의 경쟁심은 억압된 대중들의 범주가 점차 늘어남에 따라 그들과 관계되는 혁명적 목표의 인식을 위하여 약화되었다. 그러나 1970년대에 우익이 권좌에 복귀함에 따라서 노동계급에 대한 분할 지배 정책의 부활이 일어났다. 이 정책은 "이미 획득된 이익들", 자신에 대한 보장, 그리고 자신들의 집단적 특권들에 의지하는 보장 노동자들과 그렇지 못한 노동자들을 분리시켰다. 우리는 노동계급을 그 적(敵)에 맞도록 미리 형성하는 제도화의 역설에 대해 살펴본 바 있다(이런 경우에 우리는 실제로 하나의 "새로운 노동계급"에 대해 말할 수 있을 것이다). 이러한 상황 속에서 투쟁들은, 통합된 세계자본주의에 의해 제도화되고 조종될 수밖에 없는 운명에 처해 있었다. 그 투쟁들이 자신들을 정치적·사회적 보수주의의 최상의 지지자로 드러내는 경우도 적지 않았다. (이러한 현상은 특히, 사회적 노동에 대한 자본의 포섭이라는 분자적 영역 위에서 그리고 혁명적 필요와 변형적 욕망의 사회적 확산에 대항하여 나타났다.) 여기에서 다음과 같은 한 가지 사실을 지적해 두는 것이 필요할 것으로 보인다. 그것은 오늘날 스타하노프(Stakhanov), 즉 손에 못이 박힌 노동자의 훌륭한 위엄 — 레이건은 이에 대해 어느 정도의 향수를 갖고 있다 — 이나 노동자 중심성이라는 특별한 개념, 그리고 노동조합들과 좌파에 의해 조종되는 낡은 상상계 전체가 대다수의 "비보장" 프롤레타리아트에 대한 체계적 오해로 인해 돌이킬 수 없을 만큼 손상되었다는 것이다.

"현존 사회주의"는 중심의 거대 국가의 프롤레타리아트에 대한 분할의 특권적 도구로, 그리고 자본가적 보수주의에 의해 직접 조종되는 무기로 되었다. 그럼에도 불구하고 그것은 노동계급들 자신이 앞으로 더 이상 사회적 변형의 동학(動學) 내에서 어떤 결정적 투쟁들을 발전시킬 수 없다는 것을 의미하지는 않는다. 그러나 그것은 노동계급들이 자신들을 관통하는 분자적 혁명에 의해 근본적으로 재형성된다는 조건 하에서만 가능하다.

사실 1970년대에 이루어진 자본주의적 및/또는 사회주의적 구조화는 곧바로 새로운 혁명적 주체성들과 대결하였다. 그 구조화는 새로운 혁명적 주체성들로 하여금 자신의 잠재적 의식을 내면화하도록 강제하고 그들이 더욱더 세련되어진 정부 기구들의 기술적 통제 및 폭압의 손아귀 하에 놓여 있도록 강요했다. 통합된 세계자본주의의 근본적 목표는, 사회적 수준에서 그리고 지리·정치적 수준에서, 분할의 도구로서의 빈곤, 굶주림, 그리고 테러를 다시 도입하지 않으면서 통합된 생산적 차원의 극대적 확장을 달성하는 것이었다. 우익의 승리는 혁명적 주체성 — 이 주체성은 착취에 맞서 통일된 공격 노선을 재구성해야 하는 커다란 어려움에 직면하고 있었다 — 의 재구성을 중립화할 수 있는 그것의 능력에 기초하고 있었다. 이 반동적 선회는, 1968년 이래 프롤레타리아트의 새로운 힘 — 즉 사회적 구성 요소의 총체, 그리고 자신의 필요와 자신의 욕망의 분자적 다양성을 명백히 밝힐 수 있는 집단적 능력의 총체 — 으로서 나타났던 모든 것을 탈취하고 뒤집어엎고 폭발시키는 데에 성공했다. 경제적·제도적 폭력이라는 수단을 통해 부과된 분할은 극단으로 치닫는 파괴의 상징주의를 촉진시킴으로써 공고화되었다. 특히 "절멸주의"가 이에 상응하는 가치로 되었다. 그것은 자본주의적 발전의 궁극적인 지평으로서의 항복이나 죽음에 의한 절멸이었다. 자본주의 및/

또는 사회주의가 오늘날 인정하는 유일한 가치 법칙은 죽음의 약탈뿐이다. 우리는 우리 자신이 이 잔인한 실리주의의 먹이가 되도록 내버려두지 않을 것이다. "반란하는 것은 올바르다."

노동자운동의 전통적 조직들의 책임은 이처럼 결정적이었다. 그것은 자본주의와 사회주의 사이의 선택이라는 환상적 문제에 붙들려 있었다. 생산 양식의 발전과 집단적 의식의 성숙이 그들을 완전히 횡단했다는 사실이, 노동자운동에서 그들의 표류, 신비화, 그리고 일체의 창의의 마비 등의 결과를 결코 제거하지 못했다는 것을 인정하는 것이 필요하다. 다양한 상황 속에서 자신을 드러내는 사회적 운동의 무력함, 자신을 정치적으로 새로운 기초 위에서 재구성할 수 없는 혁명적 운동의 무능함, 자신을 전적으로 밀어붙일 수 없는 변형과정의 무능력 — 이 모든 것들은 본질적으로 정치적 표현력과 상상력의 독점에 의해 조건지워진다. 자본주의적 정치가와 사회주의적 정치가들 사이의 동맹은 이러한 표현력과 상상력을 수십 년 동안이나 봉쇄해 왔다. 이들 사이의 동맹은 이중적 노동 시장 모델 — 보장 노동자들의 시장과 비보장 노동자들의 시장 — 의 확립에 의거하고 있다. 사회주의는 단지 전자의 시장만을 정당화해 왔다. 바로 이것으로부터 앙시앙 레짐(Ancien Régime)의 사회와 비교할 수 있는 하나의 얼어붙은 사회가 나온다. 그러나 결국 그것은 앙시앙 레짐과 마찬가지로 지탱하기 어려운 것이다. 왜냐하면 그것은 자신의 생산적 본질을 표현하는 수많은 분자적 힘들에 의해 침식되기 때문이다. 이것은 안보, 질서, 억압, 비상 사태라는 상상계, 위기에 대한 집착 등과 같은 끈질긴 주제들의 원천이며, 그 체제가 후퇴 없이는 그리고 일관된 계획이 없이는 한 번에 오직 한 걸음만 나아갈 수 있다는 생각을 부과하는 원천이기도 하다. 똑같은 표류에 휩싸인 채 자본주의와 사회주의는 지금 보수주의의 두 가지 기둥을 이루고 있으며 어떤 때에는 의사(擬似)파시즘적 반응을 드러내는 경우도 있다.

1968년에 하나의 새로운 혁명이 일어났다는 것은 엄연한 사실이다. 그것은 모든 것을 바꾸어 놓을 "정치적인 것의 죽음" 혹은 "사회적인 것의 내파(內破)"라는 환영들이 아니다.[2] 1970년대 초에 자본주의 및/또는 사회주의는 사회적 진보의 문제에서, 경제적 및 사회적 관계를 국제적 규모로 일관되게 경영하는 문제에서, 기술적·과학적 창조라는 결정적 영역들의 추진이라는 문제에서, 연달아 실패할 수밖에 없었다. 그리하여 자본주의 및/또는 사회주의는 자기 자신의 본래 모습을 즉 잔인하고 비합리적인 억압의 체제를 드러냈다. 그것은 생산의 집단적 배열의 발전에 대한 장애물이었고 그것이 산출하는 부의 자본화와 가치화의 운동을 방해했다. 세계 시장은, 자유주의가 재확립하려 한 원리들에 응답하기는커녕, 빈곤과 죽음을 조장하는 "봉쇄"의 수단이었을 뿐이며 핵 테러에 의해 지지되는 주변화와 전 지구적 훈육을 위한 "감금"이었을 뿐이다. 우리는 반드시 다음과 같은 문제로 되돌아갈 것이다. 즉 자본주의 및/또는 사회주의의 궁극적 "이성"은 하나의 단일한 패러다임을 향한 그것의 — 실제로는 불가능한 — 경향성, 자신의 권력을 유지하는 것과 부합되지 않는 모든 것들을 폐지하고자 하는 정열의 경향성이다.

그러나 이 정열은 또한 도구적 이성 그 자체를 내부로부터 위협한다. 결과적으로 통합된 세계자본주의에서의 구획과 배제를 향한 의지는 그 자신의 정치적 커뮤니케이션 체계의 일관성을 위협함으로써 그리고

---

2. 여기서 필자들은 1968년 혁명에 대한 보드리야르의 평가를 염두에 두고 있는 것으로 보인다. [역자주]

역(力)관계를 객관적으로 측정할 수 있는 자신의 능력을 영(零)의 수준에 가깝게 감소시킴으로써 자기 자신에게 적대하게 되는 경향이 있다. 이리하여 우리는 우리들의 앞에 권력의 거대한 편집증의 시대가 열려 있다는 것을 알 수 있다.

만약 이것이 사실이라면 노동의 의미를 재정복하는 과제 ─ 이것은 1968년에 시작되었다 ─ 는 삶의 해방 및 이성의 재건과 일치하는 것이다. 모든 사람을 위하여, 그리고 모든 곳을 위하여 : 그 새로운 특이성들이 그 잠재력을 실행하도록 고무하라!

제3장

혁명은 계속된다

1. 운동의 재구성

　1968년 이래로 통합된 세계자본주의가 개시한 생산 재구조화의 맥락 속에서, 새로운 혁명적 주체성들은 적에 의하여 부과된 파열들을 인식하기 위해, 그 파열들의 농도와 효과를 측정하기 위해 공부하고 있는 중이다. 통합된 세계자본주의의 가장 근본적인 결정은 사회학적 구획들과는 별개로 그것이 하나의 주체성 모델을 생산한다는 것이다. 이 모델은 적어도 삼극적이며, 모든 종류의 무의식적 집단 차원들, 개인적 의식들, 그리고 집단적 주체성들(가족적, 민족적, 국가적, 인종적 등)을 공시적(共時的)으로 횡단하고 있다.
　이 세 개의 극들은 다음과 같다. 엘리트주의적 극 ─ 이것은 동과 서의 경영계층 및 기술계층, 그리고 제3세계의 경영계층 및 기술계층에 해당한다. 보장된 극 ─ 이것은 다양한 유형의 계급들을 횡단한다. 비보장의 극 ─ 이것은 각각의 사회계층들을 동등하게 관통한다.

이런 조건들 아래에서 새로운 혁명적 주체성들은 자신들의 발원지에서부터 평화에 대한 열망, 집단적 안전보장, 그리고 실업과 빈곤에 대항할 최소한의 보장 등을 선언한다. 우리는 주체성의 이 세 극들의 마음 속에서, 즉 완전히 박탈된 집단들 속에서, 임금노동과 복지에 의해 어느 정도는 이미 보장을 받고 있는 프롤레타리아적 집단들 속에서, 그리고 또 그들의 지위가 체계적으로 위협에 처하는 특정의 엘리트 부문들 속에서 보장의 결여라는 지옥에 대한 공포를 찾아볼 수 있다. 이와 같이 현대 생산의 본질적 기초는 파동치는 대중들에 의해, 그리고 "보장주의"(guarantism)와 "비보장주의"(non-guarantism)의 지속적인 혼합에 의해 구성된다. 비보장의 집단은 자본주의 권력의 구성을 위한 기본적인 지지대오를 이룬다. 억압과 주변화의 기구들이 자신들의 견고함을 발견하는 것은 바로 그들에 의해서이다. 그러나 이와 동시에 그들은 자신들이 담지하고 있는 가치들과 생산적 잠재력으로 인하여 권력과 착취의 새로운 틀 내에서 하나의 사회적 역할을 맡는다. 그들은 또, 특이한 생성을 촉진시킬 수 있을 뿐만 아니라, 집단적 생산력이라는 훈육과 통제의 거대한 기계를 부수기에 적합한, 다른 준거들과 다른 실천들을 조명할 수 있는 상상력과 투쟁의 초점들이기도 하다.

1970년대의 투쟁사는 재구성과 사회적 해방의 과정을 이미 묘사해 준 바 있다. 그 이후로 새로운 프롤레타리아적 운동에 의해 파열의 많은 모체들이 열어 젖혀졌다. 그것들의 다양성이 어떠하든 간에 그것들은 모두, 갈수록 복잡해지고 과잉권력화(over-powering)하며 탈영토화하는 사회적 생산력의 거대한 변화에 그 연원을 두고 있다. 그리고 그것들은 모두 매우 분명하게, 사회적 구획과 계층화에 의해 초래된 억압적 규범화와 재구조화에 맞서 그들 자신을 긍정한다. 노동자들에게는 투쟁의 이러한 국면들이 프롤레타리아적 사회체(socius)에 기업가들에 의해 부과된 중첩코드화와 중단들(cesuras)을 발견하고 그것을 이해하는 하나의 경험으로서 중요한 것이었다. 그리고 통합된 세계자본주의는 이 파열의 모체들이 포함되어 있는 곳에서는 어디서나 폭력을 동원하여 혁신의 과정들을 금지하려고 부단히 애쓰는데 이것들은 그러한 폭력에 맞서는 내적 투쟁의 경험으로서도 노동자들에게 중요한 것이다. 이처럼 내적 투쟁들은 각각의 주체적 구성요소들의 투쟁들 내부에서 통합된 세계자본주의의 삼극적 구획을 치유한다. 이것은 항상 새로운 사회적 주체성 출현의 각 국면에서 일어나기 때문에 그것들의 질, 힘 그리고 응집력은 자기 구성적이며, 집단적인 자기형성의 결과물이다. 필요, 의식, 그리고 생산은 그러한 과정의 핵심에서 용해되어 하나로 된다. 1970년대는 이처럼 자본주의적 및/또는 사회주의적 재구조화 시도들에 종지부를 찍는 파열운동의 지속적 출현에 의해 특징지워진다. 이 모든 것들은 새로운 주체적 문제의식들에 의해, 그리고 자신들의 관점을 재정의하려는 특수한 집단적 노력에 의해 특징지워지고 있다.

1977년의 이딸리아로부터 중앙유럽(독일, 스위스, 네덜란드)에서의 "대단절"까지, 그리고 이란혁명으로부터 연대노조의 시대, 중앙아메리카에서의 혁명적 투쟁의 부활, 남아프리카 공화국에서 분출하기 시작한 매우 중요한 해방운동들에 이르기까지 …… 우리가 눈을 돌리는 곳이면 어디에서나 우리는 그 프로젝트의 이러한 주요한 특징들을 찾아볼 수 있다. 반동적 재구조화의 정치들에 내재적이면서 동시에 그것들에 적대적인 투쟁들이 그것들의 억압적 구조에 맞서 혹은 하나의 통합하는 긴장력으로서, 그리고 자기해방적인 전망으로서 이 주체적 발전과정 내부에서 움직이고 있다. 혁명적 투쟁들이, 집단적 주체화에 내적으로 의존하는, 그리고 결과적으로 외부적 전위들의 이데올로기들 일체에 대한 파괴를 의미하는 이러한 방향설정의 이론적 정의를, 그리고 그것의 실천적 실현을 이 정도로까지 "목표 삼았던" 적은 지금까지 전혀 없었다. 자율성이 제일차적 목표로서 이처럼 강한 힘으로 출현하였던 적은 지금까지 전혀 없었다. 다시 한 번 반복해서 말하지만, 여기에는 무정부적인 것이라곤 전혀 없다. 왜냐하면 그것은 본질적으로 운동의 사회적 복잡성을 이해할 수 있고 그것을 주체적 수렴의 과정으로 파악할 수 있으며 삶의 질에 그리고 생산목표의 커뮤니티적(communitarian) 재구조화에 집중되는 질적인 자율성과 관계가 있을 뿐이기 때문이다. 그리고 그것은 이와 마찬가지의 정도로 이러한 재구성에 의해, 모든 형식의 테러리즘에 대항하여 평화를 책임지는 문제이며, 유동화와 조직화의 기초로서 대중적 협의를 정착시키는 문제이기 때문이다.

우리가 새로운 주체들의 경험과 창의의 문제를 끄집어 낼 때에는 매우 조심해야 할 필요가 분명히 있다. (1977년 이래로 이딸리아에서부터) 우리가 일으킨 사건들의 진행과정 동안에 이 새로운 주체들의 행동은 일반적으로 이론적 관점에서 볼 때에는 하나의 본질(hypostasis)로서 제시되어졌고 실천적 관점에서 볼 때에는 하나의 선형적 기능으로 제시되어졌다. 다시 한번 사람들은 "대중행동"이라는 낡은 신화 속으로 빠져들어 가는 모험을 감행했다. 이것은, 아마도 기만과 후퇴로부터 필연적으로 야기되는 환상들과 관계가 있을 것이다. 그러나 이 문제를 이론적으로 해명해 내는 것은 어려울지 모른다. 그러한 환상들에 대한 이론적 투쟁은 실재적 상황에 대한, 즉 사회를 변형시키자는 주장들이 갖는 보편성은 운동의 다양성 속에서, 그 운동들을 특징짓는 모순적 계기들 속에서, 그리고 집단적 상상의 운동이 갖는 "장기경향" 속에서는 필연적으로

희석되어질 수밖에 없다는 사실에 대한 솔직하고도 참을성 있는 수용으로 귀결된다.

이 점을 발전시키기 전에 우리는 먼저, 주체화의 새로운 양식들이, 그 무대에서 움직이고 있는 주체성의 배열이 가지게 된 확장된 능력과 실행력 때문에, 혁명적 노동자운동의 역사 및 전통과 관련하여 크게 변화된 무대 위에서 이미 완수한 바 있는 그 구성적 노력에 대해 강조하지 않을 수 없다. 자본주의적 국가들에 의해 엄청나게 생산되는 전체주의적 주체성에 직면하여 혁명적 배열들은 이와 마찬가지 크기의 차원으로 삶의 질, 재전유, 자기생산이라는 문제를 제기한다. 다수의 사람들로 구성된 운동과 증식하고 있는 조직에 의해 그들의 해방의 이야기들은 생산과 재생산의 전 영역을 포괄할 수 있을 것이다.

각각의 분자적 운동, 각각의 자율성, 각각의 소수자적 운동은 자신의 특별한 해방적 차원들을 강화하기 위하여 현실의 제 측면들과 결합하게 될 것이다. 이리하여 그것은, 지배적 현실로서의 자본이 부과하는 착취의 도식과 단절할 것이다. 자본주의적 구획의 파열구들을 직시할 수 있으며 "명령들", 프로그램들의 재정식화가 아니라 코뮤니즘에 대한 그리고 해방에 대한 "다이아그램적 명제들"을 재정식화할 수 있는 것은 탈영토화하고 있는, 그리고 파동치고 있는 현대 프롤레타리아트의 바로 이 새로운 의식이다. 그리고 1980년대 초 이래로 운동이 경험해 온 명확히 파국적인 가속도를 설명해 주는 것은 바로 자본주의적 재구조화의 초(超)반동적 성격이다. 그럼에도 불구하고 이 재구조화는 새로운 프롤레타리아적 주체성들의 출현지점들을 훼손시키지는 못했다. 그것은 단지 그것들의 탄력성을 감소시켰을 뿐이다. 여러 가지 징후들을 보면 우리는 다음과 같은 사실, 즉 다시 한번 운동이 지난 시기 동안 자신의 힘을 가로막는 데 성공해 온 억압적 장애물들을 원상태로 치워놓는 방향으로 막 전진하기 직전의 상태에 놓여 있음을 알 수 있다.

만약 우리가 앞에서 제시된 삼극 분할로 되돌아간다면, 그리고 만약 우리가 그 재구성의 과정이 어떻게 엘리트주의적 극, 보장된 극, 비보장의 극을 관통하는가를 조사한다면 우리는 새로운 연합의 운동들이 자신들의 제안들을 제시해 온 그 강력함을 발견할 수 있다. 만약 우리가, 위기가 도입하였고 또 지속적으로 강화시켜 온 보장 부문과 비보장 부문 사이의 관계들의 유동성을 고려한다면 이것은 매우 분명하다. 그리고 엘리트주의적 극이 두 개의 다른 극들과 이루고 있는 접합들을 우리가 고려할 때에도 이것은 또한 그만큼 명백하다. 경영에서, 그리고 지식기관들의 최상층에서 성장해 온 많은 개인들은 지난 10년 동안 "불안정화"의 과정 — 즉 자신들의 역할과 기능이 끝나 가고 있는 것 — 에 휩쓸려 있을 뿐만 아니라 그들의 신분의 정당성에 관련된 정교한 비판적 의식을 도입하고 있기도 하다. 통합된 세계자본주의의 확대된 재생산 선택들의 비합리성과 광기, 무기경쟁과 핵전쟁에 대한 집착, 기근과 대량학살의 현기증 — 이것들은 차이들을 심화시키고 균열을 발생시킨다 — 은 특정의 경영적 엘리트들을 거부와 불일치의 지점으로까지 몰아붙이기에 이르렀다. 선전적 방식으로 보도될 때에는 너무나 자주 상처를 입고 또 조롱받는 이 과정은, 그럼에도 불구하고, 새로운 형식의 주체성들 속에서 저항이 확대되고 있음을 보여준다. 이전에 코뮤니스트들의 슬로건들 중의 하나는 제도들 속으로 계급 투쟁을 수입하는 것이었다. 오늘날 우리는 새로운 주체들이 자신들의 가치들을, 그리고 자신들의 적대적 충고들을 상층의 경영진과 상층의 지식기관들에까지 수출할 수 있다는 것에 보다 뚜렷하게 주목한다. 바로 이 불일치의 과정들은 치유될 수 있는 것이 아니다. 그것은 적에게 선물로서 주어질 수 있는 하나의 상품이 아니다.

이러한 사실들이 보여주는 요점은 혁명이 계속되고 있다는 것이다. 지금까지 완성된 과정의 불가역적 성격은 스스로를 확인한다. 새로운 주체성들은 적에 의해 주어진 장애물들 — 적들이 그들로 하여금 무의식적으로 받아들이도록 만든 것들까지 포함하여 — 을 "동화"(同化)함으로써 (즉 그것들을 기호화하고 질식해 죽게 만듦으로써) 자신들의 정치적 정체성을 재정리하고 있다. 노동의 집단적 힘의 변화하는 성격, 비보장의 도시 프롤레타리아트의 살아 있는 힘, 반체제적 담론 배열들의 초한적(超限的) 네트워크 등은 그들을 새로운 투쟁 순환의 많은 주동자들의 수준으로까지 높아지도록 북돋운다.

2. 테러리스트의 막간극

새로운 주체성들의 발전은 우리가 이미 서술한 바 있는 자본주의적 생산 양식으로부터, 그리고 운동의 내적 변동으로부터 주로 야기된 이 과정 동안에 심각한 내적 단절들을 겪었다. 각각의 역사적 시기는 엘리트주의적 극들의 탄생에 의해, 그리고 극단주의적인 자만의 파고에 의해 영향을 받을 수 있다. 이 자만은 자신들이 대표하는 것처럼 행세한 운동의 이익을 훼손시키기에 이르렀다. 그것은 특히 이 시기 동안에, 즉 통합된 세계자본주의가 사회운동들과 이데올로기들의 체계적 구획 모델을 옹호하고 또 재구성하기 위해 작업하였던 때에 분명히 드러났다.

테러리즘은 1970년대의 전 과정을 통해 혁명가들이 경험했던 가장 심각하고 가장 광기어린 행간휴지였다. 해방운동을 저지하기 위하여 국가와 통합된 세계자본주의에 의해 행사된 반동적 억압에 직면하여, 제도적·사회적 관계를 퇴행적 수준에 고정시켜 놓기 위하여 여러 피착취 집단들 사이에 경쟁을 강요함으로써 그들을 분할하려는 시도들에 직면하여, 그리고 지배적 권력 구성체들의 잔인한 엄격성에 직면하여 운동의 모든 부문들은 격노와 좌절에 사로잡혔다. 새로운 혁명적 주체성들의 성숙과 분자적(molecular) 활기의 상황 속에서 국가는 재강화된 사회적 양분법으로의 복귀라는 몰적(molar) 질서를 부과하는 데 관심을 갖고 있다. 이리하여 그것은 격렬한 조치들을 취함으로써, 그리고 통제와 억압의 고도로 세련된 메커니즘을 펼쳐 보이는 가운데 자신의 권력을 과시하는 데 착수한다. 이와 동일한 경우에 대하여 국가 테러리즘은 모든 정치적·실존적 불일치를 남김없이 파괴하는 데 착수한다.

이러한 지형 위에서 통합된 세계자본주의는 국가기능의 실질적 동원을 실행했고 군사적 및 경찰적 수단과 비상사태들에 의해서뿐만 아니라 심리적·정보적 전쟁이라는 수단에 의해 그리고 이에 상응하는 문화적·정치적 전략들에 의해 새로운 유형의 내전을 개시했다.

1970년대 동안에 이러한 종류의 내전은 가장 극단적인 반동의 발전을 위한 하나의 좋은 기초를 창출했다. 그때 무엇이 일어났는가를 이해하기 위해서는 집단적 주체성의 새로운 욕망들 및 필요들, 그리고 생산과 명령의 회복 및 재구조화를 위하여 일하는 여러 구성요소들 사이에서 벌어지는 힘의 경쟁이라는 커다란 내기들을 명심하는 것이 필요하다. 흔히 내전이 국가에게 자기 자신에게 권력을 부여할 기회를 주며 또 더 이상 자신이 통제하지 못하는 상황에 대응하여 "반작용"하도록 하는 자극을 준다는 것은 사실이다. 새로운 혁명적 운동들은 자신들의 움직임이 속해 있는 현실을 분명히 인식함으로써 잃을 것은 아무 것도 없고 오직 얻을 것이 있을 뿐이다. 특정의 집단들이 이러한 상황에 직면해서 그들 나름의 수단을 취함으로써, 적들이 바라 마지않는 대결의 몰적(molar) 지형에 스스로를 위치시키는 모험을 감행함으로써, 어떤 의미에서는 자신과 적들을 동일시함으로써, 운동의 면전에 따라다니는 정치적 지배의 상상적 덫에 완전히 빠져듦으로써 이 상황에 대해 일정한 통제력을 행사할 수 있다는 환상을 가질 수 있기 때문에 더욱 그러하다.

1970년대는 이처럼 내전의 시기였다. 통합된 세계자본주의가 부과한 그 내전의 방향은 순수하고 단순한 절멸로 귀결되었다. 팔레스타인인들의 절멸과 같은 것이 그 하나의 사례이다. 이러한 맥락 내부에서 노동자적이고 프롤레타리아적인 기원의 테러리즘이 때때로 주도권을 쥐었던 때도 있었다는 것을 부정할 수는 없다. 그러나 그럼에도 불구하고 그것은 자본주의적 중첩결정의 악순환으로부터 빠져 나올 수 없었다. 그러한 테러리즘은 그러한 중첩결정을 감소시키기는커녕 도리어 투쟁들을 고립시켰고, 그것들을 본보기로 징계하여 그것들을 무력화시키려는 지배권력들의 의지를 재강화시켰을 뿐이다.

실재적인 역사적 변형에 부응하는 것으로서의 혁명적 운동의 관점은 자신을 이와는 완전히 다른 방식으로 드러낸다. 새로운 주체적 요소들이 삶과 자유의 추가적 공간을 어떻게 정복할 수 있을까? 전혀 다른 유형의 힘, 지성, 그리고 감수성을 계발함으로써 적의 권력의 실체를 박탈할 수 있을 것인가? 이것들이야말로 혁명적 운동의 보다 고유한 질문들이다.

어느 관점에서 보더라도 적색 테러리즘은 운동에 대해 하나의 재앙적인 막간극이었다. 그것이 조직화에 대한 이데올로기적이고 추상적인 중앙집권주의적 개념을 재개시킨 방식에 있어서는 특히 그러했다. 그것은 대결의 중심점을 찾아내는 데 광적으로 집착했다. 이 집착은 경직된 레닌주의로, 다시 말해 일체의 역사적 물질성에서 유리되어 자신이 운동의 재구성에 부과하고자 한 일종의 편집증적 준거점인 하나의 국가주의적 해석으로 완전히 넘쳐흐르는 것이었다. 이 잘못된 대안을 끝내는 것보다 더 중요한 일은 없다. 이 불합리한 과거의 사자(使者)가 운동에 접근하지 못하도록 막아야 한다. 적색 테러리즘은 오직 하나의 목적만을 가졌을 뿐이다. 그것은 실패와 절망이라는 목적이다. 그것은 오직 하나의 기능만을 가지고 있을 뿐이다. 즉 그것은, 지금 우리들이 통과하고 있는 이 무거운 반동의 시대 한 가운데에서 자기 자신을 드러낸 거대한 해방적 잠재력을 뿌리 뽑는 기능을 한다. 그것이 역사의 명령에 따라 움직이는 그만큼, 그리고 적의 계획에 따라 움직이는 그만큼 적색 테러리즘은 자신의 본 모습을 드러내었다. 그것은 보수주의의 역설적 형식 중의 하나였다.

그러나 이와 동일한 경우에, 자본주의적 권력 구성체가, 자신들로부터 권력을 박탈할 수 있는 자율적 운동들과 비밀스런 "항체들"의 척도를 채택하지 않았던가? 혼미로부터, 거대한 반동적 재앙으로부터 "재출현하는" 이전 세대의 전사들이 직면한 문제는 바로 이것이었다.

1970년대에 나타난 프롤레타리아적 기원의 테러리즘적 막간극은, 모든 차원에 걸쳐 권력의 계층들을 탈안정화하고 탈영토화하기 시작한 저 혁명적 과정들의 진전에 대해서 치명적인 위험으로 되었다. 분명한 것은, 우리가 실재적 운동의 투쟁들을 불순하게 만들 수 있고 또 그것을 패배로 이끌 수 있는 여러 편견들만큼이나 이 테러리즘에 영양분을 제공한 이데올로기들을 피해야만 한다는 것이다. 이것을 고려하고 나서 우리는, 이 테러리즘적 파도가 비록 매우 잘못된 전제들과 반응을 통해서

이긴 하지만 하나의 실질적인 문제를 제기했다는 것을 인식할 필요가 있다. 그것은 반동에 대한 저항이 어떻게 새로운 유형의 조직화와 연결될 수 있는가 하는 것이다. 이 문제에 대한 옳은 해답, 그것으로부터 도출되는 전략적 노선은 이미 운동 속에, 즉 국가주의적 정당화의 길로 빠져들지 않고서 그것이 자신을 하나의 제도적 양식으로 구성하는 바로 그 지점 속에 존재한다. 그것은 하나의 새로운 사회, 하나의 새로운 정치, 하나의 새로운 여성 운동, 또 다른 노동 운동, 또 다른 청년 운동 등을 구성하는 문제와 관계가 있다. "또 다른", "상이한", "새로운" ― 비록 이 말들이 연약하긴 하지만 그것들은, 정치라는 것이 욕망불만과 편집증에 다름 아니고, 사회가 체제 순응주의의 승리에 다름 아니며, 노동 운동이 협조적 조합주의에 꼼짝없이 묶여 있고, 여성 운동이 순종을 무의식적으로 받아들이고 있으며, 청년 운동이 온갖 종류의 약물중독에 빠져 있고 그리고 마지막으로 권력에 대한 요구와 테러리즘 사이의 경계가 희미해지고 있는 곳에서는, 경직된 세계를 전복할 수 있는 행복과 상상력의 벡터(vector ; 운동량 혹은 방향량을 나타낸다-역자)를 가리킨다.

밖으로 드러난 행간휴지가 내부적 질병의 징후일 가능성 역시 존재한다. 재구성의 과정들 역시 독단적이고 분파주의적인 요소들을, 낡은 계층화 ― 그것은 내부로부터 자신을 위협한다 ― 로부터 유래하는 "바이러스들"을 수반할 수 있다는 것을 부정하는 것은 어리석은 일일 것이다. 혼돈 속으로, 편집증적 선동과 도발 속으로 곤두박질치는 모험을 무릅쓰게 만드는 것은 직접성과 매개 사이의, 전술과 전략 사이의 이 같은 분절구조화 ― 그러나 실상 이것은 다자간의 실천적 관계에 의해서만 확립될 수 있는 것이다 ― 이다. 사실이 그러하다면 이러한 종류의 편집증을 치유할 수 있는 유일한 방법은, 자본주의의 죽음 충동에 의해 일체의 중첩코드화들로부터의 근본적 해방이자 그것의 표현인 여러 욕망들을 해방시키고 그것을 산출하는 인과관계를 탐구하며 그 징후들을 드러내서 강화하는 것에 의해서만 찾아질 수 있다.

그럼에도 불구하고 힘에 의지하는 문제는 우리들의 지평에서 사라지지 않았다. 그러나 우리는, 만약 문제가 되고 있는 힘들이 사유 및 상상력과의 수많은 연결관계를 통해 다양해지고 복잡해진다면, 그것이 정치적으로 훨씬 더 효과적일 것이라고 생각한다. 힘은 신체이다. 그리고 우리는 전통이 우리에게 남겨 준 죽은 신체의 외부에서 운동을 재구성하기를 원한다. 우리는 살아 있는, 실재적 신체를 다시 발명하기를 원하며 집단적 해방의 생리학을 살고 경험하기를 원한다. 1970년대의 운동이 해방의 시급성을 재긍정한 것은 또 다른 유형의 힘의 표현이라는 이러한 가정 위에서였다. 이 속에 아나키즘이라곤 조금도 없다. 왜냐하면 운동이 이 모든 것에도 불구하고 아직 집단적인 것으로 남아 있으며 개인주의적 내파(內破, implosion)를 거부하고 있기 때문이다. 우리는 자생성주의자의 신화들을 믿지 않는다. 왜냐하면 그 신화들은 일상성의 차원들을, 그리고 우리가 직면해 있는 문제들의 끈기 있는 재정식화의 차원들을 평가절하하기 때문이다. 우리가 제시하는 것은 관념론이 아니다. 왜냐하면 여기에서 신체는 즉각적으로 주체와 내용의, 목적과 목표의 물질적 표현이기 때문이다. 이것을 고무하는 것은 생산력들의 공동 계획의 이익과 연합의 이익을 위해, 계약과 법률이라는 재현의 형식주의를 상대화하는 결과를 가져온다. 테러리즘이라는 실천 개념을 제거하는 것은 그러므로 낡아빠진 정치적 준거점들 ― 자생성주의라 할지라도 ― 을 부정하기 위한 것이며 동시에 급진적 유물론을 긍정하기 위한 것이다. 우리는 이것을, 저 무시무시한 테러리즘적 막간극이 펼쳐졌던 1970년대 동안에 배웠다.

3. 새로운 혁명적 정치학

운동의 재구성은 주체화의 최고의 수준에서 자기가치화와 자기생산의 과정으로서의 투쟁 전선들의 재조직화를 겪어 나가고 있다.

정치학의 재발견 즉 또 다른 정치학의 정초(定礎)는 사회적 힘들을 무한히 열려 있는 그 응용영역들에 배치할 것을 요구한다. 물론 이 힘들은 직접적 투쟁들에 의해 드러난 필요의 강도에, 그리고 장애물에 맞서는 투쟁에, 그러나 또한 우리가 건설하고자 하는 세계의 긍정성에, 우리가 고무하고자 하는 가치들에 의존한다. 이것은 변증법이 아니다. 여하튼간에 이것은 사회학상의 계급 투쟁을 지배하는 화려하고 고통스러운 변증법과 같은 어떤 변증법이 아니다. 그러한 변증법은 과학에서 나오기보다는 혼돈에서 나오는 하나의 수사학일 뿐이다. 실제로 이 새로운 사회적 힘들 속에는 부정적인 것과 긍정적인 것이 가능한 선택들의 물질성 속에 단단히 뿌리를 박고 있다. 그리고 여기에서 우리는 전쟁에서 평화로, 죽음에서 삶으로, 존재의 파괴에서 세계의 구성으로 나아가는 어떤 과도기를 용인하는 "질적 도약"이나 이행을 생각할 수가 없다. 운동의 이 국면에서 그리고 역사 발전의 이 국면에서 우리에게는 하나의 연속적이고 다차원적인 혁명만이 원시적 사회주의(archeo-socialism)의 실패한 기획들에 대한 대안이 될 수 있을 것으로 보인다. 이것은 분명히 일반적인 고려 사항에 집착하는 것을 의미하는 것이 아니다. 운동의 각각의 특이한 구성 부분들은 "번역"이나 "해석"1을 요구함이 없이 그 자체로서 고려되어져야만 할 가치체계들을 발전시킨다. 이 체계들은 자기 나름의 고유한 방향 속에서 발전하도록 허용되며 때때로는 서로 간에 모순적 관계 속에 존재하도록 허용된다. 이들 각각은 새로운 유형의 사회적 현실을 구성하는 동일한 기획 속에 다같이 참여한다.

1970년대에 혁명적 과정들을 결합시키는 최초의 실험이 하나의 긍정적 지형 위에서 시작되었다. 그것은 반핵운동과 환경 운동의 결합이다. 그들은 생산적 에너지의 발견을 위한 대안적 프로그램 속에서 직접적으로 연결되고 서로 결합되었다. 이리하여 생태학은 향수나 항의의 함정에 빠지지 않고 하나의 새로운 스타일의 행동이 가능함을 입증하였다. 더구나 반핵투쟁들은 과학 노동능력의 착취와 축적이라는 맥락 속에 특수한 지평을 열었다. 기술·과학 노동자들의 투쟁들은 과학의 대안적 사용이라는 복잡한 차원들을 계발하기 시작하고 있다. 그 투쟁들은 코뮤니즘적 프로그램의 발전에 본질적인 것으로 드러날 것이다. 게다가 코뮤니즘적 기획의 결정적인 변화가 일어나게 되는 것은 생산의 집단적 힘과 그것의 이러한 사용 사이의 바로 그 접합 지점에서이다. 자본주의적 및/또는 사회주의적 시간 착취가 의문에 붙여지고 생산력에 대한 하나의 새로운 유형의 커뮤니티적 조직화가 시작되는 것은 착취에 반대한 그리고 그것의 긍정적 대안을 지지하는 투쟁들의 다음과 같은 연속체 위에서이다. 노동 과정과 시간에 대한 중첩코드화에 대항한 투쟁들, 대안적 주택 배열을 위한 투쟁들, 그리고 사회체의 구획들 사이에서 이루어지는 협력,

---

1. 이것은 프롤레타리아트의 경제적 열망이 전위당에 의해 정치적 형식으로 "번역될" 필요가 있다는 레닌주의적 관념을 지칭한다. [영역자쥐]

친화성, 가정적 친교 등을 개념화할 또 다른 방식을 위한 투쟁들 등.
　이것은 과학에 대한 비판과 착취에 대한 투쟁을 긍정적으로 결합해야만 한다. 예컨대 이것은 대안적 에너지 자원들에 대한 탐구와 생산적 커뮤니티의 실천적 재구성을 결합해야만 한다. 이렇게 함으로써만 우리는, 오늘날의 프롤레타리아적 기획들과 그것들의 생산적 목적의 풍부함을 실현할 창의들의 복수성과 다양성을 통해, 그 기획들의 결합력을 파악하는 데 성공할 것이다. 우리는 자본주의적 축적의 기본적인 법적 형식인 소유의 파괴와 사회주의적 축적의 기본적인 법적 형식인 관료적인 통제의 파괴가, 오늘날 분석상에서 그들이 드러내는 분리 불가능한 뒤얽힘 속에서, 과학의 해방과 개방적이고 커뮤니티적인 사회적 삶의 정교화를 위한, 그리고 새로운 프롤레타리아적 주체성들에 상응하는 사회적 노동의 조직화의 확산적이고 창조적인 형식의 발전을 위한 본질적 조건을 이룬다는 사실을 당연한 것으로 여긴다. 여기에서 우리가 불러내고 있는 것은 하나의 유토피아가 아니다. 그것은 실재적 운동에 대한 설명이다. 수많은 기록들과 지표들은 이것을 활동 중의 힘이라고 표현한다.
　이 이행의 정치경제학을 정교화하는 것이 시급한 문제로 되었다. 코뮤니즘적 프로그램은 이 문제들에 관하여 자신이 이룬 진전만큼 하나의 새로운 차원의 의식을 창출할 것이다. 이러한 상황 속에서 차별적 운동들의 특수한 프로그램들이 서로 결합되지 않을 수 없다는 것은 말할 나위 없는 사실이다. 고도로 자발적인 성격의 다양한 시도들을 경유하는 그러한 조직형식으로의 발전경로에 관해서도 동일하게 말할 수 있다. 이 영역에서 우선적인 것은, 자코뱅주의나 레닌주의로 빠져들어 가는 것을 막아 주는, 관점들의 긍정성이다. 우리는 이 경로들의 물질성을, 그들이 자본주의적 반동의 최악의 부문들 속에서까지 자신들의 힘을 입증하는 데 성공하는 방식을 거듭해서 강조해야만 한다. 그리고 우리는, 그들이 사장들과 관료들의 바로 그 정수(精髓)에까지 자신들의 변화하는 관점의 가시를 심는 것에 어떻게 성공하는가를 거듭해서 강조해야만 한다.

우리는 반동적 고용주들의 극악한 계획들 — 국제적 통화 체제라는 계획이 그러한 계획에 속한다 — 을 극복하기 위해 이 근본적으로 이질적인 벡터들이 이루는 이 접속에 대해 상세한 설명을 한 바 있다. 1982년 여름에 다수의 라틴 아메리카 국가들 사이에서 있었던 채무불이행 선언과 파산의 위협이 레이거노믹스에 대해 — 아마도 — 치명적인 일격을 가했다. 발전된 나라들의 노동계급은 실업과 인플레이션에 대한 내부적 저항을 통해, 자신들이 빈곤과 기근에 의해 밑으로부터 침식되고 있던 제3세계 프롤레타리아들이 겪고 있는 억압과 객관적으로 연결되어 있음을 발견했다. 이 새로운 실질적 연합의 객관적 성격이나 그것의 상당한 정치적 영향력이 우리에게 반동의 역사적 한계를 지시해 주지는 않는다. 그들이 위기의 단층선을 따라 그 위기에 개입하는 데 성공했을 때, 그것은 주체성의 집단적 배열에 개입할 수 있는 그것의 잠재력을 확증해 줄 뿐이다. 닉슨에서 레이건에 이르는 1971년 이후 12년 동안 거대 다국적 자본은 역관계와 소득분배의 일반적 부동성의 틀 내에서 생산성을 증대하기 위한 음흉한 메커니즘을 구축하는 데 성공했다. 국제 프롤레타리아트의 다양한 부문들의 결합된 저항의 결과, 1982년에 의문에 붙여진 것은 자본주의적 권력의 바로 그 기초였다. 이 기나긴 "역사적 잠복"기 동안에 집단적 주체성은 자신의 필요와 자신의 욕망을 계속해서 신진대사해야만 했음을 우리는 인정해야 한다. 만약 그렇지 않았다면 그러한 위기가 어떻게 가능할 수 있었겠는가? 이 위기는 오늘날 진행되고 있는 반동의 역사적 순환 속에서 최초의 것이자 동시에 가장 두드러진 것이었다. 이것은 '주체성의 재구성이 이루어지는 경로들의 물질성' 이라고 말할 때 우리가 의미하는 바를 설명해 주는 하나의 분명한 사례이다.

자본주의적 생산 양식의 위기가 갖는 불가역적 성격에 대한 의식이 점차로 증대하면서 다음과 같은 근본적인 문제가 제기된다. '자본주의 및/또는 사회주의가 세계를 파괴하는 수단을 통제하고 있다. 과연 그들이 이 수단들을 자신들의 지배를 방어하기 위하여 사용할 것인가? 그리고 어느 정도나 그렇게 할 것인가' 하는 문제가 그것이다. 지금 혁명적 주체성들의 재구성과 운동의 발전이 부분적으로나마 그 최고의 태도를 재구성한 것은 바로 이 위협에 관한 것이다. 그 운동이 가장 풍부하고 가장 복잡한 표현을 얻는 곳은 평화를 위한 투쟁 속에서이다. 그 투쟁들은 적의 영토를 가로질러 유연하고 지속적인 방식으로 전개되었다. 그리고 그것들은 적이 자신의 프로젝트를 정의하는 파괴력을 최대로 집중시키지 못하도록 막으면서 그리고 적이 그의 설득력과 집중력을 달성하지 못하도록 막으면서 지속적으로 전개되었다. 우리는, 개별적 의식들 사이의 공간에 뿌리박고 있는 이 "평화의 게릴라"가 저항과 투쟁의 맥락 속에서 그들을 구성하는 지배의 배치들과 연속들을 집합적으로 공시화(共時化)하면서 커뮤니티적 기초 위에서 구성된다고 말할 수 있었다. 이 모든 것은 이미 하나의 힘, 하나의 프로젝트이다. 그것은 우리로 하여금 방어적인 태도를 버리게 만들며 입장의 전쟁을 넘어서서 운동의 전쟁을 고무할 수 있도록 한다. 평화를 위한 투쟁 방법 중에서 적을 포위하여 그들의 전략들의 실체를 박탈하고 그들을 내부로부터 해체시키는 것보다 더 나은 방법이 있을 수 있겠는가? 바로 이러한 점에서 평화주의적 투쟁의 진전을 혁명적 행동의 프로젝트들의 재구성을 위한 투쟁으로부터 구분하는 것이 과연 필요한 것인가? 전혀 그렇지 않다. 다시 한번 말하지만 그 이유는 평화를 위한 투쟁이 그 내부에 최고의 대안적 잠재력들을 지니고 있기 때문이다.

　우리는 사람들이 우리를, 평화주의라는 외피 하에 정직한 사람만 있고 악당은 없다는 식으로 상상할 만큼 소박한 사람들로 생각하지 않기를 바란다. 어떤 나라들에서는 평화운동이 "스딸린주의적 평화"라는 저 굴욕적인 시대를 우리에게 상기시키는 그러한 방법들에 의해 도구화되고 왜곡되었다. 우리는, 예를 들어, 폴란드 인민들에게 덧씌워진 재갈을 받아들이게 되는 사회적 무력화의 "평화" 같은 것에 사로잡혀 있지 않다. 반대로 우리는 평화를 위한 투쟁을, 해방을 위한 집단적 투쟁을 직조해내는 하나의 베틀로 생각한다. 즉 우리에게 있어서 그 투쟁은 현상유지와 동의어인 것이 아니다. 그러므로 그것은 근본적으로, 자본주의적 및/또는 사회주의적 생산관계들 모두를 짓누르는 죽음의 중첩결정이라는 전제를 제거하는 것과 관계가 있다. 평화를 위한 투쟁은 민주주의를 위한 투쟁이다. 그 투쟁 속에서 개인들의 자유가 보장될 것이며 공화국이라는 문제와 경제적 발전의 목적이라는 문제도 그 커뮤니티 속에서 자신의 정당성을 찾게 될 것이다. 녹색은, 사회주의 체제들의 적색으로부터도, 자본주의 체제들의 흑색으로부터도 태어날 수 없다. 그것은 빈곤과 억압이 늘어나는 곳에서는 어디에서나 그것들을 거부하는 것으로부터 태어난다. 그리고 그것은 자본주의적 통제가 가해지는 곳에서는 어디에서나 그 통제가 가져오는 공포로부터 자유로워지고자 하는 절실한 욕망으로부터 태어난다. 모든 사람은 우리에게 이렇게 말한다 : "당신은 어느 쪽이든 한쪽 편을 선택해야만 합니다"라고. 어떤 사람은 아프카니스탄인들에게, 만약 소련인들이 떠나고 나면 그들이 미국인들에 의해 점령될 것이라고 말한다. 그러나 그것보다 더 나쁜 일이 있을 수 있겠는가? 그 말은 "만약 미국인들이 우리를 점령한다면 우리 모두는 스키티아인들처럼 될 것이다"라는 반응을 가져왔다. 또 다른 어떤 사람은 우리에게, 만약 우리가 미국의 우산을 거부한다면 러시아인들에 의해 점령될 것이라고 말한다. 그러나 그것보다 더 나쁜 일이 있을 수 있겠는가? 만약 러시아인들이 우리의 나라를 점령한다면 우리 모두는 폴란드인들처럼 될 것이다. 이러한 협박이라면 우리는 이미 충분히 받았다. 우리는 수소폭탄의 협박도 자본주의나 사회주의라는 임의로 가정된 가치들의 협박도 똑같이 거부한다.

평화는 혁명의 전제조건이다.

자본이 삶에 가하는 비극 내부에서 다음과 같은 하나의 집단적 반응이 그려진다. 그것은 이 파괴의 그림자 속에서, 행복과 삶에 대한 하나의 윤리적 절박성이 긍정된다는 것이다. 평화를 위한 집결은 해방을 위한 무한한 길을 열어젖힌다. 오늘날 자유를 넉넉하게 감쌀 구성적 형식들만이 자본주의적 계급들이 그 뒤에 숨어 있는 죽음의 권력을 용해시킬 수 있다. 그렇다. 혁명은 계속되고 있다. 1970년대의 반동의 물결은 그것을 파괴하지 못했다. 혁명은, 자신을 평화를 위한 거대한 윤리적 기획과 내적으로 결합될 수 있게 하는 일종의 불가역적인 전략적 내향화에 의해 풍부해졌다.

제4장
새로운 연합

1. 집합화의 분자적 방법

　한 사회를 곤란에 빠뜨리는 변형들은 새로운 유형의 조직화를 요구한다. 레닌주의나 아나키즘은 오늘날 패배와 주의주의(主意主義)와 각성(覺醒)의 환영들, 강요된 신념 혹은 고독한 반란, 억압의 정반대 형태 혹은 특이성에 대한 단순한 추상적 단언 등 이외에는 더 이상 아무 것도 아니다. 노동자운동을 패배로 이끌었던 전통적 노동자운동에 대한 이데올로기적, 정치적 참조와는 무관하게, 미래 운동에 주어진 조직화의 선택들에 관하여 다시 한번 생각해 보아야 한다. 레닌주의와 아나키즘이라는 두 극단적인 모델의 붕괴는, 미래 운동이 승리하기 위해 사용해야만 하는 투쟁기계들의 문제를 전적으로 미해결된 상태로 남겨 놓고 있다. 투쟁기계들을 구성하는 특이성들이 투쟁기계들 내에서 갖는 다기능적이며 고유하게 특질 부여된 분절구조는, 이러한 기계들의 형태가 더 이상 중앙집권주의적 프로젝트를 반복하지 않으며 더 이상 민주주의를 중앙집권주의적 구조들을 통해 여과시키고자 하는 환상을 보유하지 않는다는 것을 암시하고 있다. 민주주의의 탈을 쓴 중앙집권주의 속에서 우리는 언제나 국가주의적 모델의 복제품을 발견한다. 그러한 중앙집권주의 속에서 리세리에(Richelieu), 로베스삐에르(Robespierre) 및 로트쉴트(Rothschild)의 국가가 갖는 억압적이고 관료주의적인 특징들이 재연되고 있는데, 그것들은 눈속임을 위해 정반대의 모양으로 꾸미고 있다. 너무나도 오랫동안, 혁명적 운동은, 이것에 대한 수용을 통해서건 혹은 거절을 통해서건, 이와 같은 유사품에 종속되어 왔다. 국가가 어떻게, 형식적 차원에서조차 헤게모니를 용인하는 그러한 조직에 의해 파괴될 수 있단 말인가? 하지만 어떻게 그와 같은 과제가, 어떤 "다른 식의" 운동, 즉 특이성들의 자기가치화 및 자기생산에 기초하고 있는 전혀 다른 운동의 주된 관심사가 될 수 있단 말인가?

분명 우리는 조직화의 대안적 방식에 대한 어떠한 모델도 가지고 있지 않다. 하지만 우리는 적어도 우리가 무엇을 더 이상 원하고 있지 않은지는 알고 있다. 우리는 대의제적 소외의 법체제적 모델들을 되풀이하는 일체의 것을, 그리고 정치적 의지가 형성되는 층위들과 그것이 집행되고 운영되는 층위들 사이의 단절을 되풀이하는 어떤 것도 거부한다. 언제나 그렇듯이, 혁명 과정의 실제 경로에 있어서, 조직화의 새로운 "제안들"은 사회적 생산력의 새로운 본질에 조응한다. 이 새로운 제안들은 다름이 아니라 이 새로운 본질의 유동성, 그것의 개념적 참조물들이 갖는 다가치성, 그것의 영구적인 추상 능력, 그것의 실용적 효율성, 그리고 끝으로 조직화 과정 내부의 세력들을 분리시키고 층화지우려는 일체의 시도를 그 근저에서 붕괴시키는 그것의 탈영토화 능력 등을 말한다. 정치적 방침의 형성, 집행, 운영은 더 이상 분리되어서는 안 된다. 그러한 분리는 집단적 노동능력의 새로운 특징들을 억압하는 요인이기 때문이다. 몽테스키외(Montesquieu)의 시대는, 그리고 권력들의 분리의 시대는 끝났다. 민주주의의 탈을 쓴 중앙집권주의가 스스로를 어떻게 드러내 왔건 간에, 그러한 중앙집권주의에 의해 집행적 층위 및 운영적 층위에서 발전되어 온 소외된 관계들은, 혁명의 정치적 지평으로부터 사라져 가고 있다(루소와 [그의] 개인 의지의 소외에 대한 개념 역시 이 지평으로부터 제거될 것이리라).

하지만, 지금까지, 우리의 재정의(redefinition)에 대한 시도는 오직 소극적으로만 이루어져 왔다. 이제 보다 적극적으로 물어보자. 혁명적 주체성의 조직화란 도대체 무엇을 의미하는 것인가?

한 번에 한 걸음씩 나아가자. 그리하여 이 질문에 좀 더 잘 대답하기 위해 노력하자.

조직화에 대한 전통적 모델을 지지하는 사람들의 "종국적인" 주장은 추측컨대 다음과 같은 단언, 즉 오로지 하나의 중앙집중화된 형태만이 투쟁의 보편적 전선을 구축하는 데 있어서 충분히 효과적이라는 것이 증명될 수 있을 것이라는 단언에 있다. 이것은 자본주의의 현 발전 국면에서는 더더군다나 사실이다. 이것은 또 피억압자들을 조직화함에 있어서 중앙집중화하는 힘의 과다함을 의미할 수 있다.

이런 주장 모두는 다소 엉터리이다. 이런 주장은 오로지, 사회의 자본에 대한 현재의 복종이 축적된 가치를 전유의 양과 관련시키는 어떤 규칙에 의존하고 있는 경우에만 그리고 특수한 종류의 사회적 생산에 특별한 형태의 지배가 필연적으로 관련되는 경우에만, 참이 될 것이다. 하지만 이는 정확히 우리가 기각해 버린 바로 그러한 종류의 척도이며 바로 그러한 유형의 관계가 아니던가? 자본주의적 착취가 일반화하는 과정에서 억압적 기능들의 성격 또한 가시적으로 변화한다. 그리하여 이 과정에서 구조적 규제가 제거되는 경향이 있다. 정확히 말해서, 재전유될 더 이상의 가치가 없는 것이다. 만일 가치 법칙이, 추상적 일반성의 수준에서 계속해서 기능한다면, 아마도 다시 한번 레닌주의적 유형의 조직화 프로젝트를 생각해 볼 수 있을 것이다. 하지만 [실제로는] 그와 같은 것은 전혀 없다. 자본주의적 지배는 지금, 자유로우면서도 급속히 증식하는 특이성들과의 직접적이고 적대적인 대립 속에서 발전해 가고 있다. 자본주의적 지배가 이 야생의 파우내로마 신화에 나오는 반인반양(半人半羊)의 숲, 들, 목축의 신-역재를 잡기 위해 아무리 단단하고 억압적인 그물을 던진다 해도, 그 지배의 그물은 순간순간 변해 나가는 그것의 존재양식이나 그것이 본질적으로 가지고 있는 풍부함이나 목표들 가운데 그 어느 것에도 도달하지 못할 것이며 또 그것들을 잡지도 못할 것이다.

이와 같은 조건들이 주어졌을 때, 새로운 프롤레타리아적 형식들을 조직화하는 과제는, 특이성들의 다양성(multiplicity) 내에 있는 관계들의 복수성(plurality)과 관련을 맺어야 한다. 이러한 복수성은 집단적 기능들 및 목표들에 초점을 맞추고 있는데, 이때의 집단적 기능들 및 목표들은, 관련된 특이성들의 과정들을 최적화하는 방향으로 복수성이 발전한다는 의미에서 관료주의적인 통제와 중첩코드화로부터 벗어난다. 그렇다면 여기서 문제가 되는 것은, 한편으로 사회적 사고작용(intellection)의 상이한 측면들을 분절구조화할 능력을 가지고 있으며 다른 한편으로는 자본주의적 체계의 파괴적 힘을 적극적으로 중화시키는 능력을 가지고 있는 기능적 다중심주의인 것이다. 이것은 새로운 혁명적 주체성의 첫 번째 적극적 특징이다. 그것의 협력적이고 반(反)인종주의적이며 반(反)성차별주의적인 차원들은 특이성들의 생산적 능력을 촉진시킬 것이다. 오로지 이와 같은 방식으로 질적 규정을 받을 때에만, 프롤레타리아트의 투쟁은 긴밀하고도 효율적인 투쟁의 전선을 재구축할 수 있을 것이다. 이러한 조직화의 과정들은 본질적으로 역동적인 것으로서 생각되어져야만 한다. 즉, 각각의 특이성들은, 지역적 목표들에 의해서만이 아니라, 각 부문간의 초분과적 접촉 지점들을 전국적으로 그리고 전 세계적으로 정의하게 되기까지 스스로를 더욱더 확장시켜 가는 그러한 광범위한 목표들에 의해서도 촉진된다.

그리하여, 닫힌 이데올로기들에 기초한 전 세계적인 사회적 프로젝트들은 일체의 적절성을, 일체의 작용 능력을 잃는다. 그것은 더 이상 추상적 종합들 속에 기초하고 있어야 하는 문제가 아니라, 분석, 비판, 검증 및 구체적이고 특이한 실현이라는 열린 과정들에 기초하고 있어야 하는 문제이다. 분자적 관점에서 보면, 이데올로기적 통합의 모든 시도들은 터무니없는, 참으로 반동적인 작용이다. 사회적 지형에서, 욕망은 일치의 지대에, 이데올로기적 정당화의 투기장에 제한되기를 거부한다. 왜 페미니스트 운동으로 하여금 생태학적 운동 그룹들이나 유색인들의 공동체 실험이나 아니면 노동자운동 등과 교의적으로 혹은 강령적으로 일치하라고 요구하는가? 이데올로기는 산산이 부수어진다. 그것은 오로지 현상의 층위에서만 통합된다. 반면에, 정말로 중요한 것은 각각의 운동들이, 불가역적인 분자적 혁명들을 폭발시킬 수 있는 능력이 자신들에게 있음을 보여주는 것이며, 또한 전 국가적 및/또는 전 세계적 커뮤니티의 일반적 권리들을 방어해야 하는 정치적·조합적 영역에서 벌어지는 제한적이거나 무제한적인 ― 오로지 집단적 분석 및 비판만이 어느 쪽인지를 결정할 수 있다 ― 몰적 투쟁들과 연계될 수 있다는 것을 운동

스스로가 보여주는 것이다 …….

이러한 새로운 조직화 형식들의 창안과 구성은 사회적 주체성 스스로의 자기생산 과정들이 갖는 내부적 목표들을 분석하기 위한 항구적 메커니즘들의 창조를 내포하고 있다. 이는 집단적 기능화의 양태들에 대한 진정한 문제제기를 보장해 주기 위한, 그리고 분파주의적 경향들의 출현을 방지하기 위한 필수조건이다.

이것은 우리에게, 조직화를 책임지고 있는 집단적 주체성에게 적합한 혁명적 조직화 방법의 적극적 출발점인 것처럼 보인다. 그것은, 분석의 양태 속에 있기는 하지만, 역사적 과정들에 개방되어 있으며 상상력을 보유하고 있는 과학적 방법을 말한다. 즉, 일체의 특이성들이 자신의 자기생산 및 증식을 향하는 가운데, 그러한 특이성들의 연쇄들 속에 있는 "과정 속의 노동"을 말한다. 그러므로 그것은, 스스로를 지속적으로 갱신하는 조직을 구성하는 방법을 말하며, 그렇기 때문에 특이성들 및 그것들의 발전을 물질적, 정신적 부의 토대로 만드는 생산적 힘들과 결합된 방법을 말한다.

2. **투쟁기계들**

분석은 진전되었다. 경험은 축적되었다. 방법은 이미 어느 정도 검증되었다. 이러한 새로운 혁명적 주체성의 조직화 형태들을 다시 생각해 보고 그것을 실현시키고자 착수하는 것이 가능한가? 이러한 문제를 제기하는 것은 이미 집단적 해방 프로젝트에 있어서의 곤란들, 물질적 양태들, 장애물들, 적들과의 대결을 함축하고 있다. 어떻게 그러한 운동들의 구성 및 재구성을 생각해 낼 것인가? 어떻게 운동들 각각을, 그것들의 광범위한 분절구조들(articulations) 속에서, 발전시키는 일을 다시 시작할 것인가? 우리는 우리 자신이, 무수하고 이질적인 주제들에 직면해 있음을, 그리고 유동적인 선택사항들(options)에 직면해 있음을 발견한다. 운동의 상이한 조직 구조들은 자신들의 특이성을 빼앗기지 않기 위해 노력할 뿐만 아니라, 때때로 방어적 투쟁들에 대해서만, 자신들의 특이성의 재강화와 영속적 긍정에 대해서만 스스로를 열어 놓는 것처럼 보인다. 게다가 그것들의 논리는 변화하는, 그리고 다중적인 주형(鑄型)에 따라서 제시되어진다. 즉, 그것들은 언제나, 다양한 자율적 구성 성분들의 뿌리줄기를 상이한 방식으로 재분절화시키고 있다. 이데올로기적 일치 혹은 불일치의 문제가 여기서 더 이상 통상적인 정치적 논리에 의해 제기되지 않는다는 것은 두말할 필요도 없다. 둘 가운데 그 어느 것도 동일한 이데올로기적 영역에 속하지 않는다. 반면에, 해결해야 할 첫 번째 문제는 다중적인 이데올로기적 차원들의 공존을 준비하는 것이다. 그리고 그것은 특수한 차이점들을 극복하려 하지 않으면서도 그러한 차이점들이 수동적이면서 말없는 구분들 속으로 타락하는 것을 막으려고 애쓰는 하나의 분석과 하나의 대결을 발전시키는 것이다. 그러므로 우리는 하나의 재구성 과정을 상상하고 있다. 이 재구성 과정은 특이화의 동학 속에서 충돌하는 변이들을 당연한 것으로 받아들이며, 인간의 생산력을 실어 나름에 있어 각각의 변이들이 갖는 풍부함과 책임성을 존중한다.

이상의 이야기가 의미하는 것은, 이와 같은 동학과 기능적 다중심주의에 개방적인 투쟁의 기계들을, 조직화 장치들을 만드는 일이 여전히 필요하다는 것이다. 이러한 투쟁기계들은, 그것들의 행동 영역이 제한

될 것이라는 점에서 그리고 그것들이 특이화 과정의 완성이라는 근본적 목표를 스스로 정립할 것이라는 점에서 훨씬 더 효율적인 기계가 될 것이다.

그와 같은 양태의 조직적 결정(結晶)은 1960년대에, 운동의 다양한 "캠페인들"이 전개되던 시기에 북아메리카에서 나타났다. 같은 일이 독일에서는 1970년대에 일어났는데, 이곳에서 대안 운동의 발전은, 특이화를 극대화시키는 방향으로 진행되는 동시에 투쟁의 가능성들을 물질적으로 재구성하는 방향으로 진행되고 있었던 미분선(微分線)들의 존재를, 다시 말하면 자신의 개방성으로부터 질료를 취하여 열린 조직체를 잉태하는 하나의 열린 방법을 드러내었다.

새로운 조직화의 형태들에 대한 이와 같은 실험들이 종교적 상상력으로부터 발전하는 경우는, 앵글로색슨 국가들에서 만큼이나 아랍, 슬라브, 라틴 아메리카 국가들에서도 자주 발생한다. 물론, 해방의 행위에 달라붙어 있는 종교적 동기들과 신학적 소외의 주위에 재영토화된 종교적 동기들은 구별되어야 한다.

사실상, 그것이 혼자 외로이 내는 "웅웅거리는 소리"가 특별한 의미를 갖지 못하는 파열들일 수밖에 없는 이러한 세계에서, 증언의 가치, 개인적 참여의 가치, 특이한 저항의 가치, 그리고 기본적 연대의 가치를 재정복하려는 것은 변형의 본질적 원동력이 되었다. 투쟁기계를 구성하기 위해서는, 운동들이 특이성과 자본주의 사회 사이의, 윤리학과 정치학 사이의 모순적 관계를 가능한 한 완전하게 수용해야만 한다. 하지만 전투성의 형태들이 완전히 재창조된다는 조건하에서가 아니라면 이러한 일은 거의 생각해 볼 수도 없을 것이다. 전투성과 이전의 경험들이 우리를 우울하게 만들 때, 그것들이 역사적으로 변색되어질 때, 우리는 그것들에 대한 분석과 비판에 나서야 한다. 왜냐하면 그것들이 해방의 실천에 대한 장애물을 형성하고 있기 때문이다. 하지만, 새로운 전투성을 구체적으로 재정의함이 없이, 하나의 새롭고 개방적인 조직화의 방법을 세우는 것은 불가능한 것처럼 보인다. 아무리 폭넓은 동기들이 있다고 하더라도 말이다. 다시 말해서, 욕망의, 그리고 관대함의 특정한 사회적 결정화가 모든 특이성들을 관통하고 있는 것이다.

이와 같은 방식으로 사태를 바라봄으로써, 우리는 새로운 조직체들과 변화된 투쟁기계들의 탄생을 기대할 수 있을 뿐 아니라, 그것들의 "진술 맥락"에 대한 근본적인 수정 역시 기대할 수 있다. 특히, 이렇게 함으로써 우리는 커뮤니티적 사회 구성을 보장하고 촉진시킬 "인간의 권리"에 대한 재정의를 기대할 수 있을 것이다. 일반적으로 말해서, 이것은 제헌적 메커니즘들의 부활을 내포하고 있으며, 앞으로 제기될 갈등과 사회 변화를 등기할 수 있는 제헌적 메커니즘들의 능력의 부활을 내포하고 있다.

오로지 생산의 특이한 과정들에 관여하는 주체성만이 통합된 세계자본주의의 주체성 생산의 코드와 규범을 깨뜨릴 수 있다. 민주주의가 재정립될 수 있는 것은 오로지 이와 같은 경로에서만이다. 법률적 혁신은 현실 운동의 제도화를 통해 필연적으로 발생한다. 유일하게 수용 가능한─다시 말해서 인민 자신들의 그룹들 속에 각인되어 있는 "정의(justice)의 본보기들"에 일치하는─법률적 규준(規準)은 현실의 상상 운동(image-movement)이다. 역으로, 통합된 세계자본주의는 권리들을 억누르고, 법률적 코드와 헌법들을 무시하는 사회, 혹은 자신들의 이익을 위해 행동하는 배타적 계급들의 불법적 관행들에 대한 단순한 비호물로 기능하는 사회들을 우리에게 제시한다.

과거 오랫동안의 운동에서 그랬듯이 이러한 제헌적 문제설정을 떠맡는 일은 더 이상 간과되거나 포기되어서는 안 된다. 이 일은 이제 정치적 의지의 혁명적 편성의 고유한 과제이다. 여기서 역전되어질 것은 정치적 의지와 국가의 헌법 사이의 관계이다. 보수적 이데올로기들의 주장이나 혁명적 관행들의 강요에도 불구하고 정치적 의지가 헌법을 규정하는 것이지 그 반대는 아니다. 하지만 그렇다고 해서 이것이 일관된 법률적 전통의 존재에 대한 포기를 의미하지는 않는다. 오히려 그러한 전통의 존재는 본질적인 변화 과정들을 해독할 수 있는 능력을 자신의 메커니즘들 속에 통합시킴으로써 그와 같은 전통 속에 보다 높은 합리성과 진리와 정의에 대한 보다 큰 관심을 촉발시키려는 의지로부터 연원한다. 요약하자면, "법률의 정신"은 사회적 "시장"의 심원하고 전진적인 변화들에 대해 예리한 감성과 지성을 습득해야 하는 것이다.

시장과 시장의 마술적 힘에 대한 최근의 변호론자들이 이와 같은 종류의 시장을 어떤 식으로든 촉진시키는 것에 대해 격렬하게 반대했던 사람들이라는 것은 흥미로운 사실이다.

사실상 자본주의 위기의 현 수준에서 볼 때, 그리고 계급들 사이의 세력 관계들의 현 수준에서 볼 때, 그와 같은 정치적, 제도적 자유 시장 기구들은 집단적 자유의 잠재력을 조장하고 촉진시킴으로써 자유주의적 부르주아지의 착취의 시장의 조건들을 파괴할 것이며 심지어 그것을 소멸시켜 버릴 것이다.

바로 이렇기 때문에 우리는, 계약적 방법으로 사회적 갈등을 통솔한다는 — 이는 언제나 전체주의의 근원이 되는 관행이다 — 국가의 주장들에 대해 이의를 제기하면서도 사회적 특이화의 과정들을 오로지 협조 조합주의적 프로젝트의 후원 아래 승인하는 것처럼 가장하면서 그 과정들을 장악하려 하는 거짓 순박한 시도들을 변호하지 않는 것이다. (그런 다음 그것들은 이 협조 조합주의적 프로젝트를 이른바 "사회주의 경제" 속으로 통합시키려고 애쓴다. 몇몇 이러한 시도들을 은폐하는 사이비 프루동주의적인 이데올로기는 그것들이 확장된 자본주의 시장의 포로가 되도록 만드는 것 외에 다른 어떤 목표도 가지고 있지 않다.) 협조적 조합주의는, 스스로 꾸미는 겉모양새가 어떠하건 간에, 타도되어야 한다. 그것은 새로운 주체성들이라는 문제설정에 대해 기껏해야 대용품을, 거짓 해결책들을 낳을 뿐이다. 망신스러운 것이든 호감을 주는 것이든 우리는 일체의 국가주의적 조작들과 가차없이 투쟁해야 한다. 국가주의와 협조적 조합주의는 자율성과 특이성의 발전에 있어서 동일한 장애물의 두 가지 얼굴이다. 우리는 반복해서 이야기한다. 새로운 프롤레타리아 주체성들에 의해 움직여가는 투쟁기계들은, 국가와의 대립적, 혁명적 관계를 전혀 손상시키지 않은 채 자신들이 발산해 나오는 집단적 상황의 특이성을 본질적으로 심화시키는 경향이 있다.

만약 우리가 운동의 해방적 목표들을, 그리고 특히 소위 일반적 의지라는 "이름"으로 전통적 대의체계들에 내재해 있는 권력 조작과 집단 조작의 기술들의 소멸 속에서 그 운동의 구성요소들 각각의 이해관계를 오해한다면 이것은 단지 하나의 역설이 될 뿐이다. 우리는 메네니우스 아그리파와 그의 변호론자들에 대해 이미 설명한 바 있다! 그리하여 투쟁기계들은 자신들이 형성되어 나온 변별적 맥락들과의 직접적 접촉 속에서, 그리고 그 맥락들과 동일한 구조 속에서 자신들의 생산적 활동과 정치적 행위를 발전시킬 것이다. 투쟁기계들은 생산과 재생산에 동시에 관여하게 될 것이다. 이러한 관여는 생산내부에서, 인간 활동들의 자율적이고 커뮤니티적인 운영을 위한 그 사회의 능력을 준비시키기 위하여,

그리고 기호적이고 기계적인 실천이라는 상이한 양태들을 연결시키는 집단적 배열들에 기초해 있는 하나의 새로운 유형의 경제를 구성하기 위하여 이루어질 것이다. 그리고 그 관여는 사회 전체 속에서, 노동 시간의 분배 및 그 기능들의 재생산과 조직화를 가능한 한 자유롭게 그리고 자율적으로 운용되도록 만들게 하기 위한 방향으로 이루어진다. 그리하여 그것은 솔선성, 창의성, 그리고 개인적 책임성뿐만 아니라 집단성도 촉진시킨다. 우리가 아는 한, 신자유주의적 아첨꾼들은 지배자의 신화학(神話學)들로 회귀하기를 좋아한다. 그들이 보기에 복합적 생산 과정의 합리적 배치의 유일한 보장자이며, 노동능력의 "동력화"를 이룰 수 있는 유일한 주체는 바로 그 지배자이다. …… 이와 동시에, 그들은 자주 관리를 (대규모로 적용될 수 없는) "평민 지배"(mediocracy)와 동일한 것이라고 보면서 이를 불신하려 한다. 그들의 모든 추론은 과학과 기술의 중요한 영역들 모두에서 지금 작동 중인 집단적 기호화의 수단들에 대한 전면적 오해로부터 나오고 있다. 나무 모양[1]의 계층구조들에 대한, 그리고 억압적 규율들에 대한 특정한 개념은 낡은 것으로 된 것이 분명하다. 그것은 더 이상 단순한 기호(嗜好)의 문제라든가 민주주의적 "편견"의 문제와는 관계가 없다. 뿌리줄기에 있어서는, 생산이 계속해서 유지되려면, 그리고 사회, 과학, 예술, 요컨대 이 세상의 인간생활을 더욱 발전시키려면, 기계적 구성요소들, 정보적 구성요소들, 의사 결정적 구성요소들의 외연적 배열이 절대적으로 필요한 것으로 되었다. 사회주의 및/또는 자본주의 지배의 몇 세기가 지난 후 생산과 사회는 서로 구별할

---

1. 뿌리줄기와 대비되는 것으로 뿌리, 줄기, 가지 등을 가진 위계적 구조들을 지칭한다. [역자주]

수 없는 하나의 몸체로 되었다. 이것은 더 이상 하나의 되돌릴 수 없는 사실이다. 혁명적 투쟁기계들 스스로가 새로운 사회적 현실과 새로운 주체성을 생산하기 위하여 배치되지 않으면 안 된다.

우리는 다음과 같은 정의를 다시 한번 강조하고자 한다. 즉 그것은, 이 다차원적 해방의 일반적 프로그램이 이들 투쟁기계들에 속하는 것이 아니라 이러한 해방이 특권화하는 권력을 변형시키고, 재구성하고 또 때에 따라서는 증대시키는, 그들의 모든 생산터전에서 특이성의 과정들을 뿌리줄기처럼 다양화하는 것에 속한다는 것이다.

이제부터, 조직화한다는 것은 무엇보다도 먼저 다음과 같은 것을 의미한다. 즉 그것은 우리가 집단적 특이성인 한에 있어서 우리 자신에 기초하여 일하는 것, 다가적(多價的) 해방 프로젝트 내에서 이러한 집단성을 구성하고 항구적 방식으로 재구성하는 것이다. 또 그것은 방향 지시적 이데올로기에 대한 참조 속에서가 아니라, 실재적인 것의 분절구조 내에서 이루어져야 한다. 끊임없이 스스로를 재구성하는 주체성과 실천은 그 구성요소들 각각의 완전히 자유로운 운동 속에서만, 그리고 그들 자신의 시간 — 이해하는 데 혹은 이해를 거부하는 데 필요한 시간, 통합되기 위한 혹은 자율적이기 위한 시간, 동일화의 시간 혹은 가장 두드러진 차이들의 시간 — 에 대한 절대적 존중 속에서만 생각해 볼 수 있는 것이다. 해방, 생산, 새로운 사회적 배열들의 구성, 이 모든 것들은 동일한 중요성을 지니는 서로 다른 층위로부터 발생하며, 이 투쟁기계들은 이 층위들에 기초하여 발전한다. 금세기 후반부에 우리가 보아 온 커뮤니티와 연대의 경험들은 우리가 투쟁기계라고 부르는 새로운 조직들의 기원적 패러다임들을 조명해 준다. 이제 그것들의 자유로운 유희(play)와 그것들의 힘을 펼쳐 보이는 것이 필요하다. 직접적인 투쟁의 경험만

이 그것들의 윤곽을 결정할 것이라는 것은 분명하다. 새로운 프롤레타리아적 주체성들의 투쟁기계들이 (욕망과 인식의) 실천적 차원에서 무엇이 될 것인가를 미리 기술하려고 하는 것은 그것들의 본질적 양태에 모순될 것이다. 왜냐하면 그 양태는 우리가 이제 더 이상 감히 "대중들"이라고 부를 수 없는 그러한 존재에 의존하고 있기 때문이다.

3. 현대, 그리고 연합의 새로운 노선들

지금은 방어적 위축 — 이것은 자본주의적 및/또는 사회주의적인 조직의 후원 하에서 이루어지는 오늘날의 억압적 조류의 결과였다 — 의 시기가 끝나가고 있는 시기이기 때문에, 새로운 프롤레타리아트의 구성적 범주들과 생산적 사회의 가장 역동적인 부문들 사이에 연합의 특수한 하나의 형식이 실현될 수 있고, 또 실현되어야만 한다. 이러한 연합의 변별점은 첫째로, 그것이 재구성에 대한 협조 조합주의적 장애물들을 깨뜨릴 수 있다는 것이다. 그 장애물들은 사회적 생산의 제3의 서비스 부문들 및 과학 부문들에서뿐만 아니라 산업 노동계급들 사이에서도 특별히 효과적임을 스스로 보여주었다. 지금 우리가 직면하고 있는 기본적인 혁명적 연쇄는 노동계급들, 제3의 생산 부문들, 그리고 "비보장" 영역의 수많은 구성 부분들로 하여금 연합되고 상호작용하도록 만들 가능성들에 관한 것이다. 그 운동은 그들의 지성과 에너지를 총동원하여 이러한 연합의 문제설정을 받아들여야만 할 것이다. 그러나 그것은 노동계급이 그 혁명적 과정의 결정적 요소로 남아 있으리라는 것 때문이 아니다. 또 제3의 부문들, 지식인적 부문들, 주변적 부문들 등등이 본질적인 경제적 변화들을 짊어지게 될 것이기 때문도 아니다. 그와 같은 역사적 오해들을 간직하는 것으로부터 얻을 수 있는 것이라고는 아무 것도 없다. 노동자의 중심성과 헤게모니에 관한 담론들이 완전히 폐기처분되었다는 것은 분명한 사실이다. 그리고 또 그러한 담론들이 새로운 정치적·생산적 연합의 조직화를 위한 기초로서 혹은 심지어는 어떤 준거 지점으로서조차 아무런 도움도 되지 않는다는 것 역시 분명한 사실이다. 이러한 종류의 함정으로부터 벗어나자마자 진정한 문제는 동일화(unification)의 체계를 창안하는 것이 아니라 새로운 주체적 세력들을 분절구조화하는 과정 속에, 그리고 동시에 자본주의적 권력의 여러 블록들 — 특히 피억압자들의 상당 부분에 행사되는 대중매체적 주장들이 갖는 권력들 — 을 파괴하는 과정 속에 존재하는 모든 사회적 세력들의 다가적(多價的) 참여의 체계를 창안하는 것으로 된다.

이러한 새로운 제휴들을 오로지 구조들의 파열구들에서만, 또 노동시장에 그리고 노동계급의 상이한 부분들의 협조 조합주의적 재조직화에 존재하는 마찰 지대에서만 발견하리라 기대하는 것은 공상적이고 인위적인 것이다. 그러한 태도는 여전히 통합된 세계자본주의가 갖는 영혼의 일부일 것이다. 그것은 언제나, 생산을 해방시키려 하기보다는 억압할 태세를 갖추고 있다. 이제 우리는 다음과 같은 사실, 즉 운동의 연합의 통일체를 재구성하는 문제가 해방 — 그것은 그 경향에 있어 내적으로는 특이하면서 외적으로는 공격적이다 — 의 자기생산의 문제와 그 각각의 구성요소들에 있어서 병행된다는 것을 알고 있다. 이제 자기생산은, 지배적 권력 구성체들과 섞이지 않은 채 새로운 유형의 협력과 주체성에 실제로 참여하는 모든 것을 효과적이고도 남김없이 인식하는 것을 의미한다. 새로운 반(反)자본주의적 연합은 억압의 협조 조합주의적 사슬들을 파괴할 것이고 그 사슬들의 관점을 집단적 자기변형의 관점으로 대체하는 것을 도와줄 것이다.

새로운 정치적 연합 대신에, 우리는 단지 '새로운 생산적 협력'이라고 부를 수도 있을 것이다.

우리는 언제나 동일한 지점, 즉 생산 — 유용한 물건들의 생산, 커뮤니케이션과 사회적 연대의 생산, 미적 세계들의 생산, 자유의 생산 등등 — 의 지점으로 되돌아온다.

사실상, 이러한 생산적 과정들의 중력 중심은 주변적이고 소수적인 관심거리들의 분자적 그물망 쪽으로 전위(轉位)되었다. 그럼에도 불구하고 그것은 새로운 종교를 설립하는 문제가 아니며 보장 노동자들의 모든 집단들과 비보장 노동자들의 모든 집단 사이의 대립점들을 일일이 만들어내는 문제가 아니다. 그와는 반대로 그것은 비보장 노동자들이, 자본주의 및/또는 사회주의의 대의적 기구들이 그들로 하여금 그렇게 생각하도록 기만함에 따라, 자기 자신을 생산의 "진정한 실체들"로부터 본질적으로 배제된, 하나의 이질적 총체로 제시하기를 중지하는 것과 관계가 있다. 그러나 그러한 변형은 또한, 노동계급의 수많은 부문들과 생산적 프롤레타리아트의 특권적 범주들이 자기 자신에게, 오늘날 그들이 소유하고 있으며 대부분의 사람들에게 협조 조합주의적 체제의 일부로서 기능하는 것들과는 상이한 "대의제도들"을 부여한다는 것을 의미한다. 분자적 혁명들, 새로운 주체적 배열들, 특이화의 자율성들과 과정들 등은 노동계급의 투쟁들에, 그리고 실로 집단적 노동능력의 많은 부문들 — 이것들은 지금 자신들의 사회학적 계층화 속에서 겨우겨우 살아나가는 운명에 처해 있다 — 에 혁명적 의미를 다시 불어넣을 수 있다. 우리는, "프롤레타리아트의 재구성"이 노동시장의 "탈안정화"라는 통합된 세계자본주의의 전략과, 그리고 동일한 시장에 직면해 있는 사회적 부문들을 서로서로 대립시키는 그것의 전략을 저지할 수 있다고 믿는다. 작은 규모에서건 큰 규모에서건, 분자적 혁명의 잠재력은, 탈총체화와 탈영토화의 과정들이 협조적 조합주의의 계층화를 침식해 들어가는 매 순간마다 나타난다.

이제, 근본적 문제가 협조 조합주의적 경향의 역전이라는 것이 사실이라면, 그러한 "사회적 엔트로피"를 감소시킬 동력이 시종일관 생산적 사회의 탈구획화를 혁명적 프로젝트로 만드는 데 있다는 것도 똑같이 사실인 것처럼 보인다. 그리고 그 기획은 하나의 이상적 지평이나 커뮤니티적 윤리학으로서뿐만 아니라, 오늘날 유행하고 있는 "패배 노이로제"로부터 그 운동을 구출할 수 있는 전략적 투쟁으로서 설정되어야 한다. 통합된 세계자본주의의 오늘날의 지배 형식들의 불안정성이 훨씬 더 단정적인 방식으로 나타나자마자, 가장 혼란스러운 상황들과 외관상의 힘의 가장 부정적인 비교들은 신속하게 변할 수 있다. 노동계급의 가장 "보수적" 부문들조차도 그들을 대표하는 것으로 간주되어 온 사람들에 대한 불안감과 조바심과 혐오감을 드러내기 시작하고 있다. 그토록 오랫동안 굳게 믿어져 왔으며 오직 하나의 정치경제학만이 준거틀로 존재해 온 그러한 관념 — 그것은 통합된 세계자본주의의 관념이다 — 은 이제 그 전성기를 다했다. 기업들, 여러 산업 분야들, 모든 부문들의 해체와 더불어 위기의 사회적 비용 및 생태학적 비용은 더 이상 체제의 필수적인 복구 비용으로서 감가상각될 수 없다.

사실상, 이것은 하나의 평범한 위기가 아니며 반세기 이상에 걸친 "이미 획득된 이익들"과 자본주의의 이전의 형식들에 상응한 개혁주의의 사회적 승리를 파괴하려는 급진적 시도임이 때때로 분명해졌다.

분명히 이것은 자본주의가 스스로 무너지고 있는 중이라는 것을 의미하는 것이 아니며, 또한 우리가 우리도 모르게 "대공황"의 전야에 이르게 되었음을 의미하는 것도 아니다. 분명한 것은, 자본주의 및/또는 사회주의가 전 지구적으로 광포한 "규율화"의 체제를 설치하려 한다는 것이다. 그러한 규율화 속에서 집단적 노동능력의 개개의 부문들과 개개의 국민들과 개개의 인종집단은 영구적 통제에 종속되게 될 것이다. 이 점에서, 보장 노동자들은 비보장 노동자들과 동일한 체제하에 놓여지게 될 것이며, 모든 것은 뉘앙스들로, 미세한 비경험적 변이들로 될 것이다. 더 이상 어느 누구도 진정한 법적 보장을 받을 수 없게 될 것이다.

전통적 노동계급들은 이것을 감수해야만 한다. 하지만 만일 그들이, 자신들이 더 이상 — 수적으로도, 이상적 가치로서도, 심지어 생산된 경제적 가치로서도 — 사회적 다수를 대표하지 않는다는 것을 이해하지 못한다면, 그들의 반란에 어떤 의미가 있을 수 있겠는가? 만약 그들이 자신들의 반란을 정당화하기를 원한다면, 그들은 착취당하는 사람들, 주변화된 사람들의 거대한 집단 — 이 집단은 대다수의 청년, 여성, 이민자와 제3세계의 하층 프롤레타리아트와 그 밖의 모든 유형의 소수집단들을 포함한다 — 과 연합하여 스스로를 사회적으로 재구성해야 한다. 착취에 대항한 계급 투쟁들의 전통적 구성 요소들을 새로운 해방 운동들 및 커뮤니티적 프로젝트들과 재통합하는 것이 제일의 과제로 되었다.

새로운 연합의 노선들이 그려지게 되는 것은 바로 이러한 지형 위에서이다. 우리는 제3인터내셔널의 전통을 횡단하여 하나의 선을 긋는다. 즉 그것은 제3인터내셔널의 전체주의적 및/또는 협조 조합주의적 결과들 위에 그어진 검은 선이다. 새로운 혁명적 운동은 스스로를 모색하고 있다. 그것은 전통적 노동자운동의 안과 밖 모두에서 태어난다. 그것은 착취에 의해 내적으로 통합된 전선을 따라 증식하고 또한 잠재적으로 수렴한다. 그것은 노동일(work-day)의 억압적 규범들과 삶 시간(life-time) 전체에 대한 자본주의적 착취의 억압적 규범들을 파괴한다. 새로운 투쟁의 영역들이 어느 곳에서나 가능해진다. 하지만, 새로운 혁명적 투쟁기계들의 생산에 있어 특권적 지점 즉 핵심지점은 주변화된 주체성들의 지대들 내에 존재한다. 그 이유는 — 당연한 것이지만 — 그들이 본래 그러하기 때문이 아니라 그들이 자신들의 진화하는 위치 속에서 창조적 생산 과정들의 의미 속에 자리 잡혔기 때문이며 자본주의적 경제영역들 내부에서 아무렇게나 고립되어 있지 않기 때문이다.

사회적 상상력(imaginary)은 오로지 근본적 변화를 통해서만 스스로를 재구성할 수 있다. 이 점에 있어서 고려해야만 하는 것은, 주변적 현상들이 주변적이기는커녕 오히려 자본주의 전략에 있어서의 중심 위치를 차지하는 맥락의 일부분이라는 점이다. 주변적 주체성들은, 그들이 통제 경향들의 산물이자 동시에 그것의 최상의 "분해자들"인 한에서만, 그것에 대한 가장 훌륭한 저항자가 되는 것이다. 이와 동시에, 주변적 주체들의 해방 경험들의 물리적, 신체적, 조형적, 그리고 외적 측면들은 표현과 창조의 새로운 형식을 위한 재료가 된다. 언어와 이미지는 여기서 결코 이데올로기적이지 않으며, 언제나 육신화한다. 다른 어느 곳에서보다도 바로 여기에서, 우리는 반란을 일으키고 있는 주체들의 추동력 아래에서, 변형과 커뮤니티적 삶의 새로운 권리가 출현하고 있다는 징후들을 더욱더 많이 발견할 수 있다.

새로운 연합들. 이것은 특이성들의 생산 프로젝트이며 이러한 프로젝트에 전복적인 사회적 의미를 부여하는 가능성이다. 사회적 주체성의 여러 형식들이 갖는 자기분석적인 방법은 다음과 같은 의미에서, 즉 그것이 협조적 조합주의의 내파점들에 대한 기호학적 이해와 정치적인 증폭을, 그리고 그 자신의 연합 노선들의 대변동을 허용한다는 점에서 하나의 혁명적 실체로 된다. 공통의 의식은 이미 이러한 결합의 과정을 인지하고 있다. 혁명적 상상력은 그것을 이해하기 시작했다. 이제 남아 있는 문제는 그것이 미래 운동의 구성의 기초가 되도록 만드는 일이다.

제5장

지금까지와는 다른 방식으로 살고 생각하자

몇 가지 제안

분노, 공허한 반복 그리고 종파주의 등은 우리가 전통적 노동자운동의 배반된 희망들을 겪어 온 양태들이다. 그 모든 것들에도 불구하고 우리는 투쟁들의 역사를 포기하지 않는다. 오히려 그 반대로 우리는 그 역사를 찬양한다. 왜냐하면 그것들은 우리들의 감수성과 정신적 좌표의 통합적 구성 부분이기 때문이다. 설령 우리가 거인들의 어깨 위에 올라앉은 난쟁이라 하더라도 우리는 그 투쟁 전통의 비참한 측면들에 못지않게 그 전통의 이점을 우리 것으로 취할 것이다. 하여튼 우리는 앞으로 나아가기를 원한다. 코뮤니즘의 인간적 뿌리들을 재결합시키면서 우리는 희망의 원천들로 돌아가기를 원한다. 즉 우리는 분개라는 무기력한 표어에 고착된, "무엇인가에 반대하는 존재"를 지향하기보다는 오히려 행동을 지향하는, "무엇인가를 향한 존재"로, 하나의 집단적 의향성(intentionality)으로 돌아가기를 원한다. 우리가 모든 곳으로부터 불러낼 수 있는 수많은 가능성의 영역을 탐색하고 또 그것을 경험하려 하는 것은 실재적 역사 속에서이다. 자본주의적 파괴를 아래로부터 침식하려는 영역들에서 수많은 꽃들이 만발하게 하자. 삶, 예술, 연대 그리고 행동의 수많은 기계들로 하여금 낡은 조직들의 어리석고 경직된 오만함을 쓸어버리게 하자! 만약 운동이 자신의 미성숙성에 걸려서, 자신의 "자생성주의"에 걸려서 넘어진다 하더라도 그것이 도대체 무슨 문제란 말인가? 그것의 표현의 힘은 결국에는 다시 강화되고야 말 것이다. 그것을 알지도 못하는 상태에서, 그것을 지탱하는 분자적 운동들의 불협화음에도 불구하고 하나의 조직적 결정체가 새로운 집단적 주체성들의 방향을 향해서 열리고 있다. "투쟁과 삶의 수많은 기계들, 수많은 꽃들이 만발하게 하자"는 것은 하나의 조직적 슬로건이 아니며 어떤 계몽적 예언도 아니다. 오히려 그것은 새로운 혁명적 주체성에 접근하는 분석적 열쇠이며 하나의 소여(所與, a given)로서, 그것의 기초 위에서 생산적 노동의 특이성들이 갖는 사회적 성격들과 차원들이 이해될 수 있다. 그것들이 하나의 전복적이고 혁신적인 현존으로서 재구성되고 증식되는 것은 바로 그 실재적인 것에 대한 분석을 통해서이다. 적(敵)은 현존하는 사회적 명령의 형식들 속에서, 차이들의 제거에 의해, 그리고 지배의 환원적 논리를 강제함으로써 육신화(肉身化)되어 왔다. 사회적 생산의 지평 위에서 특이화 과정들의 헤게모니를 조명하는 것은 오늘날 코뮤니즘적 정치투쟁의 특수한 성질을 이룬다.

변화하는 생산적 주체성들, 반체제적 특이성들, 그리고 새로운 프롤레타리아적 기질의 발전과 옹호, 그리고 표현은 몇몇 측면들에서는 운동의 제일차적인 내용이자 과제로 되었다. 그것은 보장된 평등주의적 소득의 확립을 위한, 대안적 권리의 확대를 옹호하는, 그리고 협조 조합주의적 분업 메커니즘에 맞선 복지 전선에서의 투쟁 형태를 띨 수 있다.

…… 원한다면 우리는 거기에서 임차료에 대항하는 투쟁의 전통을 발견할 수도 있다. 그 임차료는 단지 근본적이고, 실제적이며, 재정적인 것일 뿐만 아니라 본질적으로는 자본주의적 명령의 표현에 의해 뒷받침되는 것들이다. 바꾸어 말해 그것은 협조 조합주의적 계층의 위계상에서 차지하는 지위를 반영하는 임차료, 즉 정치적 임차료이다. 생산과 혁명의 새로운 구성요소들은 자신이 개입할 최초의 기회를 바로 이 지점에서 발견할 것이다. 이들은 그것을 협조 조합주의적 노예화에 맞선, 그리고 생산의 반동적 구조들에 맞선 해방 투쟁의 긍정적 양식으로 재정의할 뿐만 아니라 특이성의 과정들에 대한 긍정으로서, 사회적 생산의 본질적 원천으로서 재정의한다.

혁명적 운동의 이러한 재구성은 물론 용기, 인내 그리고 무엇보다도 지성의 거대한 노력을 수반한다. 이러한 문제의식을 갖고 있던 첫 번째 집단들이 이전 시기의 투쟁 — 그것은 끈질긴 것이었지만 때로는 절망적인 것이었다 — 과 비교하여 지금까지 이루어 놓은 진전은 과연 어느 정도인가? 그들은 노동조합 게토나 자칭 노동당들의 정치적 독점 속에 일정한 균열을 만들어 내는 데 드물게 성공했을 뿐이다! 지금의 기로에서 혁명적 코뮤니즘 운동의 두 번째 과제는 다음과 같이 제시된다 : 자본주의적 및/또는 사회주의적 구조들로부터, 즉 삶의 양식의 생산과 재생산에 상처를 입히는 모든 것으로부터 독립적으로 집단적 노동능력을 의식적으로 조직하는 것. 그러므로 한 가지 일은 새로운 사회적 생산력들을 드러내는 것이며 또 하나의 일은 자본주의적 및/또는 사회주의적 구조들 외부에서 그것들을 조직하는 것이다. 과학과 기술의 발전, 그리고 이러한 변형 프로그램 속으로의 그것들의 대규모 병합은 필요조건이지만 충분조건은 아니다. 만약 생산적 노동의 전 분야가, 이윤 중심적인 자본주의적 축적과 연관되는 그러한 개념들과 단절된, 거대한 집단적 실험의 운동들과 대면하지 않는다면 어떠한 변형도 생각할 수 없다.

집단적 노동능력의 팽창력이 파악되어야만 하는 것은 바로 이러한 방향 속에서이다. 그렇게 되면 사회적 생산의 팽창력이라는 확장 운동과 노동일(勞動日)의 근본적 혁신과 재배열이라는 수축 운동 사이에 인간의 심장운동과 같은 이중의 운동이 확립될 것이다. 사회적 프롤레타리아트 및 새로운 집단적 주체들의 운동은 조합들을, 다시 말해 노동일의 길이를 통제하는 입법활동에 관여하는 말뚝들을 포위 공격해야만 하며 자신의 재정의와 영구적인 실험을 부과해야만 한다. 그들은 생산적 혁신뿐만 아니라 상상의 새로운 방식과 생산연구의 새로운 방식을 부과해야만 한다.

지금까지와는 다른 방식으로 생각하고, 살고, 실험하고, 투쟁하라. 바로 이것이, 이미 더 이상 자신을 "자족적"인 계급으로 생각할 수 없으며 사회적 중심성이라는 자신의 오만한 신화들과 인연을 끊음으로써 잃을 것이라고는 아무 것도 없고 오직 얻을 것이 있을 뿐인 노동계급의 좌우명일 것이다. 우리가, 궁극적으로는 자본주의적 및/또는 사회주의적 권력 구성체들을 이롭게 할 뿐인 이런 종류의 신비화와 인연을 끊자마자 우리는 우리들 시대의 생산력의 핵심에서 다형(多形 ; multiform)적이고 다가(多價 ; multivalent)적인 사회적 무대들을 결합시키는 연합의 새로운 노선들이 갖는 커다란 중요성을 발견할 것이다. 지금은 코뮤니즘의 상상력이 자기 자신을, 낡은 지배적 "현실들"을 침몰시키는 과정에 있는 변화의 물결들의 정점으로까지 고양시킬 때이다.

이제 우리가 방금 제시한 전망들의 제 정의들을 통합하는 하나의 "다이아그램적 명제"에 관한 몇 가지 생각들을 소개할 필요가 있다. 새로운 주체성들의 운동에 의해 노동일의 길이를 통제하려는 일체의 노력은, 만약 그것이 통합된 세계자본주의에 의해 설치된 명령의 그물망을 정면으로 공격하지 않는 한 헛일이 되고 말 것이다. 이 그물망을 공격한다는 것은 동·서 관계를 의문에 붙이고 이 두 개의 초강국을 통합하는 메커니즘— 이것이 1970년대 이래로 오늘날까지 국제관계 일체를 중첩 코드화해 왔다 — 을 탈선시키는 것을 의미한다. 자본주의와 사회주의 사이에 어색하게 자리잡아 온 지배관계를 깨뜨리는 것, 그리고 북·남 축의 방향으로 그 연합들 — 특히 유럽적 연합 — 을 뒤집는 것은 선진 자본주의 국가들의 지식·노동 계급을 재구성하기 위한 본질적 기초이다. 그것은 위계적 억압에 대항하여, 그리고 거대 권력들의 명령에 대항하여 자신의 독립을 쟁취할 사회적 생산의 기초이며 동·서 관계의 흐름들과 구조들을 대체할 대안적인 흐름들과 구조들을 창조할 집단적 의지와 더불어 시작할 때에만 의미를 갖는 그러한 기초이다.

그렇다고 우리가 "제3세계주의"로 후퇴하려는 것은 아니다. 우리는 그것을 전통적 "반란주의"의 방식으로 변형시키려 하지 않는다. 우리는 제3세계주의가 — 적어도 현존의 자본주의적 상황 속에서는 — 발전이나 "보상"의 독립적인 능력을 갖고 있다고 믿지 않는다. 발전된 나라들에서 일어났던 성공적인 혁명들 가운데 그 어느 것도 국가구조들을 영속적으로 변형시키는 데 성공하지 못했다. 제3세계라고 해서 더 나을 까닭이 있어 보이지 않는다. 아니, 그럴 가능성은 없다. 오히려 그러한 역사적 과제를 이행하기 위해 필요한 것은 북(北)의 지식·노동 프롤레타리아트와 남(南)의 거대한 프롤레타리아 대중 사이에 힘들의 혁명적 협력과 집합화를 이루어 내는 것이다. 이 모든 것은 어쩌면 공상적이고 터무니없는 것으로 보일지도 모르겠다. 왜냐하면 오늘날 우리들, 북(北)의 국가들의 노동자들과 지식인들은 협조 조합주의적 정치, 구획적 분업, 이윤 논리, 저지와 절멸 행위, 핵전쟁에 대한 공포 등이 우리에게 강제로 부과됨에 따라 그리고 우리가 우리 자신을 그것들의 공범자로 만듦에 따라 그것들의 노예들로 되어 있기 때문이다. 우리들의 해방은 동일한 혁명적 의지 속에서 북과 남의 프롤레타리아트들과 지적 힘들을 결합시킬 하나의 기획과 실천을 창조할 필요가 있다.

특이성의 과정들의 연합이 코뮤니즘을 재창조하는 기획을 향해 나아감에 따라 권력(power)의 문제가 보다 첨예하게 제기될 것이다. 그 문제는 자본주의적 및/또는 사회주의적 국가와 프롤레타리아적 요소들 사이의 적대의 한가운데에 놓여 있다. 전통적 노동자운동은 이 문제에 단순하고 급진적인 방식으로, 즉 국가 권력의 정복과 그에 이어 이루어지는 국가의 점진적 소멸이라는 방식으로 응답하고자 했다. 모든 것은 그것에 뒤따르도록 되어 있었다. 사람들은 파괴에 파괴를, 테러에 테러를 대립시키고자 했다. 그러나 오늘날 이러한 변증법의 허구적이고 신비화하는 성격에 관해 하나의 에필로그를 덧붙이는 것이나 혹은 '빠리 코뮨'이라는 하나의 영웅적 경험에 대해 이 교리의 지지자들이 보이는 잘못된 참조 방식을 강조하는 것은 쓸모없는 일일 것이다.

혁명적 코뮤니즘 운동의 가장 기본적인 과제는 이러한 식의 개념 규정과 관계를 끊고 그것이 직접 대결하게 되는 국가로부터, 더욱 근본적으로는 바로 자본주의적 국가의 모델 그 자체로부터, 그리고 그를 뒤이은 일체의 계승물들, 대체물들, 파생물들로부터, 그리고 사회체의 모든 바퀴들과 주체성의 모든 차원들에서 작용하는 그것의 각양의 기능들로부터 단절하는 것이다. 이리하여 복지를 둘러싼 투쟁들, 생산적 노동과 사회적 노동 시간의 조직화에 대항한 투쟁들, 그리고 이 영역에서의 커뮤니티적 창의들 등에 덧붙여, 이러한 것들을 축소시키고 저지하여 근본적으로 죽음과 파괴의 힘들의 위협 아래에 종속시키기 위해 사회적 관계들을 중첩결정하는 기계이자 여러 형식의 억압의 결정자인 바로 그 국가에 대해 문제를 제기하는 것이 필요하다.

이 문제는 우리로 하여금 코뮤니즘과 해방에 대한 두 번째의 다이아그램적 명제를 정식화하도록 이끈다. 그것은 정치적 실천의 재영토화의 시급성에 관한 것이다. 오늘날 국가와 대결한다는 것은 통합된 세계자본주의 속으로 완전히 통합되어진 국가의 이 특수한 구성에 대항하여 싸운다는 것을 의미한다.

얄타 협정 이후로 정치적 관계들은 자신들의 영토적 정당성을 더욱 더 상실했고 달성 불가능한 차원들을 향해 표류했다. 코뮤니즘은 화폐와 기타의 추상적 등가물들이 인간의 유일한 영토가 되게 만든 그러한 메커니즘들에 대한 경향적 파괴를 의미한다. 이것은 "원시적 세계"에 대한 향수를, 원시 문명이나 혹은 이른바 "착한 야만인"의 코뮤니즘으로의 복귀에 대한 꿈을 의미하지 않는다. 그것은 탈영토화하는 생산의 과정들이 인간을 정복하게 만드는 그러한 추상의 차원들을 부정하는 문제가 아니다.

코뮤니즘이 이의를 제기하는 것은 자본주의 및/또는 사회주의 국가가 자신의 행정적 기능들, 제도적 기관들, 규범화와 저지를 위한 집합적 수단들, 자신의 매체들 등등을 가지고 강제로 부과한 모든 유형의 보수적이고, 파괴적이며, 억압적인 재영토화이다. 코뮤니즘적 실천에 의해 야기되는 재영토화는 이와는 완전히 다른 성질의 것이다. 그것은 자연적·보편적 기원으로 복귀하는 것처럼 가장하지 않는다. 그것은 하나의 원환적(circular) 혁명이 아니다. 오히려 그것은 사람들로 하여금 가장 탈영토화된 흐름들의 내부에서 "자기 자신의 영토를 확보하도록", 그리고 그들 자신의 개인적이고 집단적인 운명을 정복하도록 허락하는 그러한 조건들을 창출함으로써 지배적 현실들과 의미작용들을 "분해하는 것"을 허용한다.

(바로 이점에서 우리는 다음의 것, 즉 바스크인, 팔레스타인인, 쿠르드인……등의 민족주의적 재영토화 운동들 — 이것들은 어느 정도는 제3세계 투쟁들과 이민 프롤레타리아트들의 거대한 탈영토화하는 흐름들을 자기의 것으로 수용한다 — 과 반동적 민족주의의 재영토화 운동들을 구체적으로 구별해야 한다.)

우리의 문제는 자유, 대화 그리고 욕망의 커뮤니티적 공간들을 재정복하는 것이다. 그것들 중의 일부는 유럽의 여러 나라들에서 확장되기 시작하고 있다. 그러나 통합된 세계자본주의의 의사(擬似) 재영토화(예컨대 프랑스나 유럽 공동시장의 "탈중심화")에 대항하여 재영토화하는 신체들과 정신들의 거대한 운동을 구성하는 것이 필요하다. 유럽은 정치의 재영토화로, 그리고 북·남 축을 따라 연합들을 역전시키기 위한 기반으로서 다시 태어나야만 한다.

혁명적 코뮤니즘 운동의 세 번째 과제는 그러므로 국가와 그것의 특수 기관들의 억압적 기능들을 "분해"하고 해체하는 것이다. 이것은 새로운 집단적 주체들이 국가의 주도권과, 즉 혁명적 대열에 의해 해방된 영역들에 국가가 자신의 "튜턴의 기사들"을 급파한다는 의미에서의 국가의 주도권과 대결하는 유일한 영역이다. 여기에서는 사랑과 유머의 힘들이 작용해야만 한다. 그리하여 그것들이 — 흔히 그러하듯이 — 자신들의 자본가적 적들의 매우 추상적이고 상징적인 푸르스름한 이미지 속에서 사라져 버리지 않도록 해야 한다! 억압은 그 무엇보다도 특이한 것의 왜

곡이며 근절이다. 실제로 살아 있는 역관계 속에서 그것과 대결하는 것이 필요하다. 지성과 상상력의 영역에서, 그리고 집단적 감수성과 행복의 영역에서 그것을 추방할 필요가 있다. 어디에서나, 현실과 역사로부터 그것들의 실체를 허물어 버리는 내파(內破)와 절망의 힘을 — 자기 자신으로부터도 — 추출하는 것이 필요하다.

국가는, 자기 나름대로는 재구성된 시민사회에 의해 자신에게 지정된 고립과 포위 속에서 자신의 수명이 넘도록 살 수도 있다! 그러나 만약 그것이 자신의 "후퇴"를 벗어나서 우리들의 자유의 공간들을 재정복하려는 낌새를 보이면 우리는 새로운 종류의 전반적 동원과 새로운 종류의 다형(多形 ; multiform)적이고 전복적인 연합들 속에 그것을 침몰시킴으로써 그것에 대응할 것이다.

네 번째 과제 : 여기에서 우리는 불가피하게 반핵투쟁과 평화를 위한 투쟁으로 되돌아가고 있다. 단지 지금, 국가와 연루된 과학의 위치가 갖는, 즉 권력의 "정당화"라는 그것의 기능과 평화라는 그것의 목적 사이의 분열을 전제하고 있는 과학의 위치가 갖는 파국적 함의를 밝혀 줄 것은 이러한 패러다임과 연관되어 있다. 평화와 국제 질서를 수호할 책임이라는 미명하에 국가들이 수많은 핵탄두를 축적하고 있는 것은 참으로 우스꽝스러운 일이다. 그러한 핵탄두의 축적이 파괴와 죽음을 보장할 뿐이라는 것이 자명한데도 말이다. 그러나 국가가 자신의 반동적 행동을 둘러쌀 방호막으로서 결국, 이러한 "윤리적인" 자기 합리화를 하지 않을 수 없는 것은, 그것이 단지 하나의 이론적 차원에서뿐만 아니라, 집단적 생산, 자유, 그리고 평화가 본래 근본적으로 권력에로 환원될 수 없는 것이라는 것을 알고 있거나 혹은 이러한 의문을 품고 있는 사람들의 의식 속에서까지 붕괴하고 있는 과정 중에 있다는 것을 보여준다.

국가가 가져올 파국이 국가에 얼마나 본질적인 것인가를 폭로하면서도 그 파국은 막아야 한다. "구름이 태풍을 실어 나르듯이 자본주의는 전쟁을 실어 나른다"는 것은 예나 지금이나 똑같이 사실이다. 그러나 이 사실은 과거와는 다른 방식으로, 다른 수단을 통하여, 그리고 모든 가능한 상상력들을 도망치게 만드는 공포의 지평 위에서 전개되고 있다. 최후의 대학살에 대한 이러한 전망은 결과적으로 자본주의 권력에 의해 행해지는, 그리고 사회적 해방 투쟁들과 분자적 혁명들에 대항하여 영속적으로 분출하는 수많은 파괴적 전쟁들에 의해 구성되는 진정한 세계적 내전의 기초로 되었다. 그럼에도 불구하고 이 영역에는, 다른 영역들에서와 마찬가지로, 정해진 운명이라곤 전혀 없다. 연합의 새로운 노선을 따르는 운동들이 겪는 모든 승리들과 패배들은 어떤 기계적 인과성 속에 혹은 하나의 가정된 역사 변증법 속에 등록되어 있지 않다. 이것은 좋은 것이다. 국가는 끝없는 단말마의 고통 속에서 자기 자신을 국가의 시뮬라크라(simulacra)에게 내팽개쳐 버린 사람들로부터만 생기(生氣)를 뽑아내는 차가운 괴물이며 흡혈귀이다.

1968년에는 그 어느 누구도, 전쟁이 그토록 빨리, 가까이 다가와 있는 침략적 지평이 될 것이라고는 상상조차 할 수 없었다. 오늘날 전쟁은 이미 하나의 예견이 아니다. 그것은 우리들의 삶을 구속하는 영속적인 틀이 되었다.

제3차 세계대전은 이미 시작되었다. 이 전쟁은 '30년 전쟁'처럼 30년 이상이나 계속되고 있다. 언론이 하루도 빠짐없이 "전쟁이 있을 것 같다"고 떠들어댐에도 불구하고 어느 누구도 그것을 인정하지 않고 있다. 그러나 그것은 자본주의의 재조직화로부터, 그리고 세계 프롤레타리아트들에 대한 자본주의의 잔인한 공격으로부터 유래하고 있다. 코뮤니즘과 해방에 대한 제3의 다이아그램적 명제는 이러한 상황을 인식하게 되는 것에 놓여 있으며, 또 북・남 축을 따라 연합을 역전시키는 과정에서 평화라는 문제의식이 근본적인 것이라고 생각하는 것에 놓여 있다. 평화는 공허한 슬로건도, "착한 양심"의 공식도, 막연한 열망도 아니다. 그것은 지금까지의 그 어느 때보다도 그러하다. 평화는 혁명적 프로그램의 알파요 오메가다. 전쟁의 고통이 우리들의 피부에 달라붙어 우리의 낮과 밤을 더럽히고 있다. 많은 사람들은 중립주의적 정치에서 피난처를 찾고 있다. 그러나 이러한 무의식조차도 고통을 야기한다. 코뮤니즘은 남성들과 여성들을 통합된 세계자본주의에 의해 프로그램된 어리석음으로부터 떼어 낼 것이며 그들이 이 폭력과 죽음의 현실을 정면으로 바라보도록 만들 것이다. 인류는, 만약 자신이 사랑과 이성의 단수적 잠재력을 활용하는 데 성공하기만 한다면, 이 폭력과 죽음의 현실을 정복할 수 있을 것이다.

그리고 끝으로 이 생산적 조직과 해방된 집단적 주체성들의 이러한 연합에 우리가 이미 자세히 이야기한 바 있는 다섯 번째의 차원이 덧붙여져야만 한다. 그것은 조직화 그 자체의 차원이다. 우리가 간헐적인 저항으로부터, 투쟁의 결정적 전선들과 기계들 ― 이것들은 투쟁을 효과적으로 수행하기 위해 자신들이 지니고 있는 다가적(多價的) 욕망들, 풍부함, 복잡성 등 그 어느 것도 잃어버리지 않을 것이다 ― 을 구성하는 것으로 이동해야 될 때가 다가왔다. 이러한 이행을 위해 일하는 것은 이제 우리의 몫이다.

요약하자. 다섯 가지의 과제들이 미래의 운동을 기다리고 있다. 노동능력에 대한 구체적 재정의, 노동일(勞動日)의 시간에 대한 통제력을 장악하고 그것을 해방시키는 것, 국가의 억압적 기능에 대한 영속적 투쟁,

평화의 구축, 이러한 과제들을 떠맡을 수 있는 투쟁기계들의 조직.

이 다섯 가지 과제들은 세 가지의 명제들로 "도식화"된다 : 프롤레타리아적 연합의 노선을 북·남 축을 따라 재정향(再定向)하는 것, 국가로부터, 그리고 통합된 세계자본주의로부터 근본적으로 분리된 욕망과 정치적 행동의 새로운 영역들을 정복하고 창출하는 것, 평화를 위한 프롤레타리아트의 혁명적 운동을 구성함에 있어서 전쟁과 노동에 대항하여 투쟁하는 것.

우리는 아직도 전혀 태풍으로부터 빠져나오지 못하고 있다. 모든 것들은 다음과 같은 사실, 즉 "납처럼 무거운 시대"가 끝나려면 어려운 시험을 거쳐 나가지 않으면 안 될 것임을 보여준다. 그러나 우리가 혁명운동과 해방운동의 재구성을 지금까지의 그 어느 때보다도 더욱 실제적으로, 더욱 지성적으로, 더욱 인간적으로, 더욱 행복하게 그려내고 있다는 것만은 분명하다. 그리고 거기에는 어떠한 메시아주의도 없다.

로마, 레비비아 감옥 / 빠리
1983~84년

인터뷰

미래로 돌아가다*

감옥과 삶

나는, 무엇인가를 구축하기 위해 모종의 박탈을 경험하려 애쓰는 매저키스트가 아니다. 나는 실제로, 감옥과 삶의 나머지 부분 사이에 어떤 실질적 차이도 없다고 생각한다. 나는, 어떤 사람이 삶을 의미 있는 무엇으로 만들지 않으면, 혹은 삶의 시간이 파악되지 않으면, 삶은 감옥이라고 생각한다. 사람들은 감옥 안에서나 감옥 밖에서나 자유로울 수 있다. 감옥은, 삶 자체가 자유가 아니듯이(노동자들의 삶을 생각해 보라), 자유의 결여가 아니다. 그러므로 어떤 박탈을 경험할 필요가 전혀 없다. 그런 식의 경험이 철학의 조건은 아니다. 사실은 어느 쪽인가 하면, 우

---

* 이 텍스트는 네그리의 이딸리아 귀환과 투옥을 앞두고 제작된 *Retour vers le futur*라는 제목의 인터뷰 비디오를 옮겨 적은 것이다. 이딸리아어에 프랑스 자막으로 된 이 비디오는 L'Yeux Ouverts, B.P. 624, 92006 Nanterre CEDEX, France에서 구입할 수 있다. 그 인터뷰의 확대판은 *Exit*(Paris, 1998)이라는 제목으로 Editions Mille et Un Nuits에 의해 출판되었다.

리가 긍정적 정열들을 살아 있게 해야 한다는 것이다. 긍정적 정열들은, 사람이 감옥 안에 있든 그 바깥에 있든 어떤 상황에서건 구축해야만 하는 정열들이다. 그리고 긍정적 정열들은, 관계들을 해방시키며 기쁨을 창조하는 공동체를 구축하는 정열들이다. 그리고 이것들은 온전히, 시간의 운동을 파악하고 그것을 윤리적 과정 속으로, 다시 말하면 개인적 기쁨, 공동체의 구축 과정 속으로, 그리고 신성한 사랑의 자유로운 향유 과정 속으로 옮길 능력에 의해 결정된다.

고독

고독을 정의하는 것이 정말 어렵다는 것을 나는 모른다. 나는, 고독은 무기력이라고 말하곤 한다. 이것은 고독에 대한 정의이다. 당신이 어떤 연구, 어떤 노동을 끝내고 자신이 고독한 상태에 있음을 발견하는 때가 있을 것이다. 예컨대, 여기 프랑스에 내가 처음 와서 내가 "외로웠던" ― 이론적 관점에서뿐만 아니라 실천적·물질적 관점에서 외로웠던 ― 시기가 있었다. 그리고 이 모든 것이 분명히 고독에 대한 레오빠르디의 반응에 대해 숙고하도록 이끌었다. 그것은 시적인 반응이었을 뿐만 아니라 무엇보다도 철학적인 반응이었다. 루크레티우스처럼, 존재와 존재의 구축이 비처럼 내리는 위대한 물질적 세계들을 진실로 창출하는 능력이, 그리고 새롭고 가능한 세계들을 구축하는 이러한 능력이 거기에 있었다. 세계들을, 상이한 세계들을 구축할 가능성, 이것이 레오빠르디의 비관주의가 지니고 있는 위대한 점이다. 또 상이한 세계들의 이러한 구축은 공통적인 것(common), 인류에게 공통적인 것을 통해 발생한다. 당신이 레오빠르디에게서 발견하는 것은 실제로 인간(Man)의 죽음 이후의 휴머니즘이다. 그리고 실제로 내가 경험한 모든 것은 무기력함의 고독이었다. 예컨대, 비상한 창의력(initiative) — 그것을 통해 우리가, 궁극적으로 무엇이 공공적인 것의 새로운 구축, 절대적 민주주의의 구축일 수 있는지를 이해하기 시작했던 — 을 창출했던 1995년의 정치적 투쟁들 이후에, 활동성의 소강이, 우리의 분석 수단들의 불충분함에 상응하는 하나의 소강이 있었다. 우리는 1995년의 투쟁들을 분석할 수 있었고 이해할 수 있었고 그것들의 함축적 목표들 속에서 그것들을 이해할 수 있었다. 하지만 우리는 그것들을 정치적으로 전혀 발전시킬 수 없었다. 정치적으로 행동할 수 없는 저 무기력, 그것이 나의 고독이었다. 우리가 이 위대한 현상들을, 역사가 50년마다 매번, 혹은 30년마다 매번 우리에게 준 빠리 코뮨의 재탄생들을 경험할 때, 절대적으로 중요한 것은 그것들 속에서 정치적 이론을 재발견하는 것이다. 우리가 개시했고, 우리가 경험했던 사회학적 작업을 계속할 수 없는 나의 무기력이 일종의 고독으로 되었다는 것은 이런 관점에서 나온다.

감옥의 "선택"

들뢰즈의 용어로 표현하면, 감옥의 "선택"은 하나의 탈주선이다. 맥빠진 현실, 완전히 맥이 빠진 세계에 직면했을 때, 당신이 이것과 마주치는 순간들이 있다. 그때에 당신은 모든 관점들, 즉 정치적·감성적·정동적 관점들로부터, 당신이 어떤 가정(假定)을, 감옥이나 사회적 현장 등 어느 곳에서건 출발할 수 있는 — 그것이 어떤 행정 기구들에서도 출발할 수도 있다 — 어떤 정치적 가정을 내릴 가능성과 필요성이 있음을 발견한다. 중요한 것은 이런 종류의 분석이나 일상적 실천들을, 그것을 구성적이고 생산적으로 만들 모든 요소들을 결합시키는 기본적 프로젝트와 연결시키는 것이다. 우리들 각자는 현실을 생산하는 기계이다. 우리들 각자는 구축하는 기계이다. 그리고 오늘날 더 이상 예언자들은 없다. 황야에서 사람들을 불러 모아 구축하라고 설교할 수 있는 사람은 더 이상 없다. 달리 말하면, 오직 전사만이, 세계의 빈곤을 철저히 경험하고, 새로운 착취 형태들, 새로운 수난의 형태들을 확인하면서, 이 주위에 해방의 과정들을 조직하는 데에 성공할 뿐만 아니라 그것들에 참여하는 데에 성공하는 사람만이 있을 뿐이다. 예언자의 형상은 사라져 버렸다. 맑스나 레닌과 같은 스타일의 위대한 예언자조차도 완전히 사라져 버렸다. 오늘날 존재하는 것은, 이 "직접적인" 존재론적·구성적 구축뿐이며, 우리들 각자는 그것을 철저히 경험해야만 한다. 인생에는 막간극들이 있을 수 있다. 우리는 다소간 상이한 방식으로 외로울 수 있다. 그러나 중요한 의미를 갖는 실재적 고독은 스피노자의 고독이라는 것은, 그럼에도 불구하고 사실이다. 자기 자신을 중심으로 존재하는 구성적 활동인 고독. 현실의 모든 원자들에 대한 구체적 분석을 통과하는 공동체의 구축인 고독. 그리고 현실의 저 원자들 내부에서 분리를, 단절을, 적대를 인식하며 그 과정을 앞으로 밀치기 위해 이것들 위에서 활동하는 고독. 이런 관점에서 볼 때, 탈근대성 속에서 물질노동과 비물질노동[1]은 서로 대립하는 것으로 끝났다. 이 때문에 예언자의 형상(즉 지식인)은, 그것이

---

1. 비물질노동에 대해서는 자율평론 기획, 『비물질노동과 다중』, 갈무리, 2005를 참조.[역자주]

완전히 현실화된 한에서는 어떠한 역할도 갖지 않으며 따라서 전투성이 근본적인 것으로 된다고 나는 믿는다. 달리 말해, 우리는, 세기 초 미국에서 대서부를 가로지르는 철로를 달리면서 정치적 세포(즉 투쟁의 세포)를 창출하기 위해 모든 정거장에서 멈추었던 IWW(Industrial Workers of the World, 세계산업노동자동맹)의 조직원들 같은 사람들을 필요로 한다. 투쟁들의, 욕망들의, 유토피아들의 이러한 소통이 일어난 것은 그들의 여행을 통해서였다. 그리고 다른 한편에서 우리는, 실로 가난한, 오직 고독의 저 차원에서만 우리가 실재적 패러다임을, 오늘날 착취에의 열쇠를 재발견할 수 있기 때문에 가난한, 앗씨시(Assisi)의 성(聖) 프란체스코를 닮아야만 한다. 이 "삶정치적(biopolitical)" 패러다임이, 사람들 사이의 관계와 더불어, 노동과 삶을 에워싼다. 그리고 따라서 그것은 인식적 사실들로, 조직적·사회적·정치적 사실들로, 그리고 감성적·정동적 사실들로 "충만해" 있다.

노동

모든 사람들이 노동하며, 모든 사람들이, 소통으로부터, 유통으로부터, 그리고 각 개인의 노력을 조정하는 능력으로부터 생겨나는, 사회적 부의 구축에 기여하고 있기 때문에 노동은 너무 많다. 크리스띠안 마랏찌가 말하듯이, 노동의 삶정치적(biopolitical) 공동체가 존재한다. 그것의 주요한 특징은 "디스인플레이션", 다시 말해, 협력 그 자체와 협력의 사회적 조건이 요구하는 모든 비용의 축소이다. 자본주의 내부에서 이 이행은 근대성으로부터 탈근대성으로의 이행이었다. 그것은, 노동이 부의 생산의 근본적 모체로 찬미되는, 하나의 정치적 이행이었다. 그러나 노동은 그것의 정치적 힘을 박탈당해왔다. 노동의 정치적 힘은, 강력한 노동조합과 정치 조직들을 통해 조직되어, 공장에 함께 모여 있다는 사실에 있었다. 이 조직들의 파괴는, 밖에서 보면 아무런 형태가 없는 것으로 보이는, 다수 대중을 창출했다. 그들은, 협력과 지속적 협업을 통해 부를 생산하는 개미들, 즉 사회적 지형 위에서 노동하는 프롤레타리아들이었다.

실제로 우리가 사물들을 아래에서, 즉 우리들의 삶이 전개되는 개미들의 세계로부터 바라보면, 우리는, 이 새로운 노동자들이 이미 획득한 놀라운 생산적 능력을 인식할 수 있다. 우리가 직면한 것은 얼마나 놀라운 역설인가. 노동은 여전히 고용으로 생각된다. 즉 노동은 여전히 가변자본으로, 자본에 의해 "고용된" 노동으로 생각된다. 그것을 직접적으로 고정자본에 연결시키는 조직들을 통해 자본에 의해 고용된 것으로 생각된다. 오래된 맑스적(Marxian) 연결이며 맑스적이기 전에는 고전 정치경제학에 의해 확립된 연결이었던 이것은 오늘날 파괴되었다. 오늘날 노동자는 노동의 도구들을, 즉 자본이 제공하는 고정자본을 더 이상 필요로 하지 않는다. 고정자본은, 노동하는 사람들의 두뇌 속에서 다음과 같은 지점에, 즉 모든 사람들이 그 스스로 혹은 그녀 스스로 지니고 다니는 도구라는 지점에 놓여 있는 그 무엇이다. 이것은 오늘날 생산적 삶의 절대적으로 필수적인 새로운 요소이다. 그것은 완전히 필수적인 현상이다. 왜냐하면 자본 자체가, 자신의 발전과 내적 변동을 통해, 그것이 복지국가의 파괴 및 신자유주의와 더불어 작동시킨 혁명을 통해 이 노동 능력을 "게걸스레 먹어치우고 있기" 때문이다. 그러나 자본이 그것을 어떻게 게걸스레 먹어치우는가? 구조적으로 모호하며, 모순적이고, 적대적인 상황 속에서이다. 노동은 고용이 아니다.

고용되지 않은 노동, 그리고 비공식적이거나 비밀리에 이루어지는 노동은 고용된 노동이 생산하는 것 이상의 부를 생산한다. 노동력의 유연성과 이동성은 자본에 의해서 부과된 요소들이 아니며 거의 반세기 동안 정치를 지배한 복지주의자 혹은 뉴딜 스타일의 협정들의 해체에 의해 부과된 요소들도 아니다. 오늘날 우리는 우리들 자신이, 정확히 말해, 노동이 "자유로운" 상황에 직면해 있음을 발견한다.

한편에서는, 확실히 자본이 승리했다. 그것은 이 노동의 가능한 정치적 조직들과 정치적 "힘"을 앞질러 왔다. 그러나, 만약 우리가 이 사실 배후에 있는 계기를 찾는다면, 너무 낙관적일 것도 없이, 우리는 또 이렇게 말해야 한다. 우리가 인지한 노동능력은 공장 규율을 거부하기 위해 투쟁해 왔다고. 다시 한번 우리는 우리들 자신이, 앙시앙 레짐에서부터 프랑스 혁명으로 나아가는 이행만큼 역사적으로 중요한 하나의 정치적 이행을 평가하는 일에 직면해 있음을 발견한다. 우리는 진실로, 우리가 20세기의 이 후반에, 노동이 해방된 하나의 이행을 경험했다고 말할 수 있다. 노동은 비물질적이고 지적으로 될 수 있는 그것의 능력을 통해 해방되었다. 그리고 그것은 공장 규율에서 해방되었다. 그리고 이것은 현대 자본주의 사회의 지구적이고 근본적이며 급진적인 혁명의 가능성을 제시한다. 자본가들은 이 지점에서 기생적으로 되었다. 그러나 이 말은 고전적 맑스주의의 용어로, 즉 금융자본가라는 의미에서 기생적인 것으로 되었다는 뜻이 아니라 자본가가 더 이상 노동계급의 구성체에 개입할 수 없는 한에서 기생적이라는 뜻이다.

두뇌-기계

작업 도구는, 노동자들이 자본으로부터 가져와서 자신들의 두뇌 속에 육화된 상태로 그들 삶에서 스스로 지니고 다니는 도구라고 우리가 말한다면, 그리고 노동거부는 공장의 규율적 체제를 누르고 승리했다고 우리가 말한다면, 달리 말해 만약 노동과 노동 도구가 두뇌 속에 육화되어 있고 그래서 노동 도구 즉 뇌가 오늘날 부를 창출하는 가장 고도의 생산 능력을 가지고 있는 것으로 되었다고 말한다면 이것은 분명히 매우 실질적이고 중요한 주장이다. 그러나 이와 동시에 인간들은 "총체적"이며, 두뇌는 신체의 일부이다. 그래서 도구는 두뇌 속에 육화되어 있을 뿐만 아니라 모든 감각 기관들 속에, 개인의 삶에 생명을 불어넣는 "동물적 영혼들"의 전체 집합 속에 육화되어 있다. 이렇게 노동은 육화된 도구들에 의해 구축된다. 그러므로 이 육화는 도구의 전유(appropriation)를 통해 삶을 감싼다. 삶은 노동에 던져지는 그 무엇이다. 그러나 삶을 노동에 던진다는 것은 정확히 무엇을 노동에 던지는 것을 의미하는가? 삶의 소통의 요소들. 혼자뿐인 삶은 결코 생산적일 수 없다. 혼자뿐인 삶은, 그것이 다른 신체들 및 여타의 육화된 도구들과 소통하는 한에서만 생산적으로, 강렬하게 생산적으로 된다. 이것이 사실이라면, 언어가, 즉 협력의 근본적 형식이며 생산적 이념들을 생산하는 근본적 형식인 언어가 이 과정에서 중심적인 것으로 된다.

그러나 언어는 두뇌와 마찬가지로 신체에 연결되어 있다. 그리고 신체는 자신을 합리적이거나 의사(疑似) 합리적인 형식들 혹은 이미지들 속에서만 그 자신을 표현하지는 않는다. 그것은 힘들, 삶의 힘들, 즉 우리가 정동들이라고 부르는 힘들을 통해서도 자신을 표현한다. 그러므로 정동적 삶은 신체 속에 있는 도구의 육화의 표현들 중의 하나로 된다. 이것은, 오늘날 표현되고 있는 모습의 노동은, 단지 부(富) 생산적일 뿐만 아니라 무엇보다도 부를 생산하고 해석하고 향유하는 언어 생산적인 그 무엇임을 의미한다.

그리고 저것은 또 합리적이고 정동적이다. 이 모든 것은 주체들 사이의 차이라는 관점에서 볼 때 극히 중요한 의미를 갖는다. 왜냐하면, 일단 우리가 노동계급으로부터 생산적 노동의 유일한 대표자라는 특권을 박탈한 이상, 그리고 우리가 그 특권을, 이 육화된 도구들을 가지고 언어적 형식들을 통해 그것을 표현하는 모든 주체에게 귀속시킨 이상, 여기에서 우리는, 생기 있는 힘들을 생산하는 모든 주체들은 이 과정의 일부이며 그것에 본질적이라고 말한 것이기도 하다. 예를 들어, 모성에서부터 교육과 자유시간에 이르는 노동능력 생산의 전체 회로를 생각해 보라. 이 모든 것은 생산의 일부이다. 여기에서 우리는 코뮤니즘으로의 오솔길을 부활시킬 비상한 가능성을 갖고 있다. 그러나 그것은 자본주의의 합리화나 가속화 혹은 근대화나 초근대화의 모델을 통해서는 아니다.

우리는 언어와 정동이라는 도구를 구성하는 이 풍부한 힘들 내부에서 생산을 설명하고 인간의 삶을 조직할 기회를 갖는다.

노동의 여성-되기

"노동의 여성-되기(Becoming-Woman)"라는 개념을 가지고 당신은 우리가 살아가고 있는 이 혁명의 가장 중심적인 양상들 중의 하나를 파악할 수 있다. 실제로 주체성의 생산을 통하지 않고 부의 생산이나 지식의 생산을 상상하는 것은 더 이상 가능하지 않다. 그리고 또 생기 있는 과정들의 일반적 재생산을 상상하는 것도 더 이상 가능하지 않다. 여성들은 이 과정에서 중심적으로 되었다. 그리고 정확히 여성들이 주체성의 생산, 생명력 그 자체의 생산의 중심에 놓여 있었기 때문에, 그들은 생산에 대한 낡은 개념 규정들로부터 배제되어 왔다. 이제 "노동의 여성화"를 말하는 것은 너무 많은 것을 말하는 것이기도 하고 너무 적은 것을 말하는 것이기도 하다. 그것은 너무 많은 것을 말하는 것인데, 왜냐하면 그것은 이러한 변형의 온전한 의미를 여성주의 전통 속에 봉하는 것을 의미하기 때문이다. 그것은 너무 적은 것을 말하는 것이기도 한데, 왜냐하면 실제로 우리의 흥미를 끄는 것은 남성들, 여성들, 그리고 공동체 사이에서 노동이 드러내는 이 일반적으로 위반적인 성격이기 때문이다. 사실상, 지식과 부의 생산 과정, 언어와 정동들의 생산 과정은 사회의 일반적 재생산 속에 존재한다. 만약 내가 생산과 재생산 사이의 고전적 구분과 그것의 결과들에 관해, 즉 가치, 경제적 가치를 생산하는 능력으로부터 여성을 배제했던 것에 관해 자기비판적으로 반성하면, 그리고 내가, 우리 자신이 이 신비화를 고전적 노동자주의 전통 속에서 취급하고 있음을 인식하면, 나는, 오늘날 실제로 노동의 여성화는 절대적으로 비상한 긍정이라고 말하지 않을 수 없다. 재생산은 곧 생산과 소통의 과정이며 정동적 투여는 교육의 투여이자 두뇌들의 물질적 재생산이기 때문에, 노동의 여성화는 더욱 본질적으로 되었다.

확실히, 이 과정들에 참여하고 있는 것은 여성만이 아니며, 이 과정에서 불가피하게 진행되는, 여성의 남성화와 남성의 여성화가 존재한다. 그리고 이것은 내게 매우 중요한 것으로 보인다.

다중

　여기에서 몇 가지 역사적 명료화가 필요하다. 고전적 정치학이 준거점으로 제기한 다중(multitude)이라는 용어는 경멸적이며 부정적인 용어이다. 다중은 사회 속에 살면서 지배되어야만 하는 사람들의 집합이다. 다중은, 홉스가 바로 이것을 의미하기 위해 사용한 용어이다. 고전적, 근대적, 탈근대적 정치학 모두에서 다중이라는 용어는 오합지졸, 군중 등을 가리킨다. 정치가는 자신이 지배해야 할 다중과 대면하는 사람이다. 이 모든 것은 자본주의 형성 이전의 근대 시기에 이루어졌다. 자본주의가 사물들을 개조하는 것은 분명하다. 왜냐하면 그것은 다중을 사회 계급들로 변형시켰기 때문이다. 달리 말하면, 다중의 사회 계급들로의 이러한 분할은 일련의 기준들을 확정했는데, 이 기준은 이 계급들이 매우 특수하고 적절한 노동의 분할에 따라 종속되는 부의 분배의 기준이었다. 오늘날, 근대성으로부터 탈근대성으로의 변형 속에서, 다중의 문제는 다시 출현한다.

　사회 계급들 자체가 산산이 갈라지고 있는 한에서, 사회 계급의 자기조직적 집중의 가능성도 사라진다. 그러므로 우리는 우리들 자신이 일단의 개인들과 다시 대면하고 있음을 발견한다. 그러나 이 다중은 매우 다른 무엇이 되었다. 그것은, 우리가 살펴보았듯이 하나의 지적 집단인 다중이 되었다. 그것은 더 이상 오합지졸이나 군중으로 불릴 수 없는 다중이다. 그것은 부유한 다중이다. 이것은 나로 하여금 다중이라는 용어의 스피노자식 용법을 생각하게 만든다. 왜냐하면 스피노자는 브로델이 세계의 중심이라고 부른, 그리고 17세기에 이미 의무교육을 행했던 사회인, 대(大) 네덜란드 공화국이라는 저 특유한 별종의 관점에서 이론작업을 수행했기 때문이다. 네덜란드는, 공동체의 구조는 매우 강고했고 복지의 형태, 극히 광범위한 복지 형태가 이미 존재했던 사회였다. 그 속에서 개인들은 이미 부유한 개인들이었다. 그리고 스피노자는, 민주주의란 이 부유한 다중의 창조적 활동성의 가장 위대한 표현이라고 생각했다. 그러므로 나는, 헤겔이 다중을 야수라고 불렀을 때 나타나는 것과 같은 것, 즉 다중은 조직되고 지배되어야만 한다는 식의 다중에 대한 부정적 의미부여를 이미 역전시켰던, 그 용어에 대한 스피노자적 용법을 생각한다. 그리고 이것은 스피노자가, 마끼아벨리에서 맑스에 이르는 사상 노선(그 가운데에서 스피노자가 다소간 중심, 중심적 절정, 모호하고 별종적이나 강력한 이행점을 이룬다) 속에서, 근대성의 실재적 대항사상으로 생각한 저 풍부한 다중이다. 다중에 대한 이러한 개념은 우리가 전에 환기한 바 있는 개념이다. 오늘날은 시민 다중이 존재한다. 그러나 시민들이라고 말하는 것은 충분치 않다. 왜냐하면 시민들이라고 말하는 것은 단지 형식적으로 자유로운 개인들을 형식적이고 사법적인 용어로 정의하는 것에 불과하기 때문이다. 당신은 오히려 오늘날 지적 노동자들의 다중이 존재한다고 말해야만 한다. 그러나 그렇게 말하는 것조차 충분치 않다. 당신은 이렇게 말해야만 한다 : 사회를 구성하는 주체들 속에 내화되고 육화된 생산적 도구들의 다중이 존재한다고. 그러나 이것조차 충분치 않다. 당신은 다름 아닌 향유의 필요라는 정동적 재생산적 현실을 이에 덧붙여야만 한다. 말하자면 이것이 오늘날의 다중이다. 그러므로 힘으로부터의 모든 가능한 초월을 벗어던져 버린 다중, 그것은 기생적 방식이 아니고는, 그래서 야수적인 방식이 아니고는 지배될 수 없는 다중이다.

들뢰즈와 가따리의 『천 개의 고원』에 나타난 소수자

들뢰즈와 가따리는 1980년대 초에 이 책을 썼다. 그들은 대중노동자의 위기를 인식하는 대단한 선견지명을 가졌다. 그들은 소수자의 생성을, 우리가 이딸리아 노동자주의의 맥락에서, 아우또노미아 속에서, 사회적 노동자라고, 그리고 반란의 와중에 있는 노동의 주변적 형식이라고 부른, 초기 현상을 인식했다. 『천 개의 고원』에 주어진 사회정치적 정의는 실제로, 현상학적 분석의 관점에서 보면 이것보다 훨씬 더 멀리 나아가지는 않았다. 그러므로 나는 실제로, 그들이, 오늘날 우리가 사용하고 있는 용어로는, 다중의 이 발생을, 이 계보학을 사고하고 있었다고 믿는다. 그들은 소수자의 구성에 대한 그들의 치밀한 분석을 통해, 나름대로 의미를 갖는 다수자에 대한 이 새로운 개념의 구축에 기여했다. 왜냐하면 그것은 생산적 능력들의, 협력의 능력들의 복수적 집합이기 때문이다.

그들이 말한 것은, 내가 생각하기에 극히 중요한, 저항과 이행의 순간이다. 나는, 그들이 자신들의 책의 바로 이 절에서, 이딸리아 노동자주의자들을 이러한 경험 유형의 실질적 준거점으로 인용하고 있음을 지적해야만 한다. 나는 질 들뢰즈와 펠릭스 가따리의 사유가 언제나 이 방향을 향하는 경향이 있다고 믿는다. 그리고 다른 한편에서, 들뢰즈가 기획했던 마지막 책인 『맑스의 위대함』[2]에서 우리는 하나의 비상한 주장을, 개념들을 구성하는 지각들의 집합으로서의 "공통 이름들(common names)"이라는 정의를 포함하는, 인식론적 주장을 인식론적 공동체의

---

2. 니콜래스 쏘번은 들뢰즈를 탈맑스주의적 흐름 속에 위치시켜온 지금까지의 주된 들뢰즈 해석경향에 반대하며, 『맑스의 위대함』을 기획했던 '맑스주의자인 들뢰즈'와 그 들뢰즈 속의 '잠재적 맑스'에 대해 논하고 있다. 자세한 것은 니콜래스 쏘번, 『들뢰즈 맑스주의』, 조정환 옮김, 갈무리, 2005 참조.[역자주]

언어적 구축으로 번역하는 주장을, 이 과정을 존재론적 과정으로 번역하는 하나의 정의를 발견한다. 코뮤니즘은 공통적으로 되는 다중이다. 이 말은, 거기에 뭔가가 전제되어 있음을, 존재론적으로 혹은 형이상학적으로 숨겨져 있는 어떤 것이 존재함을 의미하는 것이 아니다. 이것은 하나의 통일성이 존재함을 의미하지 않는다.

공통적인 것(the common)은 일자(the one)에 대립하는 것이다. 그것은 극단으로 나아간 반(反)플라톤주의이다. 그것은 또, 유토피아란 반드시 하나의 통일성을 구성하며, 통일성의 문제와 권력의 주권의 문제를 해결한다고 본 전통 속에 전제된 코뮤니즘의 이념의 역전이다.

여기에 공통적인 것을 구성하는 다중이 존재한다. 그리고 이것은, 내가 이해한 바에 따르면, 들뢰즈의 미완성된 책 『맑스의 위대함』에 구축된 코뮤니즘의 개념이다.

삶정치적 기업가

흔히 그렇듯이 여기서도 역시 우리는, 모든 용어들이 역전된 영역, 직접적 용어들의 영역을 다루고 있다. 우리는 실제로, 우리가 민주주의와 행정에 대해 말할 때조차도, 다른 언어를 발명하는 데 성공해야만 한다. 삶정치의 민주주의란 무엇인가? 분명히 그것은 더 이상 형식적 민주주의가 아니며 스피노자가 말한 바의 절대적 민주주의이다. 그러한 개념이 얼마나 오랫동안 여전히 민주주의라는 용어로 정의될 수 있을까? 하여튼, 그것은 고전적 입헌 민주주의라는 용어로는 정의될 수 없다. 우리가 기업가에 대해 말할 때에도, 우리가 정치적 기업가, 아니 오히려 "삶

정치적" 기업가에 대해 말할 때에도 마찬가지이다. 아니 오히려 우리가, 때때로 생산적 능력들을 사회적 맥락 속에 집중시키는 데 성공하는, 단일할 수도 있고 집단적 세력들의 집합일 수도 있는 일자에 대해 말할 때에도 마찬가지이다. 이 지점에서 우리는 뭐라고 말해야만 하는가? 이 집단적 기업가에게 상이 주어져야만 하는가? 솔직히 나는 그렇게 생각한다. 그러나 이 모든 것은 삶정치적 과정 내부에서 평가되어야만 한다. 나는, 여기에서 우리가 실제로 기생적 기업가에 관한 어떤 자본주의적 이론과는 정반대의 것을 가지고 있다고 말하고 싶다. 이것은, 본질적으로 생산적 구조물을 구축하려고 애쓰는, 존재론적 기업가, 충만의 기업가이다. 우리는, 하나하나가 때때로 매우 긍정적인, 일련의 사례들을 갖고 있다. 특정의 공동체 경험들 속에서, 기본적으로 협력적인 적색(코뮤니스트) 공동체들, 그리고 연대에 기초한 백색(자유주의적) 공동체들의 특정한 경험들 속에서 우리는 집단적 기업가 정신의 사례들을 볼 수 있다. 통상적으로, 우리는 무엇보다도 먼저 정치적 기업가에 대해서 말하기 시작해야만 할뿐만 아니라 삶정치적 기업가에 대해서도 말하기 시작해야 한다. 그리고 나서 인플레이션적 삶정치적 기업가 혹은 디플레이션적 삶정치적 기업가를 인식하기 시작해야만 한다. 삶정치적 기업가는 공동체를 조직함에 있어서 언제나 더 큰 필요들을 결정한다. 그리고 그 기업가는 삶정치적 지형에서 전개되는 세력들을 억압하고 재훈육한다. 우리가 이곳 프랑스에서 수행한 연구들로부터 예를 들면, 상띠에 지역에 있는 어떤 기업가는 흔히 디플레이션적 방식으로 활동하는, 삶정치적 기업가이다. 베네똥의 경우도 마찬가지다. 나는 실제로 우리가 발전시키기 시작해야할 개념은, 하나의 삶정치적 구조 내부의 전사(militant)의 개념으로서의, 그래서 부와 평등을 가져오는 전사로서의 기업가의 개념이라고 믿는다. 만약 제5, 제6, 제7의 인터내셔널이 있을 수 있다면, 이 기업가가 그것의 전사일 것이다. 그것은, 삶정치적으로 볼 때, 주체성의 기업가이자 평등의 기업가일 것이다.

보장 임금

우리가 프랑스에서 본 것 같은, 보장 임금에 대한 축소적 구상들이 있다. 예를 들어, 프랑스에서 통과된 RMI(Revenu minimum d'insertion ; 최저 소득 보조금) 법률들의 형식은 일종의 빈곤의 임금 구조이며, 배제의 임금 구조이며 가난한 사람들을 향한 법률이다. 달리 말하면, 일군의 가난한 사람들이 존재한다. 그러나 이들은 노동하는 사람들이며, 항구적인 방식으로 임금 회로 속에 들어설 능력이 없는 사람들이며, 그들 자신의 재생산을 돌볼 수 있도록, 그들이 사회적 물의를 일으키지 않도록 얼마 되지 않는 돈이 주어지는 사람들이다. 그러므로 죽음과 역병의 불명예를 피하려는, 한 사회의 필요에 부합하는, 보장 임금, 생계 임금의 최소 수준이 존재한다. 왜냐하면 배제는 쉽사리 역병으로 나아가기 때문이다. 그리고 빈민법은 17세기와 18세기의 영국에서 이 역병의 위험으로부터 태어났다. 이런 식으로 해서 보장 임금의 형식들이 생겨났는데, 그것은 마침내 빈민법으로 되었다. 그러나 오늘날 보장 임금의 실제적 문제는 다른 것이다. 그것은, 생산성의 기초가 자본주의적 투자가 아니라 사회화된 인간의 두뇌의 투자라는 것을 이해하는 문제이다. 그러므로, 최대한의 자유, 공장의 훈육적 관계와의 단절, 노동의 최대한의 자유는 부의 생산의 절대적 기초이다. 보장 임금은 생산적 주체들에게 소득의 큰 부분을 분배해 주고 그들에게 그들 자신의 생산적 재생산을 위해 그것을 소비할 능력을 주는 것을 의미한다. 이것은 근본적 요소로 된다. 보장 임금은, 사람들이 그들의 자유를 통해 생산적으로 되는 사회를 재생산하기 위한 조건이다. 이 지점에서 분명히, 생산의 문제들과 정치적 조직화의 문제는 중첩되는 경향이 있다. 일단 우리가 이 이야기를 지금까지 추구해 온 이상, 우리는, 정치경제학과 정치학, 혹은 행정학 등이 동시에 일치하는 경향이 있음을 인식해야만 한다. 왜냐하면 우리는, 민주적 형식들, 급진적 형식들, 절대적 민주주의 ─ 민주주의라는 용어가 아직도 사용될 수 있는지 나는 모른다 ─ 등이 생산성을 정의할 수 있는 유일한 형식이라고 주장하기 때문이다. 그러나 그것은 보장 소득의 평등성이 더욱 커지며 더욱더 근본적으로 되는 실질적이고 실재적인 민주주의이다. 이 지점에서 현실적으로 우리는 보상적 자극에 대해 말할 수 있다. 하지만 이것들은 오늘날의 세계에서 그렇게 적절치는 않은 담론들이다.

오늘날 큰 문제는 정치경제학 비판 그 자체가 기초하고 있는 입장을 역전시키는 문제이다. 달리 말하면, 자본주의적 투자의 필연성이라는 입장을 역전시키는 문제이다.

우리는 앞에서 근본적 문제는 삶(주체들의 언어적, 정동적 삶)을 통한 생산적 도구의 재발명이라고 말했고 또 우리는 수년 동안 그렇게 말해 왔다. 그러므로 오늘날, 이 주체들과 그들의 부의 재생산의 조건으로서의 보장 임금은 본질적 계기가 된다. 더 이상 어떠한 권력의 지렛대도 없다. 더 이상 어떤 초월적인 투자에 대한 필요도 없다.

이것은 유토피아이다. 그것은 일단 그들이 작동하게 되면 현실 변형의 기계가 되는 유토피아들 중의 하나이다. 그리고 오늘날 가장 아름다

미래로 돌아가다 175

운 것들 중의 하나는, 자유와 생산의 이 공적 공간이 정의되기 시작하고 있다는 바로 그 사실이다. 그러나 그것은 실제로 생산적 힘과 정치적 힘의 현재의 조직화를 파괴할 수단들을 지니고 있다.

제국

나는 절대적으로 근본적인 시대적 이행을 알리는 세 가지 사태들이 있다고 말하고 싶다. 천안문 광장의 반란, 베를린 장벽의 붕괴, 그리고 걸프전이 그것이다. 우리는 지구화의 국면에 들어서고 있다. 이런 관점에서 볼 때 사태는 너무나 명백해서 우리들 각자는 그것들을 극적 방식으로 경험했다. 걸프전은 중요하다. 왜냐하면 그것이 무엇보다도 우선 소통과 그것의 통제의 문제를 제기했기 때문이다. 보드리야르가 말하듯이, 그것은 싸움이 없었던 전쟁이었다. 그것은 결코 존재한 적이 없는 전쟁이었으며 그 자신의 이야기를 발명한 전쟁이었다. 그 전에 우리는 티모소아라(Timosoara)[3]를 가진 적이 있다. 그리고 거기에서 우리는 우리가 처해 있는 이 새로운 제국적 상황을 정의하는 극히 중요한 요소들의 또 다른 총 계열을 가진다. 가장 사악한 사태, 가장 끔찍한 학살은, 때때로, 감추어질 수 있거나 발명될 수 있다. 그러면 무엇이 문제인가? 문제는, 이 지점에서 대중지성적 성격을 띠는, 프롤레타리아트의 행동, 담론, 그리고 저항이 이 상황에 어떻게 맞설 것인가 하는 것이다. 역설적으로, 이미지들, 언어들, 그리고 형식들의 바로 이 생산자들이, 세계에

---

3. 1989년 12월 15일 차우체스쿠 공산당 정부에 대항하는 '반쪽혁명'이 발생한 루마니아 서쪽 국경 도시의 이름. 이 혁명으로 865명이 죽었고 이 때문에 차우체스쿠는 군법재판에 회부되어 처형되었지만 권력은 2인자였던 일리에스쿠에게 이양된다.[역자주]

대한 거짓 이미지들을 구축하고, 현실 감각을 변형시키며, 현실에서 어떤 적대의 감각을 박탈하곤 하는 사람들이다. 그래서 큰 문제는, 우리가 이런 세계에서 경험하는 이 힘들 가운데에서 새로운 유형의 현실에 으레 따라오는 것이 무엇인가를 확인하는 것이며 그 속에서 더 이상 대안적이지 않은(왜냐하면 대안적이라는 것은 언제나 어떤 지시물을 함축하기 때문이다) 물질적 표현의 형식을 확인하는 것으로 된다. 그러나 중요한 것은 이 강제되고 지구화된 소통적 통일체 내부에서 고무의 지점들을, 파열의 지점들을, 새로운 것의 구성의 지점들을 발견하는 것이다.

로스앤젤레스, 치아빠스, 빠리

이 투쟁들에 대해 우리는 긍정적인 것들과 부정적인 것들을 아주 많이 말할 수 있을 것이다. 왜냐하면 이 투쟁들은 오늘날 형성되고 있는 세계에서 세력 관계를 변화시키는 일의 엄청난 힘과 엄청난 어려움을 보여주었기 때문이다. 로스앤젤레스에서의 투쟁들은 주변화된 집단들의 도시적, 대도시적 소요가, 로스앤젤레스라는 세계의 진열창의 부를 약탈하면서, 최고의 형식 속에서, 사회적 영토의 점령이라는 형식 속에서 표현된 투쟁이었다. 로스앤젤레스는 헐리우드, 세계에 존재하는 이미지 산업의 가장 큰 중심지이며 언어 생산의 가장 큰 중심지이다.

치아빠스는 더 이상 자본주의적 발전을 목표로 하는 부르주아적 반란이 아니었고, 제3세계주의적 반란이 아니었다. 그것은 발전의 모델에 대항하는 정체성에 대한, 항구적인 대항권력의 추구에 기반을 둔 반란이었다. 빠리는 처음에는 매우 모호한 방식으로 조직되었으나, 투쟁의 과정에서 그것은, 빠리와 프랑스 전역에서의 공공 교통의 마비를 통해 새로운 공적 공간의 구성의 실천으로 발전했다. 이 세 가지 투쟁들은 실제로, 차이들을 중립화하기 위해 차이들 위에 작용하는 지구화에 대항하여, 새로운 절대적 공공 공간을 구성하려는 충동을 공통적 기초로 갖고 있었다. 그래서 그것들은 모두 집단성의 요구로 특이성의 출현을 공유했다. 그 세 가지 투쟁들은 이 세계의 사령부를 건설하려는 것에 대항하는, 그리고 시장을 지구화하는 정치적 형식에 대항하는 저항의 계기를 그 내부에 갖고 있었다. 그리고 다른 한편에서, 그것들은 그 자체 속에, 아마도 근본적인, 이 작은 열쇠를, 공적 공간의 구성 속에서 주체들의 자율과 독립을 갖고 있었다. 이 세 가지의 투쟁들은, 그것들의 차이 속에, 그것들의 소통의 부재 속에 자리잡힌다면, 1990년대의 공통적인 것을 구성할 수 있을까?

그것들은 도래할 혁명적 과정의, 도래할 인류의 결정적이고 패러다임적인 한계체험인가? 나는 알지 못한다.

1995년의 프랑스 파업들

사람들은 생산의 이 새로운 형상의 출현을 여러 차원에서 쉽게 인지할 수 있었다. 가장 기초적인 수준은, 교통의 즉흥적 조직화를 통한 도시 공동체들의 재구축의 형상이었다. 지하철은 다니지 않았고 버스들도 다니지 않았다.

사람들이 자동차를 타고 외출을 해서 스스로를 집단적으로 조직했고, 또 옆으로 다가와서 그들을 태워 주는 자동차들을 줄을 서서 기다린

이 놀라운 현상이 출현하여 수개월 동안 지속되었다. 이것은 사회화, 공동체, 그리고 기쁨의 놀랍고 엄청난 종(種)을 표현했다. 그러나 이것은, 비록 그것이 사회적 관습의 관점에서 볼 때 무의미한 것은 아니었지만, 그리고 이 대도시 주민들 사이에 이미 존재하고 있는 풍부한 공동체적 정동의 생성을 나타냈지만, 피상적 현상이었다.

그리고 거기에는 공공 서비스에 대한 개념 규정과 관련이 있는 두 번째 요소가 존재했다. 달리 말해, 우리는 공공 서비스를 모든 생산 형태의 근본적 전제로서 올바르게 이해해 왔다. 사람들은 공공 서비스 노동자들의 특권을 방어하기 위해 나서지 않았다. 그들은 공적 성격을 방어하기 위해 나섰다. 즉 그들은, 생산의 조건으로서의, 따라서 그들 자신의 삶의 조건으로서의, 삶에 다시 말해 각 개인의 "삶정치"에 다시 연결되어야만 하는 그 무엇으로서의 모든 서비스의 공동체적이고 집단적인 성격을 방어하기 위해 나섰다. 세 번째 요소는, 매우 중요한 것인데, 사유화에 대한 현재의 생각들에 도전하는 것과 관계가 있다. 사유화는 무엇을 의미하는가? 그것은 공공재를 사적 소유자들의 수중으로 넘겨주는 것을 의미한다. 그러나 그것조차도 부차적인 것으로 간주될 수 있다.

문제는 사적 소유자들의 수중으로 넘긴다는 것이 부를 향유할 수 있는 사람들의 능력을 낮춘다는 것을 의미한다는 것이다. 그것은 공통적인 것의 "디스인플레이션"을 의미한다. 그러나 사실은 그 대신에, 인플레이션을 향한, 새로운 필요들의 인플레이션을 향한 경향이 필요하다. 그러므로 나는, 우리가 발전된 자본주의 나라 수준에서는 프랑스에서 처음으로 극히 중요한 공동체적 구축의 사례들을 보았다고 믿는다. 상이한 직업 부문들이 "소비예뜨들"을 창출하기 위하여 수직적 명령의 선들과 단절한 일반 의회들(general assembly)의 구축. 그 일반 의회들은 "소비예뜨들"이었다. 그것들은 모든 상이한 직업 집단들의 실천에 대한 정치적 토론의 공동체적 형식이었다. 그러므로 이것은 실제로 토대와 지도의 관계에서의 실제로 결정적인 단절이었다. 그리고 이것은 아무런 환상도 없이 일어났다. 왜냐하면 "협동" 운동조차도 일반 의회들의 이 일반성을 달성하는 데 성공하지 못했기 때문이다.

그러나 언제나 극단적인 지성을 가지고서. 이 모든 것은 결코 극단주의로 떨어지지는 않았지만 극단적 지성이 언제나 작동했다.

그 외의 여타의 근본적인 요소는 공적 서비스의 삶정치적 내면화였다. 그것은 협력적 직업 이해관계의 방어의 문제라기보다 오히려 공적인 것을 모든 생산의 기본적 형태로 수용하는 문제였다. 이것은 이처럼 사적인 것에 대한 거대한 비판이었다. 그리고 세 번째로 자유주의자들에 대한 정치적 비판은 그 극한으로 나아갔다. 극히 긍정적인 술어들로 전개된 계급적 증오의 형식들과 더불어.

알바니아

제3세계의, 혹은 소비예뜨의, 위기에 봉착한 사회주의 제2세계의 이상한 지역. 또는 하여튼, 더 이상 내전으로부터의, 혹은 그 밖의 어떤 것으로부터의 탈주가 아닌 탈주의 현상으로서, 실제로 그들을 매혹시킨 것은, 노동, 부, 그리고 문화에 대한 추구의 이 이상한 탈근대적 형상이었다. 저 이상한 섬, 저 이상한 나라는 알바니아다. 그 나라는 완전히 세계에 의해 포위되었고 때로는 기괴한 이데올로기들과 조직 구조들에 연결되었다. 그리고 그 나라는 그것이 해방되는 바로 그 순간에 더 이상 국가를 향해, 국가의 구성을 향해 나아가지 않고 단지 자유의 추구를 향해 나아갔다. 그들은 모두 보트에 남아 있었다. 그 다음에 무슨 일이 일어났는가? 이 노동능력을 통제하기 위하여, 그것을 저지하기 위하여, 그 인민 대중들이 성숙한 자본주의의 시장들과 나라들에 도달하여 그것들을 불안정하게 만들지 못하도록 막기 위하여, 성숙한 자본주의 나라들은 외부에서 힘으로라도 그 국가를 복구하기 위하여 갖은 노력을 다했다. 알바니아의 상황은 역설적이며 내가 보기에 흥미롭다. 그렇지만 자본주의의 역사에는 동일한 두 가지의 필요들이 상충했던 여러 가지 다른 상황들이 존재했다. 한편에서는 노동능력의 매우 강한 이동성을 보장할 필요와 다른 한편에서는 그것을 규제하는 데 성공해야 할 필요. 모든 자본주의적 축적은 스킬라와 카리브디스 사이[4]의 이 여정을, 이 선택을 통과했다. 물론 이 경우에도 역시 그들은 인구의 이동을 저지하기 위한 매개적 방식들을 시도했다. 특히 영국에서, 자본주의가 형성될 당시의 빈민법처럼. 그 법은 본질적으로 노동능력의 흐름을 저지하려 한 법이었다. 오늘날, 국가 정치를 통해, 투자가 가능한, 그래서 노동능력을 가두는 것이 가능한 지역들 주변에서의 특정한 재분배를 통해 이러한 시도가 다시 발생한다.

이종족 혼교

나는 실제로, 적어도 경향적으로는, 인구 운동의 이 새로운 역동적

---

[4]. 절벽과 소용돌이로 에워싸인 이딸리아와 시칠리아 사이의 해협. 진퇴양난의 상황을 일컫는다.[역자주]

질서가 형성되고 있는 것을, 그리하여 더 큰 규모의 이종족 혼교와 잡종화가, 어떤 지점에 이르면 생산적 질서에 기능적일 수도 있으나 특정한 계기에서 출발하여 낡은 민족들의 질서를 무너뜨리는 지렛대로 되는, 더 큰 규모의 문화적 통합의 능력들이 형성되고 있는 것을 볼 수 있다. 그리고 이것은, 지속적으로 재영토화되어야만 하는, 언제나 규범이 되어야만 하는 이 자본주의 권력이 이 운동들에 의해 뒤집어진다는 사실은 내게 매우 아름다운 것으로 보인다.

북/남

더 이상의 벽들은 없다는 것, 이것은 내게 매우 중요한 사실로 보인다.
배제를 하려는 시도들은 분명히 시시때때로 존재한다. 그러나 이 벽들은 한 나라와 다른 나라 사이에서 존재하는 만큼 각개의 나라들 내부에서도 존재한다. 지중해를 가로질러서 존재하는 만큼 빠리를 가로질러서도 존재한다. 대서양을 가로질러서 존재하는 만큼 로스앤젤레스를 가로질러서도 존재한다. 북과 남 사이의 구분은, 노동능력의 운동을 재통제하려는 시도가 근본적으로 되는 결정적 배치 내부에서 고려될 때가 아니면, 더 이상 의미 없는 구분이다. 그러므로 더 이상 북과 남은 존재하지 않는다. 단지 생산에의 참여인가 생산으로부터의 배제인가의 차이만이 존재할 뿐이다. 사람들이, 당연히 낮은 비용으로, 노동하도록 놓여지는 상황과 사람들이 위협에 의해 노동으로부터 배제되는 상황 사이의 차이 말이다. 그러나 사람들이 노동으로부터 배제되는 이 상황들 또한 우리가 앞서 이야기했듯이 생산적 상황이다.

밀입국자

나는 "밀입국자들", 프랑스에 있는 불법적 외국인의 투쟁들이 어떤 근본적 사태를 드러낸다고 말하고 싶다. 시민권에 대한 요구, 그리고 삶 정치적 강렬함(intensity)에 대한 요구, 사회적 지형에의 참석의 요구. 그것은 여기저기를 돌아다니는 사람들의 시민권에 대한 근본적 요구이다. 그것은 그 자체로 국민적 법질서의 전복적 요소를 나타낸다. 그리고 그것은 일반화되고 있는 상황의 첫 번째의 정치적 번역을 나타낸다. 이것은 법적 인정에 대한 요구로, 노동하는 모든 사람들을 위한 시민권의 요구로 되고 있다. 이러한 발전은, 그러므로, 새로운 세계 생산적 질서와 그것으로부터 야기되는 운동들의 정치적 통합을 창출한다.

우리는, 더 이상 노동자들의 인터내셔널을 실현하지 않으면서 자유롭고자 하는 사람들 모두의 공동체를 실현하는, 완벽한 의미에서의 세계시민인 상태를 상상할 수 있어야만 한다.

비물질노동과 이민들

우리가 비물질노동에 대해 말할 때, 우리는 지적 노동만을 지칭하는 것이 아니다. 지적 노동이란 말로 우리는, 분명히 지성을 포함하는 신체적 노동을 의미하지만, 주로는 그것의 가소성(可塑性), 그것의 유연성, 어떤 방식으로건 모든 상황에 적응할 수 있는 그것의 능력을 우선적으로 지칭한다. 나는, 비물질노동이라는 범주가 우리로 하여금 새로운 노동능력의 바로 이 가소성을 심오하게 이해할 수 있게 하는 범주라고 말하고 싶다. 확실히, 대중지성에 대해 말하는 것과, 때때로 지적 노동능력의 흐름인 이민의 흐름에 대해 말하는 것 사이에는 차이가 있다. 예컨대, 북아프리카나 여타의 그 같은 지역들과 관련하여, 이주자들은 보통 이미 특정한 교육 수준을 가진 사람들, 고등학교나 심지어는 수년간의 대학 생활을 마친 사람들이다. 그러나 이것은, 생산적 흐름의 비물질성에 언제나 적응할 수 있는 이 노동능력의 이동성, 가소성이라는 이것들의 근본적 성격에 비하면 완전히 부차적이다.

망명

당신은 이 역사를 세심하게 살펴보아야 한다. 나는, 우리가 경험한 망명이 극히 선형적이었다고 말하고 싶다. 프롤레타리아적 망명 혹은 노마디즘은 완전히 다른 그 무엇이다. 실제로 우리의 배경, 우리 문화의 질, 우리 실천의 성격을 고려해 보면, 우리는 아직도 19세기의 경험들 속에서 살고 있다. 그것들은 종종 쓰라리고 힘든 경험들이었다. 왜냐하면 그것들이 시대에 뒤진 것이었기 때문이다. 그러나 그것들은, 낡은 정치적 망명자들과 근본적으로는 동일한 것인, 지속적 발전과 변형 속에서 적응을 했다. 오늘날 망명의 문제는 노마디즘 및 "이종족 혼교"와 동일한 것으로 되었다. 그것은 한편에서는 노동능력의 세계 시장에서 적극적 역할을 맡는 프롤레타리아트를 포함하며 다른 한편에서 그것은 이종족 혼교나 지식들의 잡종화, 물질노동과 비물질노동 사이에 발생한 이 유연성, 노동 속에서의 활동과 협력의 이 새로운 형식들을 향하는 경향이 있다. 그러므로 나는, 우리의 망명이 실제 존재한 현상들의 문학적 패러다임이었다고 말하고 싶다. 그리고 이것은, 비록 우리들 각자가 나중에 다소 강력한 지적 위치를 달성하기 위하여 건물에서, 까페들에서, 그리고 가장 낯선 곳들에서 노동을 찾아내지 않을 수 없음에도 불구하고, 그리고 결국 "비물질"노동의 새로운 장소들에서 한 자리를 찾아내지 않을 수 없음에도 불구하고 사실이다. 그러나 나는, 실제로 우리의 담론의 연속성은 망명의 위대한 고전적 전통에 연결되어야만 한다고 생각한다.

늙어가기(De Senectute)

들뢰즈의 이 에세이는 내게는, 늙어 가기에 대한 반성이기보다 오히려 질병에 관한 것으로 보인다. 나는 언제나 들뢰즈의 판단들 모두는 질병에 관한 반성이라는 인상을 받아 왔다. 그가, 스피노자는 40년에 걸친 질병 끝에 죽었지 나이 들어 죽은 것이 아니라고 말한 어떤 고전적 구절을 읽으면서는 특히 그랬다. 나에 대해 말하면, 나는 아주 건강한 사람이다. 나는 방금 건강 검진을 받았는데 의사가 모든 점에서 건강하다고 말했다. 나는 늙어가기를 기다리고 있다. 그리고 나는, 그것이 [들뢰즈의 경우와는 - 역자] 완전히 다른 그 무엇일 것이라고 생각한다. 달리 말해 나는, 늙어가기는 활동할 능력의 속도 저하, 단순하고 감미로운 속도 저하라고 생각한다.

늙어가기는 종말이 아니라 활동할 능력의 감미롭고 조용한 연장이다. 죽음은 삶을 관통하는 틈새들처럼 늙어가기 속에 존재하지 않는다. 죽음은, 오히려 영원성의 감각, 그리고 삶의 강렬함이 언제나 넘어설 수 있는 그 무엇처럼 늙어가기 속에서 발생한다. 왜냐하면 당신이 존재할 때는 죽음은 존재하지 않으며, 죽음이 존재할 때는 당신은 존재하지 않기 때문이다. 죽음을 넘어설 가능성은 젊음의 꿈이 아니라 노년의 거대한 꿈이다. 죽음을 넘어서기 위하여 삶을 조직하는 데 성공하는 것은 인류가 직면한 과제, 즉 죽음의 원인인 착취를 넘어서는 과제만큼 중요한 과제이다. 죽음을 넘어서기는 앞으로 나아가는 위대한 발걸음이다. 죽음은 삶에 필연적인 것이 아니다. 죽음은 삶에 부수되어 존재하는 그 무엇이다. 그리고 늙어가기는, 지적 관계, 성적 관계, 사회적 관계 등 모든 관점에서 볼 때, 죽음의 근사치가 아니라 삶의 또 다른 기쁨이다. 나는 늙어가기(De Senectute)에 관한 책을 쓰는 모든 사람들을 대단히 존중한다. 나이든 사람들이 가장 현명하기 때문이 아니라 오직 노년에 이르러서야 당신이 더 많이 살 수 있기 때문이다. 나는 언제나, 빠르고 폭력적이며 동물적 욕망들을 수반하는, 젊은 사람들 사이의 성적 관계들, 색정적 관계들을 좋아하지 않았다. 나는 관계들의 감미로움, 시간, 그리고 지성, 비물질성 등을 좋아한다. 그리고 당신은 일정한 나이에 이르렀을 때에만 그것들을 가질 수 있다. 사람들이 노년이라고 부르는 것, 실제로 삶의 최고 형태인 이 노년 속에는 쾌락주의가, 뛰어난 쾌락주의가 있다. 그리고 이 점이 인식되어야만 한다.

 내가 이렇게 말하는 이유는, 삶, 죽음, 젊음, 노년 등에 관한 극히 비합리적이고 바보스러운 생각들, 삶의 리듬, 평균 예상 수명이 40년 정도였던 때에 창안된 생각들에 맞서기 위해서다. 이 생각들은, 100살이 되도록 사는 것이 한 개인이 기대할 수 있는 최소한의 것인 오늘날에도 여전히 유지되고 있는 낡은 관념들이다.

 그러므로 이 관점에서, 나는 모든 노인은 계속해서 일해야만 한다고 말하고 싶다. 왜냐하면 은퇴는 불합리한 것이기 때문이다. 여기서 우리는 실제로, 현재의 존재론 속에서 일어나고 있는 급격한 변화를 인식할 수 있다.

그러므로 이 늙어가기라는 문제는 (심지어는 들뢰즈의 글들에서조차) 진부한 표현들의 반복만이 존재하는 것에 대항하는 그 무엇이다.

사랑

사랑에 대한 유물론적 정의는 공동체에 대한 정의이다. 즉 그것은, 사회적 배치들을 구축하는 관대함을 통해 넓혀지는, 정동적 관계의 구축에 대한 정의이다. 사랑은 남녀 한 쌍이나 가족 속에 가두어지는 그 무엇일 수 없다. 그것은 더 넓은 공동체를 향해 열리는 그 무엇이어야만 한다. 그것은 아무튼 지식과 욕망의 공동체들을 구축하는, 그 밖의 무엇인가를 구축하게 되는 그 무엇이어야만 한다. 오늘날 사랑은, 존재를 뭔가 고유하고 사적인 것 속에 가두는 모든 시도의 파괴로서, 절대적으로 근본적인 방식 속에서 제기된다. 나는, 사랑은 고유하고 사적인 것을 공통적인 것으로 변형시키기 위한 근본적 열쇠라고 생각한다.

영원성

영원성의 유물론적 개념은 무엇보다도, 당신이 하는 모든 활동은 그 어떤 것의 탓으로도 돌려질 수 없고 오직 당신 자신의 책임에 속한다는 사실을 의미한다. 저 모든 활동들은 특이하며 자기 자신에 입각한 활동들이다. 그리고 그것은 다른 것들과 인과적 관계와 지속적 관계 외에는 어떠한 관련도 갖지 않는다. 당신이 이것을 행하는 모든 시간마다 당신이 활동의 책임을 지면, 그것은 항상 영원성 속에서 산다. 영혼의 불멸성 같은 것은 존재하지 않는다. 하지만 당신의 활동들의 영원성은 존재한다. 당신이 모든 계기적(繼起的) 순간들 속에서 사는, 그 현재의 영원성. 어떤 가능한 초월성과는 별개로, 심지어는 어떤 논리적 혹은 도덕적 초월성과도 별개로, 이 완전한 충만함이 존재한다. 활동의, 활동의 책임성의 이러한 강렬함이 존재한다. 당신은 이해한다. 왜냐하면, 예컨대, 내가, 나를 배신한 여성에게 "당신은 암캐다"라고 말할 수 있기 때문이다. 그리고 만약 당신이 불멸성과 관련하여 이것을 말한다면, 그것은 아무 의미도 없을 것이다. 그러나 우리들 각자가 맡는 활동의 책임성과 관련하여서 이것을 말한다면 그러면 나는 악당일 수 있고 그녀는 암캐일 수 있다. 왜냐하면 우리들 각자는 우리들의 구체적 활동들의 책임성 속에서 악당이거나 암캐이기 때문이다. 책임성의 위탁은 전혀 존재하지 않는다. 우리들 각자는 그의 혹은 그녀의 특이성에, 그의 혹은 그녀의 현재에, 삶의 강렬함에, 우리들 각자가 그것에 부여하는 젊음 혹은 노년에 책임이 있다. 그리고 이것은 죽음을 피하기 위한 유일한 길이다. 시간을 붙들라, 그것을 잡아라, 그리고 그것을 책임성으로 채워라. 그리고 당신이 일상 속에서, 습관이나 권태, 우울, 혹은 분노 속에서 그것을 잃을 때마다 당신은 삶의 "윤리적" 감각을 잃는다. 이것은 영원성이다. 영원성은, 모든 계기 그리고 모든 순간 속에서 현재에 대한 우리의 책임성이다. 우리가 우리들의 모든 아름다움을, 혹은 때로는 우리들의 하찮음을 투여해야만 하는 (그러나 그 어떤 경우에도 진지하게) 완전히 윤리적인 책임성. 나는 단지 세속적이고 무신론적인 프란체스코주의를 제기하고 있을 뿐이다.

유한성

　당신이 의지의 비관주의 혹은 지성의 낙관주의라고 말할 때 나는 그것을 알지 못한다. 나는 그것을 당신이 이해하는 용어로 이해하지 못한다. 내게, 지성의 낙관주의는 영원성으로서의 존재라는 스피노자적 생각이다. 그리고 이 점에서 나는, 펠릭스 가따리와 내가 완전히 동의했다고 생각한다. 그리고 내가 의지의 비관주의에 대해 생각할 때, 나는, 투쟁의 구축, 조직들의 구축, 심지어 책들과 논쟁들의 구축 등이 언제나 장애물들을, 그러나 넘어설 수 있는 장애물들을 넘어선다는 사실을 생각한다. 그러므로 그것들은, 한계들 혹은 유한성의 대상들, 제한성이며 그게 아닐 때 그것들은, 넘어설 수 있는 그 무엇이라는, 본래적 의미에서의 장애물일 수 있다. 존재의 존재론적 양, 따라서 가능성의 결정은 이 점에서 근본적인 것으로 된다. 펠릭스의 죽음에는 유한성, 한계를 넘어서는 것의 불가능성에 대한 격분이 존재한다. 그리고 이것은 내가 완강히 그와 동의하지 못한, 우리가 나눈 모든 대화들에 해당된다. 그리고 그것은 또 1980년대 말의 감수성에도 해당된다. 펠릭스는, 그의 작업 속에서, 자신이 결혼한 여성을 치유하기 위해 그가 벌인 이 미친 내기에 연결된, 정신병리학적 분석에서 모든 것이 그렇듯이, 그 나름의 뿌리를 갖고 있는 위기를 다루고 있었다. 그리고 다른 한편에서, 그는 지성에 대한 그의 완전한 낙관주의를 다루고 있었다. 그리고 거기에서 모든 것은 갈가리 찢겨졌다. 나는 그가 우는 것을 보았다. 나도 때로는 운다. 나는 그가 내 어깨에 기대 "나는 그것을 더 이상 감당할 수 없어. 이 유한성, 이 부정적 결정성은 견뎌낼 수 없어"라고 말하며 우는 것을 보았다. 그것은 실제로 그가 직면한 도전으로 되었다. 그러나 그것은 갈가리 찢겨졌다.

그렇지만 펠릭스는 영원하다. 나는, 그가 최상의 존재, 최상의 행복, 최상의 기쁨, 대도시들을 두루 누비는 생기 있는 정신들을 결집하는 가장 위대한 능력, 그의 친구들이 그에게 말한 생기 있는 것들을 평가할 가장 위대한 능력을 누린 사람들 중의 하나라고 생각한다. 두말할 나위 없이, 내가 지금까지 알았던 가장 아름다운 사람들 중의 한 사람. 그런데도 그는 절망의 순간을 맞이했으며 죽음을 맞이했다. 그러나 그것은, 우리가 말한 그 두 가지 것, 즉 지성의 낙관주의와 의지의 비관주의의 모순이다.

시

나는, 시는 형이상학적 순간들을, 혹은 심지어 특히 역사적 분석의 강한 순간들을 파악하거나 예견할 수 있다고 말하는 것은 진부하다고 생각한다. 레오빠르디로 말하면, 그는 혁명의 종말이라는 문제에 대한 위대한 은유를 다루고 있었다. 혁명은 끝났다. 하지만 혁명의 종국에 승리한 것은 삶의 완전히 반동적인 양식이었다. 그리고 시의 향수는 실제로, 인간들이 내던져진 이 사태에서, 이 반동적 황야에서 다른 가치들을 재구축하고 그것들을 전진시키려는 시도이다. 레오빠르디는 프랑스 혁명이 끝난 후에 반동과 왕정복고의 시대를 경험했다. 그리고 이 상황에서 그는 근본적으로, 전통뿐만 아니라 특수한 문화에, 결국 이딸리아의 바로끄 언어와 같은 반동적 언어에 묶인 사람이었다. 그는 무엇을 했고 무엇을 만들었는가? 그는 마침내 자신의 시대 너머를 보는데 성공했다. 그는 왕정복고의 시대에, 더 이상 살아 있지 않은 부정된 가치들을 재발견하려 애썼다. 그리고 그는 이 노력을 향수를 가지고 한 것이 아니라 실제로 미래의 시적 창조의 능력을 가지고 했다. 그는 심지어 언어적 관점에서도, 그가 살고 있는 이 어두운 국면을 강력하게 타파할 수 있는, 그리고 대중 운동들, 욕망의 운동들을 예상할 수 있는 새로운 공동체 형식을 창안할 지평선들을 제기해 냈다. 그래서 시는 역사 속으로 침잠하여, 과거에서 남은 것뿐만 아니라 미래에 창안될 수 있는 것을 낳기 위한 외과수술용 칼로 사용되었다.

기억의 부재에 부치는 찬사

나는, 이딸리아로 돌아가는 것이 유산 상속을 받는 것을 의미한다고는 생각해 본 적이 결코 없고 또 앞으로도 그렇게는 결코 생각하지 않을 것이다. 유산은 더 이상 존재하지 않는다. 그것은 해체되었다. 그리고 종종 그렇듯이, 이 위대한 유산들이 해체되었을 때, 그것의 남은 요소들은 완전히 주변적인 것들, 때로는 별난 것들이다. 해체된 거대한 유산에 관한 그 같은 이야기들과 더불어, 그 유산과 완전히 병적 관계를 맺으면서 살고 있는 많은 가족들이 있다. 내가 훨씬 더 젊었을 때, 아마도 열한 살 정도였을 때, 나는 기억의 부재에 대한 찬사를 썼었다. 그것은 실제로는 기억의 부재에 대한 찬사는 아니었다. 그러나 당신이 그 글을 읽어보면 그것이 유산의 부재에 대한 찬사임을 알 수 있을 것이다. 그리고 이것은, 내가 여전히 지지하고 싶은 것이다. 나의 이딸리아로의 귀환은 낡은 그림자들과 유령들을 부활시키려는 시도일 수 없다. 그것은, 레오빠르디가 상상했듯이, 늙은 미라 수집가들과 그의 미라들 사이의 대화일 것이다. 개인적으로 내가 원하는 것은 완전히 변화된 사회적 현실을 이해하는 것이다. 그러나 저 사회적 현실에서 부정적 측면들만이 승리했다는 것은 사실이 아니다. 그리고 이 점에서 나는 내가 아는 모든 이딸리아인들과 동의하지 않는다. 군주 권력의 곁에는 항상 다중의 권력이 있다. 지배의 곁에는 언제나 불복종이 있다.

그리고 그것은 탐색의 문제이다. 정확히 가장 밑바닥에서부터의 탐색, 실제의 감옥이 아니라 사람들이 고통당하고, 사람들이 여전히 가장 가난하며, 가장 많이 착취당하는 수준, 감각들과 언어들이 일체의 활동 능력으로부터 가장 멀리 분리되어 있으나 여전히 존재하는 수준에서부터의 탐색. 그리고 이 모든 것은 삶이지 죽음이 아니다.

1997년
안또니오 네그리

편지

감옥에서 보낸 네그리의 편지*

> 외국인 혐오, 사회적 이기주의, 배타적 극소 민족들, 노동의 굴욕, 실업, 환경 파괴에 대한 우리의 반대를 확인하기 위하여; 시민적 동거, 민주적 참여, 돈이 아니라 사람들이 가장 중시되는 유럽적 문명의 이름으로
> ― 회의 조직자들의 성명서

동지들, 그리고 친구들

　우리의 베니스 지역은 부유하다. 그리고 그 부유는 공동적인 기업 정신에 의해 생산되었다. 이 생산적 변형의 영웅들은 물론, 오늘날 찬양받고 있는 대기업과 소기업의 사장들뿐만이 아니다 : 그들은 베니스의 모든 노동자들, 즉 공동선(common good), 노역과 지성, 노동력과 발명력을 위해 일한 모든 사람들이다 ; 그들은 전문주의를, 그리고 공동의 네트워크 속에서의 협력을 위해 정력을 쏟고 그것들을 축적했다. 그리고 그것들을 통해 대중의 전체 삶이 생산적으로 되었다.
　1950년대와 1960년대의 베네또를 회상하는 사람이면 누구나, 이 집단적인 변형의 노력이 얼마나 많은 대가를 치렀는가를 안다. 그것이 얼

---

* 네그리가 이딸리아로 돌아가 렙비비아 감옥에 투옥된 후 쓴 이 편지는, '정의와 자유를 위한, 분리주의와 인종주의에 반대하는 하나의 사회적 유럽'이라는 주제 하에 유럽 대항 네트워크(ECN)와 (사빠띠스따들을 포함하는) 그 동맹자들이 1997년 9월 12일에서 14일까지 이딸리아 베네치아에서 개최한 회의에 부친 것이다.

마나 많은 비참과 투쟁을, 얼마나 많은 복종과 반란을 치렀는지를 안다. 이 사람들은 부지런하고 독실한 "작은 개미들"이 아니다. 그들은, 계속되는 파도 속에서, 처음에는 이민이라는 방편에 의한 농민 노예제에 반대하여, 그 후에는 자기 자신을 노동계급으로 구성함으로써 자본주의적 착취에 반대하여, 그리고 마지막으로는 공동의 기업 정신을 지닌 새로운 합성(composition)을 형성함으로써, 봉급을 받는 노동에 반대하여 언제나 투쟁해 온 다중(multitude)이다. 오늘날 근대화의 길은 완전히 끝났다. 점차, 노동의 세계의 이 새로운 현실이 공동의 기업 정신을 지닌 새로운 합성으로 발전하는 동안, 그것은 자기 자신을, 외적으로는, 민족적 정치에, 그것의 재현의 규율들에, 그것의 행정적 절차와 금융적 오류들에 대립시켰다. 다른 한편, 내적으로, 그것은 자기 자신을 발전의 모순에 대립시키는 경향이 있으며, 생산자–시민들 사이에서의 새로운 경제적·정치적 구획들과 불평등의 출현에 자신을 대립시켜야만 한다. 이 두 위기들은 모두, 발전의 모델의 성격에, 시민권의 형태에 파괴적 효과를 미친다. 그리고 그것들은 동시에, 그리고 같은 방식으로 함께 싸워 나갈 것이다.

연방주의와 새로운 복지는 이 부정적 효과들을 저지시키는 도구들이다. 연방주의와 지역 자치, 노동자–시민들에 의한 행정의 재전유, 대의제와 민주주의와 과세의 새로운 형식들. 새로운 복지, 그리고 보조와 계획의 양상의 새로운 형식들, 개인들과 가족들에 대한 새로운 서비스들, (학술적인, 그리고 지속적인) 교육의 재창안, 그리고 무엇보다도 일체의 보편적인 시민권 소득. 이러한 개혁들은 삶과 생산이 중첩되는 곳인 사회의 필요에, 각자가 그리고 누구나가, 응답하는 것들이다.

그러므로 연방주의와 새로운 복지는, 우리들의 생산 양식의 공동의 기초를 강화하기 위해 확고하게 연결되어 함께 나아가는 정치이다. 베니스의 조건에서, 새로운 복지가 참여 민주주의의 산물이 아니라고 어떻게 주장될 수 있겠는가? 또 저 연방주의가 생산의 사회적 조건들에 대한 결정으로부터 노동자-시민들을 또 다시 배제하기 위한 최근의 발작적 정신착란이라고 어떻게 주장될 수 있겠는가?

공동선의 정치적 기업의 연방주의적 기초에 대립하는 사람들이 있다. 그들은, 한편에서는, 베니스의 생산적 발전의 특이성을 인식하기를 원치 않으면서 전통적 자본주의의 포드주의적 노동 조직의 특권에 부착된 사람들이다 ; 다른 한편, 그들은 분리의 포장 아래에서, 이 생산적 사회의 자율성을 위한 신성불가침의 필요를 오도하는 사람들이다. 이 양자는 공동선으로 되고 있는 것을 재사유화한다.

우리는 첫 번째 집단에게, 노동능력의 유연성과 이동성이 — 대중의 지성의 유연성과 이동성은 말할 것도 없고 — 불가역적이라는 사실을 상기시켜야만 한다 ; 문제는 노동의 새로운 조직에 반대하는 것이 아니라 포스트포드주의적 노동자의 임금과 자유를 보장하는 것이다. 노동의 새로운 조직은 덜 조합주의적인 복지를 요구하며, 더, 훨씬 더, 구성적인 — 생산 양식의 기초인 이 공동선(지속적인 학업과 교육, 일하는 여성을 위한 가사 서비스, 아동들에 대한 보육과 보조, 교통, 통신 네트워크 등등)을 구성하는 — 복지를 요구한다.

"쓰레기 처분"을 적게 하고 삶을 더 늘리는 것. 커다란 정부, 커다란 기업, 그리고 커다란 노동 사이의 협상의 시대는 끝났다. 영원히.

이제부터는 조세와 수입의 재분배의 차원들에 영향을 미치는 연방주의적 기초 위에서의 "사회적 협약들"만이 가능하다.

우리는, 분리주의자들에게, 그들의 정치학이 공동의 기업 정신의 생산적 열정을 가장 케케묵은 이기주의 속에 가두며, 그것의 확장적 힘(puissance)을 기초에서부터 깨뜨리며, 그것으로부터 혁신과 지성을 추방하며, 잔인하고 신성한 체하는 "스위스 인종"을 형성한다고, 따라서, 그것이 북부 동맹의 구성원들로 하여금 인종주의적 견해들과 파시즘적 감성으로 미끄러져 들어가게 한 것은 전혀 놀라운 일이 아니라고 말해야만 한다.

분리와는 완전히 다른 그 무엇을! 우리는 모든 경계들을 찢어 버릴 필요가 있다. 민족-국가들을 정의한다고 주장하는 저 (이제부터는) 우스꽝스러운 경계들처럼 지역들을 둘러싸고 있는 모든 경계들을, 그리고 교역을 방해하는 경계들을 찢어 버릴 필요가 있다. 그리고 이와 동시에 우리는, 권력(pouvoir)을 필요로 한다. 세계 시장 뒤에 숨어 있는 권력들이 우리를, 우리에 의해서는 더욱더 통제불가능한 금융적 순환들 속에서, 그리고 불가역적인 투기적 작업 속에서 우리를 분쇄하지 못하도록 막기 위해.

지금은, 오직 하나의 정치적·경제적·사회적 유럽, 이 지역의 강력한 연합만이 생산의 새로운 양식의 확장적 이익들의 매개를, 그리고 세계 금융 기업들의 권력에 대한 저항의 긴급한 필요들을 구체화할 수 있다. 오직 유럽만이 공동선의 연방주의적 구성에 적합한 지역이다.

그러나 우리가, 여기, 왼쪽에 모여 있는 이상, 우리들의 한계를 인정하자. 그리고 과거의 가장 좋은 전통들 속에서처럼, 이 순간에 일어나고 있는 것의 중력 속에서 책임의 우리 몫을 인정하자.

우리는 왜 단지 지금에 와서 우리 자신을 연방주의자로 인정할 수 있는가? 왜, 적어도 20년 동안, 우리는 생산적 자율성들의 발전을 지지하기보다는 그것을 방해해 왔는가? 왜 우리는 새로운 생산 양식의 특징들을 신속히 확인하는 데 성공하지 못했는가? 왜 우리는 "확산된 공장"의 신디칼리즘(syndicalism)을 발명하는 데 성공하지 못했는가? 왜 우리는 재정 문제들에서 항상, 도덕적이고 징벌적인 입장들을 취해 왔는가? 왜 우리는 생산된 공동선의 구축을, 그것의 발전을 기대하거나 그것의 분절결합들과 필요들을 드러내지 못하고, 마치 그것이 적과 관계된 것이기라도 하듯, 견디기만 했는가?

그러나, 20년 동안 이 동학(動學)을 이해했고, 자신들의 마음속에 그것을 품고 행동했던 베네치아의 좌파 정치 문화의 특정 부분이 존재한다. 그들은 억압당해 왔다. 그들이 거대한 활기를 가지고 살아나려 했을 때, 그들은 "내부 망명자들"로서 재출현했다.

이 논증은, 그것을 조직하는 형식들을 통해, 드디어 이 "내부 망명자들"에게 "형의 사면"이 선포되었음을 보여준다. 이제 "외부 망명자들"에게, 그리고 감옥에서 똑같이 싸우고 있는 사람들에게 형의 사면이 선포될 시간이다.

여하튼 이제부터는, 다시 기소되지 않으면서, 단결하여 전진하는 것이 문제이다. 아래로부터, 우리의 베니스가 처해 있는, 예외적인 (그러나 특별히, 극히 위험스러운) 상황의 기초 위에서, 새로운 좌파의 프로그램을 재발명하고 실험하는 것이 문제이다.

자, 노동은 변했다. 자, 오늘날 주체성은 다시 한번 그것의 "실험실"을 가진다.

아우또노미아여 영원하라.

1997년 9월 10일
로마, 렙비비아 감옥에서
안또니오 네그리

2

부록

국가에 대한 맑스주의 이론은 존재하는가
제헌적 권력: 대중의 지성으로 소비에뜨를!
이딸리아 자율적 좌파 운동의 역사
번역 용어 해설
안또니오 네그리 저작 목록(이딸리아어)
안또니오 네그리 저작 목록(기타어)
안또니오 네그리 저작 목록(한국어)
안또니오 네그리 연보
펠릭스 가따리 저작 목록(프랑스어)
펠릭스 가따리 저작 목록(영어)
펠릭스 가따리 저작 목록(한국어)
펠릭스 가따리 연보

국가에 대한 맑스주의 이론은 존재하는가?*

1

현재 국가에 대한 맑스주의 이론이란 것이 과연 존재하는가라고 보비오는 묻고 있다. 사실 이것의 의도는 질문이 아니다. 또한 도발적인 자극은 더욱 아니다. 그것은 다만 다음과 같은 사실을 주장하기 위한 한 방식일 뿐이다. 즉 공식적인 노동계급 운동(여기에서는 이딸리아 코뮤니즘 운동을 의미한다)은 국가이론을 가지고 있지 않다는 것이다. 만약 보비오가 자신의 주장을 발전시키지 않았더라면, 『리나시따』지에 실린 그의 논문에 대한 최초의 답변들은 아래와 같은 가정을 확증하기에 매우

---

* 안또니오 네그리의 이 글은 「사회주의적 민주주의」, 「마르크스주의 국가이론은 존재하는가」, 「대의제 민주주의에 대안은 있는가」(이상의 세 논문은 구갑우・김영순 엮음, 『마르크스주의 국가이론은 존재하는가』, 의암출판, 1992에 번역, 수록되어 있다) 등을 염두에 두고 씌어진 논쟁적 성격의 글이다. Antonio Negri, 'Is There a Marxist Doctrine of the State?', *Aut-out*, ns. 151~153, 1976년 3~6월호에 처음 실림. Nobert Bobbio(편), Which Socialism, pp. 121~138에 영역 수록.

충분하였을 것이다. 즉 노동계급 운동은 국가에 대한 맑스주의 이론(자본주의 국가에 대한 헌법이론과 뚜렷이 구별되고 또한 적대적이기도 한 이론)을 거부하였던 반면에, 그에 대한 적절한 대안을 고안하기에 이르지 못했다. 혁명적인 국가이론을 승인하지 않았던 개량적인 노동계급 운동은 혁명적이지도 맑스주의적이지도 않은 기능주의적 법이론의 테두리 내에서 움직인다. 이것이 이른바 대안적 권리이론이 실제로 의미하는 바이다.1

그러나 보비오는 자신의 논리를 계속 전개해 나가고 있다. 이것이 현실의 상황이라면 (맑스와 레닌 저작의 몇 페이지에 근거하여) 왜 추상적인 만큼 실현 불가능한, 대안적 사회에 대한 구상을 고집하는가? 보비오는 사실진술에 대해 계속 항변하고 있다. 이제 말장난은 그만두어야 하지 않을까? 사회주의로의 유일한 길은 현대 민주주의의 진보, 그 제도 그리고 자유를 위한 투쟁을 통하지 않고는 불가능하다는 것을 인정해야만 되지 않을까? 민주주의는 전복적이다.

'바트 고데스베르크를 기억하라'는 말은 한 극단적인 보수 코뮤니스트의 답변이었을 것이다. 그러나 『리나시따』지에 번갈아 가며 실린 답변들은 비록 일시적이고 우회적인 방식으로나마 보비오에게 동의함으로써, 시대가 얼마나 변화하였는가를 충분히 보여주었다. 조금 더 많은 민주주의, 조금 더 많은 사회주의, 약간의 변증법적 공중제비, 중앙위원회가 연주하는 음악에 맞춘 약간의 댄스 스텝. 이러한 각본에 따라 이론적

---

1. N. Bobbio, 'Interno all'analisi funzionale del diritto', in *Sociologia del diritto 1* (1975), pp. 1 이하. 맑스주의적 기능주의자들의 법 분석에 나타난 모호성에 관한 전반적인 토론으로는 A. Negri, 'Rileggendo Pasukanis : note di discussione', in *Critica del diritto* 1, pp. 90 이하.

인 문제는 결국 기본적으로 닭이 먼저냐, 달걀이 먼저냐라는 진부한 이야깃거리로 되어 버렸다. 그러한 문제를 회피하고자 하는 충동은 토론이 '민주주의 있는 자본주의'와 '민주주의 없는 사회주의' 간의 선택으로 드러났을 때 고통스럽게도 명백해졌다. 마치 로데리고 디 까스띨랴(Roderigo di Castiglia)와 보비오의 대화가 아직도 계속되고 있으며, 그 분위기가 여전히 냉전 이후의 해빙 분위기인 것처럼.

토론이 공식적인 노동 운동 내에서 일어난 것이 아니기 때문에, 아마도 다음과 같은 사실에 보비오의 관심을 기울이도록 하는 것이 필요할 것이다. 이 운동의 개혁주의 진영 외부에는 여전히 노동자의 관점이라 생각되는, 바꾸어 말하면 프롤레타리아트의 요구와 태도 그리고 투쟁에 기반을 둔 관점을 그들의 이론적 출발점으로 하면서 맑스주의 국가이론을 정교화하고 있는 학파들이 존재한다. 만약 우리가 개혁주의 진영이 혁명이론을 포기하라는 보비오의 요구에 그토록 재빨리 동의하는 꼴사나운 모습을 보면서 그들이 마음대로 하도록 내버려둔다면, 우리에게는 — 보비오 그 자신이 가장 먼저 인정하겠지만 — 그가 제기하는 문제들이 여러 가지 차원의 것이며, 다양한 접근을 용인하고 있다는 사실을 생각할 의무가 있다. 특히 개혁주의적 노동 운동이 어떠한 혁명적 국가이론도 가지고 있지 않다는 것을 잘 알고 있다면, 우리는 혁명적인 맑스주의 운동이 — (어떠한 동기에서든지) 진정한 맑스주의 원리에 입각한 — 국가에 대항한 혁명 투쟁의 정치이론, 즉 보비오의 간곡한 요구를 무시할 수 있고 그의 최초의 질문에 적절히 답할 수 있는 이론을 제공할 수 있는지 스스로에게 물어 보아야 한다.

분명히 보비오의 논문의 논리는 그의 전제들이 일단 받아들여지면 빈틈없게 된다. 그의 말을 옹호하기 위해 채택된 주장들이 수사학적이고 인신공격적이라는 사실은 결코 우연이 아니다. 그러한 주장은 직접적으로 개혁주의자들의 의도와 태도, 그들 입장의 모호함 그리고 결국 그들의 국가이론2을 겨냥한 것이다. 이는, 그것이 맑스주의자들의 자본이론이라는 감동적인 체계에 대해서는 힐끗 한번의 눈길만 주고 그것으로 그만두는 것에 비해 매우 대조적이다. 간략히 말해 그것은 그 주제(국가)와 맑스주의적 사고의 일관성에 대한 기소라기보다는 개혁주의자들의 추악한 양심에 대한 기소이다.

실제로 우리가 보비오 자신의 게임에서 문제가 되고 있는 것에 대한 보비오식 정의를 받아들임으로써 그를 상대하기를 원한다면, 우리는 그 자신의 주장을 그와 싸우는 데 사용할 수 있을 것이다. 예를 들어 왜 자율적인 노동계급의 국가이론이 불가능함을 권위적인 원전의 남용 탓으로 돌리는가? 그리고 왜 그것을 맑스 저작의 잘못된 해석 탓으로 돌리지 않는 것인가?3 사실 여기서 맑스주의의 완전성은 문제되지 않는다. 오히려 문제가 되는 것은 개혁주의이다. 해답은 이전의 결론이다. 그러나 문제를 혁명적 관점에서 접근한다면, 그것은 전적으로 열려진 질문으로 남을 것이다. 또한 보비오의 주장들이 상충되는 입장들 간의 중요한 차이점들을 명백히 할 수 있는, 유용한 준거점이 될 수 없는 이유는 존재하지 않는다. 심지어 그의 핵심적인 문제 규정 방식에서 생겨나는 분

---

2. 맑스와 레닌의 저작 중 네 구절은 국가에 대한 맑스주의 이론의 성립에 거의 관련이 없는 것이다.
3. 나는 *Opusscoli marxisti*(Feltrinelli, 1976) 시리즈에서 재발간된 그람시에 대한 보비오의 유명한 논문이 바로 이러한 대답을 초래했다고 생각한다. 기본적인 해석학적 접근에서의 이러한 결점은 맑스주의 내의 전(全) 그람시학파에 공통된 것이다. 이것의 증거로서 이딸리아 공산당의 이론가들, 특히 바달로니(Badaloni)와 루뽀리니(Luporini)의 최근 저작들을 다시 읽어보는 것으로 충분하다.

노와 역설을 인정하더라도, 그 자신의 용어로 그에게 만족스러운 답변을 하는 것은 가능하다. 국가이성의 논리에 기반한 주장들은 그것들이 지치고, 믿음이 두터운 체하며, 용기 없으며 그리고 전제적인 한 학자를 특징짓는 것이 아닌 이상, 정치이론에 본질적인 기여를 할 수 있다. 그러나 여기서는 이것이 문제가 아니다.

그렇다면 국가에 대한 맑스주의 이론은 존재하는가? 그리고 만일 존재한다면 그것은 무엇으로 구성되어 있는가? 그리고 만일 그것이 존재하지 않는다 하더라도, 그것은 혁명과정에 대한 노동계급 이론의 부차적 부분으로 사실상 내재하고 있는 것은 아닌가? 간략히 말해 보비오만이 다소 과장되지만 (정치적 용어로서는 결코 효과적이지 못했지만) 이러한 질문들을 본질적 문제로 취급하는 데에는 이유가 있다. 물론 그것은 소모적인 답변을 하기 위해서가 아니라, 다만 질문들을 재정의하고 궁극적으로 해결 가능한 상이한 개념틀 내에 그것을 위치 짓기 위해서이다.

맑스주의 내에서 국가이론의 정교화는 넓게 말해 다음과 같은 점들을 중심으로 전개되고 있다.

첫째, 현존하는 제도들에 대한 유물론적이고 변증법적인 분석방법의 규정.

둘째, 국가 내에서 권력을 잡고 있는 계급의 특징적인 기질과 사회구성 내에 존재하고 있는 물질적 과정의 규정.

셋째, 실천적으로 급진적 변혁을 일으키도록 예정되어 있는 혁명 주체의 역사적 사명(즉 국가체제에 적대적인, 프롤레타리아트에 의해 움직이는 메커니즘)에 대한 확인.

넷째, 국가 문제 내의 기본적인 분리의 인정과 연구, 즉 계급조직의 정치적 구조와 코뮤니즘 사회로의 이행을 야기하는 원동력간의 갈등.

부르주아 대의제 민주주의에 대한 대안의 문제가 결국 제기될 수 있으며, 위의 문제 외에 다른 문제가 존재하는지 확정할 수 있는 것은, 위의 문제들이 명확하게 된 이후에야 가능하다. 왜냐하면 개혁주의 이론가들의 영웅적인 노력에도 불구하고 이것은 그 중요성 때문이 아니라 맑스주의 담론에서 그것이 차지하는 위치 때문에, 국가에 대한 맑스주의자들의 고찰이라면 반드시 대결하여야 할 궁극적인 문제이다. 사실 제도에 대한 물신주의적 집착을 가진 자만이 이 문제를 최초로 맑스주의적 맥락에서 토론의 대상으로서 생각할 수 있었다. 다시 한번 말하지만 이것이 맑스주의 이론의 규범적인 근거들을 과도하게 고려하였기 때문은 아닐 것이다. 오히려 그것은 정반대의 이유, 즉 제한 없는 수정주의 때문일 것이다.

2

명칭과 사물

유물론적이고 변증법적인 방법이 먼저 해야 할 일은 이 양자간의 상관관계를 명확히 하는 것이다. 나는 개혁주의 진영의 사람들이 이 문제의 중요성을 과소평가하고 있다는 인상을 받았다. 나는 체로니와 그의 동료들의 사랑·증오의 콤플렉스가 헤겔의 정의에 더욱 초점을 맞추는지 아니면 로크의 정의에 더욱 초점을 맞추는지 알지 못한다. 보비오 역시 알지 못한다. 그럼에도 그는 논쟁이 언어적 실재와 관련되어 있음을 올바르게 생각하고 있다. 그러므로 게임 내에서는 그것이 어떤 의미가 있다. 그러나 게임 밖에서는? 이러한 상황 밖에서는 토론을 위하여 무엇이 '고안' 되었는가? 이론은 어려운 질문에 대해서는 어려운 해답을 제공한다는 말이 진실이라면, 단어들이 무게를 지닌다는 말은 더욱 중요해진다.

민주주의

이 말을 텔레비전에서 들었을 때, 생 쥐스뜨(Saint Just)나 레닌이 이 말을 도시의 광장에서 외쳤을 때와는 다르게 들린다. "민주주의는 전복적이다"는 말은 당연한 말이다. 그러나 리차드 닉슨보다 제리 루빈(Jarry Rubin)이 그 말을 하였을 때 의미는 달라지게 된다.[4] 나는 위의 말이 진부하다고 생각한다. 우리가 진부한 말만 하지 않으려면 우리는 적어도 의미상 그 말의 모호함과 관련된 실재가 중대하게 변화할 수 있다는 것을 암시하는 것은 아닌지 물어 보아야 한다. 보비오의 글에는 나를 특히 놀라게 한 부분이 있다. 그것은 그가 (현대 국가의 점증하는 복잡성이라는 문제를) 마치 개혁주의자들의 독점물이라도 되는 것처럼 다룰 때이다. 그것은 직접 민주주의에 반대하는 그들의 논쟁에서 신성불가침한 사항이다. 그러나 간략히 말해 이 문제에 대한 베버류의 분석이 자유에 기반을 둔 통치체제로서의 민주주의와 자본축적의 요구간의 모순에 대한 명백하고 고통에 찬 고발이라는 점은 사실이 아닌가? 나는 현대의 혁명적 맑스주의자들은 맑스나 레닌이 19세기 '민주주의'에 대해 쓴 몇몇 구절을 그다지 신용하지 않는다고 생각한다. 반면에 다소나마 그들이 잘 알고 있는 것은 자본주의 발전에 관한 맑스, 힐퍼딩, 룩셈부르크와 레닌

---

4. 그것은 우리가 두 사람의 말이 모두 '전복적'이라는 것을 인정하는가에 달려 있다.

의 분석이다. 그런데 자본주의의 통치체제에 내재한 적대에 관한 베버의 분석에 대해서는 왜 잘 모르는 것일까?5 자본의 전개에 대한 분석은 국가에 관한 어떠한 분석에서도 출발점과 기초가 되어야 한다. 그리고 만일 이것이 옳다면 민주주의 분석에서도 동일하다. 어떤 사람이 헤겔과 로크 혹은 그 점에서 푸펜도로프를 공부하든지 말든지 그것은 자유이다. 그러나 일단 현존하는 정치경제학에 대한 비판이 전제된다면, 사물(즉 명칭 뒤에 존재하는 것)은 변화한다. 왜냐하면 민주주의라는 용어는 전적으로 반계몽주의적인 기능을 지닌, 사람을 기진맥진하게 만드는 용어이며, 자본의 총체적 힘에 의해 완전하게 지배되고 있는 권력체계를 지칭하는 포괄적 용어이기 때문이다. 이 점을 생각해보지 않은 혁명적 맑스주의자는 한 사람도 없다. 그리고 이러한 상황 속에서 1960년대 이후로 국가에 대한 맑스주의 이론이 감동적인 부흥의 과정을 겪고 있다.6

이러한 과정의 결과로서 혁명적인 국가분석(자본의 총체적 힘이 경제발전을 통제하고, 위기를 관리하는 것이 제도를 통해서 이루어진다는 의미에서)은 견고한 경험적 자료에 기반을 둔 새로운 시각을 발전시켰다. 민주주의는 이제 이전의 역사적 국면으로부터의 잉여로 파악된다.

---

5. 예를 들어 G. Lukács, *Kommunismus* (Padua : Marsilio, 1972)에 대한 깟치아리(M. Cacciari)의 서문에 나타나 있듯이.
6. 여기에서 언급되어야 할 가장 중요한 저작들은 아래와 같다. 독일에서는 W. Müller · C. Neusüss, 'Die Sozialsituation und der Widerspruch von Lohnarbeit und Kapital', in *Sozialistische Politik 677*(1970년 6월호), pp. 4 이하 ; H. Reichelt, *La struttura logica del concetto di capitale in Marx*(Bari : Laterza, 1973), German edn 1970. 이딸리아에서는 M. Tronti, *Operai e capitale*(Turin : Einaudi, 1966), 프랑스에서는 E. Balibar, *Cinq Etudes du materialisme historique*(Paris : Maspero, 1974), 앵글로색슨계에서는 자본국가파(Kapitalistate group), 예를 들어 D. A. Gold · D. Y. H. Lo · E. Olin Wright, 'Recenti sviluppi delle teorie marxistd sullo stato capitalista', in *Monthly Review*, Italian edn, (1975년 11월호), pp. 6 이하.

반면에 현대의 국가는 점증하는 사회적 갈등상태를 계획하고 통제하는, 특히 대중의 정치적 행동을 예견하기 위한 메커니즘으로 간주된다. 국가는 항상 선동에 호소하고, 대중에 대한 정치적 혹은 폭압적 조치를 취할 준비가 되어 있다. 이 문제에 관해서는 방대한 문헌 목록이 있다.7 그러나 『리나시따』지의 기고자들은 이 사실을 무시하거나 잊어버리고 있으며, 그렇지 않으면 애매하게 그것을 일반화하고 있을 뿐이다. 이것은 틀림없는 사실이다. 정치 체제를 경제 체제로서의 자본주의가 취하는 가면으로 그리고 최후의 수단으로 보기를 거부하는 자, 국가를 — 자본주의 발전 단계에서 —『자본론』에 나타난 맑스 분석의 실현으로 인식하기를 거부하는 자는 누구나 이념의 공백 속에서 고통으로 뒹굴 것이다. 그러나 이러한 이데올로기가 자본주의 통치구조의 중심 역할을 드러내고 사회적 착취기구로서의 국가를 밝혀내며, 그리고 다양한 축적과정이 요구하는 공공연한 정치적 차원을 인식하는 데 점차 성공하고 있는 자본주의 정치경제학 비판과 대면하게 될 때, 그것은 분명히 적대적이고 억압적으로 될 것이다.8

이 점에서 통치기구의 복잡성은 문제가 되지 않는다. 민주주의를 파괴하는 것은 이것이 아니라 바로 주권의 원천에 대한 중대한 변화이다. 국가구조의 복잡성은 자본주의의 두뇌가 직접적으로 스스로를 국가로 이전한 사실에 의해 초래(신비화)되었다. 그리고 국가의 중립성이란 더

---

7. 최근의 나의 두 논문에서의 비판적인 문헌 목록을 참조하라. 'Su alcune tendenze della piu recente teoria dello Stato : rassegna critica'와 'Stato e spesa pubblica : qualche osservazione per avviare il dibattito', in *Critica del diritto 3*(1974) 그리고 5~6(1975).
8. 여기서 독일 잡지 『리바이어던』(Leviathan)과 관련된 저자들, 특히 오페(C. Offe)의 *Strukturprobleme des kapitalistischen Staates*(Frankfurt am Main : Suhrkampf, 1972)을 참조하라.

이상 존재하지 않는다는 사실과,9 민주주의는 정치적 세력과 노동계급에 대한 자본가적 부정이 만들어 낸 외적 형태에 불과하다는 사실에 의해 그렇게 되었다. 요약하자면 정통성과 주권의 모든 원천이 점차로 자본주의 발전(혹은 위기)의 통제와 생산적 합리성에 종속되어가고 있다.

보비오는, 민주주의에 대한 유일하게 진지한 비판은 반동적인 사상가들에 의해 이루어졌다고 주장한다. 이것은 사실일지도 모른다. 그러나 어떠한 민주주의를 우리는 말하고 있는 것인가? 그것은 시장민주주의이다. 현재 우리가 직면하고 있는 광범한 규모의 자본축적과 이데올로기 조작의 강도를 생각한다면, 아직도 니체를 인용하는 것은 더 이상 그다지 의미가 없다. 사람들이 과거 이념의 대사제(大司祭)처럼 행동하기를 원치 않는다면 (왜냐하면 그때 우리는 선사시대로 되돌아가기 때문이다!) 오히려 우리는 안드레아따와 나뽈리따노10 같은 현대 이딸리아 정치평론가의 글에서 풍겨 나오는 반동적이고 거만한 민주주의 분석에 주의를 기울여야 한다. 이들 저술가들이 권력의 한 형태로서, 그리고 자본의 힘의 정치체제로서 민주주의를 개념짓는 완벽한 전형이라면, 또한 그럼으로써 민주주의 사상이 공공연하게 반동적인 용어로 표현된다면, 왜 고전을 연구하는가? 반면에 우리가 이 신사들의 충고에 귀를 기울인다면 우리는 스스로에게 다음과 같이 물어 보아야 한다. 자본주의 발전을 고려하지 않고 민주주의, 합의, 참여에 대한 의미 있는 대화를 하는 것이 과연 가능한가? 현대 '민주주의' 사상가들의 대답은 부정적이다. 자유는 자본주의 발전이 부과한 (양적이고 질적인) 어떤 한계 내에서만 가능

---

9. 즉 그것이 과거에 존재하였더라도, 이제는 국가독점자본주의의 도구주의 이론의 형태로서도 더 이상 존재하지 않는다.
10. 이들은 저명한 기독교 민주주의자와 공산당 정치가이다.

할 뿐이다. 이러한 사실이 자명한 것은, 마치 시장의 힘의 작동으로서 지대가 그들 이전의 삶들에게 당연했던 것처럼, 그들에게는 매우 당연한 것이다. 그러므로 국가의 민주적 정통성은 자본주의 원리와 일치하여 나타나는 착취 사이클에 기반하고 있다. 이러한 과정의 국면이 상승 국면이든 아니면 하강 국면이든, 또는 팽창 국면이든 위기 국면이든 간에.

왜 고전을 탐구하는가? 현재 사회를 지배하는 것은 시장의 힘조차도 아니다. 그것은 바로 자본가의 권력망의 발전이 가져 온 힘이다. 민주주의에 대한 이러한 엄격한 제한을 고려할 때 우리가 현실적으로 물을 수 있는 유일한 질문은 다음과 같다. 이러한 자본의 힘이 행사되는 방식에 대한 어떠한 대안이 존재하는가? 자유의 이름으로 제도화될 수 있는 대안이 존재하는가? 그러나 그러한 가정적이고 극히 분명치 않은 대안들조차 동일한 반대에 부딪칠 것이다. 자본주의에 대한 대안이 실제로 어떻게 작동할 것인가에 대해서는 아무도 분명히 말할 수 없다. 대안에 대한 토론은 결코 궤변의 영역을 벗어나지 못한다. 유일한 대답은 비판, 투쟁 그리고 급진적 대안에 있다. 운동의 본질이 스스로 드러나는 것은 오직 운동 속에서이다. 간략히 말해 '자본주의가 존재하는 한 자유란 존재하지 않는다'는 『고타강령 비판』의 언명 속에 그것은 존재한다.

코뮤니즘 국가이론의 첫 번째 과제는 현재의 민주주의 개념을 철저히 연구하고 그것을 탈신비화시키는 것이다. 그리고 이것은 권력의 외적 형태를 폭로하기 위해 국가제도와 현실의 착취간의 관계에 대한 비판을 수행하는 것을 의미한다. 이런 맥락에서 국가에 대한 고전적 맑스주의 이론은 그다지 의미가 없다. 의미가 있는 것은 자본주의 발전, 즉 착취의 발전에 대한 비판이다. 또한 민주주의의 제도적 변형은 (자신을 해방시키고자 하는 프롤레타리아트의 투쟁을 영구히 억압하기 위해) 자본주의 이데올로기의 변형과 그 적응을 의미한다는 사실을 지금이라도 깨닫는 것이 중요하다. 나에게 개인적인 소견을 피력하는 것이 허락된다면, 지금의 이러한 통찰의 주관적 결론은 위의 전제에 근거한 분석이 '반란은 정당하다'(최초의 혁명 지도자와 최초의 데카르뜨주의 철학자가 아주 훌륭히 표현했듯이)는 사실과 통한다는 것이다.

3

보비오는 자신의 글 대부분을 민주주의의 역설을 분석하는 데 바치고 있다. 자연히 『리나시따』와 『몬도뻬라이오』 지의 기고가들도 서로의 차이점을 드러내기 위해 이 점에 집중하였다. 그러나 만일 이러한 역설이 이미 공개적인 갈등 속에서 논파되었다면 어떠한가? 또한 위기가 경제주기 내에서 결코 일시적 국면이 아니라, 골이 깊고 심각하며 대중의 식과 체제의 작동방식에 구조적으로 각인된 것이라면 어떠한가? 사건들을 제어하고 그것들에 효과적으로 개입하기에 무능한(경제학적, 사회학적, 조직적인 표현으로), 그리고 현재의 상황에 대한 해석의 틀을 제공하지 못하는 (특수한 혹은 일반적 틀로서) 사회과학의 현재 위기는 이러한 의심을 더해 주고 있다. '중간' 목표는 달성할 수 없게 되었으며, '장기' 목표는 이미 과거에 하나의 희망적 관측으로서 포기되었다. 반면에 '단기적'으로는 그러한 희망적 관측이 분석을 거부하며 그리하여 통제할 수 없게 된다.[11]

---

11. 휴즈(Stuart Hughes)와 굴드너(Alvin W. Gouldner)의 분석에 따르면, 이것은 사회과학 일반 특히 현대경제학에 해당하는 말이다. 현대경제학의 신비화, 몽매주의 그리고 혼란의 수준은 이 학문이 과학적이라는 지속적인 주장과 합치되기 어렵다.

그러므로 나의 견해로는 현실적인 국가에 대한 맑스주의 이론의 두 번째 과제는 노동계급의 진정한 적들의 특징적인 성격을 규명하는 일이다. 그러면 노동계급은 계급 투쟁에 의해 전면에 부상할 것이며, 자본주의 국가의 모든 행정구조에 퍼져 나갈 것이다.

보비오는 민주주의의 작동이 성공적이라는 사실은 민주주의가 직면하고 있는 위기를 심화시킬 뿐이라고 주장한다. 그리하여 결국 이것이 통치기관의 점증하는 복잡성, 관료주의의 기능장애, 기술적 무관심, 모든 영역에서의 표준화와 순응주의의 본질에 대한 인식을 또한 심화시킬 수 있다. 알트바터에서 오코너에 이르기까지, 또한 아그놀리(Agnoli)에서 오페에 이르기까지 모든 맑스주의 혁명이론가들은 이러한 연구를 수행해 왔다. 그들은 정확한 지식과 엄격한 경험적 연구로서 국가가 축적의 사회적 과정을 조절하는 방식과 함께, 그것의 구체적인 불균형과 기능장애를 보여주었다.12 그러나 이것이 문제가 아니다. 나에게 있어 진정한 문제는 민주주의의 커져 가는 역설에 직면하여 국가제도 속의 모순이 점차 더욱 심화되어 가는 방식에 있다. 이러한 과정이 계속된다면 우리는 '민주주의는 전복적이다'라고 거리낌없이 이야기할 수 있을 것이다. 그러나 우리가 '민주주의'라는 용어가 의미 없는 말이나 공허한 도덕적 수사가 되기를 원치 않는다면, 우리는 이러한 전복적 경향과 관련된 세력배치에 대해 명확히 규명하여야 한다. 이 점에서 우리는, 글룩스만이 최근에 지적했듯이13 여전히 레닌의 '주부들의 규범'(rule of housewives)

---

12. 오페의 기본서 외에 이 점에 관한 참고서들은 다음과 같다. J. Agnoli, *La trasformazione della democrazia* (Milan : Feltrinelli, 1969) orginal German edn 1967과 *Überlegungen zum bürgerlichen Staat* (Berlin : Wagenbach, 1975) ; E. Altvater, 'Zu einigen Problemen des Staatsinterventionismus', in *Probleme des Klassen Kampfes 3* (1972) ; J. O'Connor, *The Fiscal Crisis of the State* (New York : St. Martin's Press, 1973).

에 대한 유명한 요구 — 필요한 변경을 가해서 — 의 수준에 있다. 그러나 이것은 우리를 지옥 같은 강제노동 수용소로부터 구해 주지 못했다. 물론 현재에도 구원하지 못할 것이다.

사실 도덕적 호소의 영역 밖에는, 심지어 '나는 왜 스스로를 기독교도라 부를 수밖에 없는가'[14]라는 그들의 새로운 유형설명에서조차도 전통적인 맑스주의자들이 이야기하였던 민주주의는 더 이상 존재하지 않는다. 사람들이 서구에서 더 자유로운지 아니면 동구에서 더 자유로운지, 이런 문제는 한 노예가 자신의 문제 해결을 자기 그림자에게 맡기는 만큼이나 공허한 것이다. 이것은 단지 (베버적인 의미에서의) 관료주의 발전 메커니즘이 자본의 권력을 방향짓는 기능으로 굳어졌기 때문만은 아니다. 더욱이 현실의 국가기관의 복잡함이 자본가의 권력기구에 의해 수행되는, 광범한 영역의 조절되고 특수화된 기능과 조응하기 때문만은 아니다. 더구나 통합과 억압 그리고 조정과 선택의 메커니즘이 점차 명백하고 폭압적인 방식으로 직접적인 국가통제라는 형태를 취하는 경향이 있기 때문만도 아니다. 반면에 부르주아 시민사회의 창백한 이미지는 서서히 수평선 아래로 사라져 간다. 특히 이것은 지금 토의되고 있는 민주주의의 특수한 양식의 물질적 기초가 자본주의 자체의 발전에 의해 해소되었기 때문이다. 이것은 자유주의의 '소유정신'이 기가 꺾인 때문이 아니다. 반대로 자유주의의 소유정신은 시장을 정치적 장으로 변화시키

---

13. A. Glucksmann, *La Cuisiniére et le mangeur d'hommes* (Editions du Seuil, Paris, 1975).
14. 끄로체(Croce)의 유명한 글의 제목 *La Critica 40* (1942), pp. 289~297. 원래는 「우리는 왜 우리들을 기독교도라 부를 수밖에 없는가」이다. 이 말은 1976년 2월 20일 『라 레푸블리까』(La Repubblica)에 실린 루까(Fausto De Luca)와 보비오의 대담 제목으로 다시 씌어졌다. 그 제목은 『우리는 왜 우리들을 맑스주의자라 부를 수밖에 없는가』이다. [영어판 편집자의 주]

고 있다. 또한 그것은 민주주의와 자본주의 양자의 발전을 정당화한 역동성이 도달한 한계점이라는 의미에서, 위기를 만들어 내는 자본주의 이윤율의 현기증 나는 감소라는 문제만은 아니다. 오히려 이러한 상황의 근저에 있는 것은 잉여 가치의 근본적인 변화이다. 『리나시따』지가 이 문제를 자유주의적·사회주의적 민주주의 문제와 관련시키는 데 몇 페이지를 할애하였더라면 훨씬 좋았을 것이다. 이것이 문제의 핵심이기 때문에, 우리는 잉여 가치 법칙과 함께 자유교환법칙 배후의 자본가적 합리성이 붕괴되는 시점에 도달했다. 이때 상품물신성은 더 이상 착취의 '합리적' 능력을 은폐하거나 신비화할 수 없게 된다. 대신에 권력의 노골적인 비합리성이 균형에 대한 유일한 지지와 착취의 표현으로 된다. 이것을 정당화시키는 유일한 방법은 자신을 영원히 존속시키는 것이다.15

이 점에서 여러 가지 강제노동 수용소의 출현은 결코 우연적이 아니라 필연적인 일이다. 그것은 이윤동기로부터의 자본의 소외, 그리고 권력을 유지하기 위한 자본의 배타적 사용의 논리적 결과이다. 우리에게 용기가 있다면 이러한 군도(群島) 위에 민주주의의 그물을 던지자! 그럼으로써 우리는 괴물을 잡을 수 있을 것이다. 우리는 어떻게 자본의 전체

---

15. 맑스주의 자본이론 내에서 이 점이 다루어지는 방식 속에서, 제국주의에 대한 부하린과 레닌의 저작들, 잉여 가치 법칙에 대한 1920년대의 철학적 학파의 저작들 그리고 법과 계획에 관한 빠추까니스(Pasukanis)와 쁘레오브라젠스끼(Preobrazensky)의 저작들 간에는 밀접한 관련이 있다. 자본의 발전에 대한 이러한 사고를 지닌 학파의 현대적 기여는 R. Rosdolsky, *Genesi e struttura del Capitale de Marx*(Bari : Laterza, 1971) [양희석·정성진 옮김, 『마르크스의 자본론의 형성 1·2』, 백의, 2003]와, A. Negri, *Crisi dello Stato piano*(Milan : Feltrinelli, 1974) [영광 옮김, 「계획자국가의 위기」, 『혁명의 만회』, 갈무리, 2005]에서 볼 수 있다. 이 논쟁이 참조하는 맑스의 기본 저작은 『그룬트리세』(*Grundrisse*)이다. 이 점에서 맑스주의 사상의 본질적인 연속성은 완전히 재구축될 수 있다.

적 전개가 국가의 작동방식에 의해 지지되고 있는지, 자본축적과 재생산이 어떻게 고유한 정치제도를 만들어 내게 되었는지, 그리고 야수적인 형태의 테러리즘에 의존하는 자본주의 국가의 경향이 어떻게 점점 더 노골적으로 되어 가는지를 보게 될 것이다. 그러나 이 사실은 우리가 정치경제학 비판에 기초하여 통치의 정치경제학 비판과, 그리하여 자유주의 정치에 대한 효과적인 비판을 발전시킬 수 있게 할 것이다. 수정주의적 사회주의자들은 언제나 홉스 이후의 이론가들에게 각인된 홉스의 영원한 영향력을 읽고 있다. 우리는 그와는 반대방향으로 이 길을 걸어야 한다. 이것은 권력이 취하는 형태를 보지 않기 위해서가 아니라, 그것을 권력 그 자체의 속성에 비추어 명확히 규정하기 위해서이다.

우리가 이러한 경향이 지니는 완전한 의미를 평가한 후에, 여전히 우리의 관심을 대의제 민주주의(보비오가 표현하듯이 '더 작은 악'이라면 좋을 텐데)에 기울일 약간의 가치라도 있어 보인다면, 반드시 그것을 생각해 보자. 그러나 이 경우 우리는 아마도 우리의 분석에 의해 혼란스럽게 되고, 실천적으로 틀림없이 무장해제되어 버려 우리의 혁명적 힘을 상실할 위험이 있다. 사실 '더 작은 악'이란 말이 스스로 수사학적 주장이 되기를 원치 않는다면, 자신을 현실에 비교하여 평가할 필요가 있다. 그러므로 어떤 민주주의 사상을 설명하는 데 있어서 '더 작은 악'이란 말은 '개인적 권리의 보장'을 의미하는 말이 될 것이다. 더 일반적으로 그것은 '헌법적 보장', '권력분립' 등을 의미하게 될 것이다. 이것은 우리가 생각하는 바가 아니다. 지금도 민주국가의 권력이 견제와 균형의 원리에 의해 분할되어 있고, 대항권력이 효율적으로 행사되고 있으며, 그리고 시민의 권리가 여전히 중요한 몇몇 장치에 의해 보장받고 있다고 생각하는 순진한 사람들이 있다. 그러나 만일 노동자들의 투쟁과 대중들이 매일 행사하는 대항권력이 없었더라면, 결코 자유란 남아 있지 않았을 것이다. 발생되는 수많은 권력남용 사건에 책임 있는 자들에 대한 대중매체의 우스꽝스러운 풍자적 심판도, 대의제 민주주의와 입헌주의가 '더 작은 악'이라는 주장을 결코 우리에게 납득시키지 못한다. 이 점에 대한 보비오의 논거가 실제보다 더욱 복잡하게 보인다면, 그것은 권력의 '억압적' 실제가 선험적으로 필요하고 권력에 대한 코뮤니스트들의 '확장된' 개념이 유토피아적이고 거짓되다는 것을 보여주는 형이상학적 논거로 해석되어야 할 것이다. 이딸리아 공산당의 이론가들이 이 점에 동의한다면, 그들은 그들의 철학에 대한 그것의 의미를 깨달아야 한다. 그것이 의미하는 바는, 주의 깊게 고려된 신칸트주의가 변증법적 유물론보다 더욱 타당하다는 것이다. 이 경우 체로니는 꽂따[16]와 나란히 로마대학 철학교수 자격이 있을 것이다.

4

맑스와 엥겔스의 분석에서 자본의 전개과정과 자본이 총체적 국가 내에 포섭되어지는 과정은[17] 특별한 변증법적 중요성을 지니고 있다. 이것은 자본의 힘의 총체적 표현으로서의 국가 발전에 관한 이론적 예측을 가능케 했다. 즉 이것은 국가에 대한 맑스주의 이론의 세 번째 임무

---

16. 쎄르지오 꽂따(Sergio Cotta, 1920~)는 법과 정치사상을 연구하는 자유주의적 역사가이다.
17. 맑스주의적인 국가 정의에 있어 상이한 국면의 재구축을 위해서는 R. Finzi, 'Lo Stato del capitale, un problema aperto', in studi storici(1970), 각주 3. 또한 R. Guastini, *Lessico giuriudico marxiano 1842~1851* (Bologna : Il Mulino, 1974)를 참조하라.

와 직접적인 관련성을 지니게 되었으며, 또한 그것에 곧바로 적용할 수 있게 되었다. 바꾸어 말하면 그 임무는 과정 내의 실질적인 전환점의 규정, 착취자의 확인, 혁명 주체의 기술적·정치적 구성의 분석, 추악한 착취관계의 주된 선동자인 국가에 대항한 투쟁이 불러일으키는 전 지구적 긴장을 스스로 떠맡을 임무를 프롤레타리아트에게 위임하는 것이다.[18]

맑스주의는 기본적으로 생산관계 변혁의 필연성, 그러므로 역사변혁의 필연성을 설명하는 이론이다. 맑스주의는 이러한 필연성을 예측하기 때문에 과학적 이론이다. 맑스주의를 체득한 개인들의 주체적 의지가 이러한 필연성의 창조와 표현에 중요한 역할을 수행한다. 그 필연성은 프롤레타리아트의 의식에 새겨진 필요의 기능이다. 그리고 그러한 필요로부터 변혁의 욕망이 생겨난다. 그러므로 이러한 필요에 감정을 이입하고, 그것을 연구하기에 적절한 분석도구를 가지는 것이 필수적이다. 그것은 상황이 요구하는 바에 따라 소책자나 공격 무기 혹은 컴퓨터의 형태를 취할 수도 있다. 그러나 그것은 프롤레타리아트의 투쟁과 삶에 직접적으로 개입함을 의미한다. 방관자로서 발언하는 자는 모두 거짓말쟁이이다. 이런 관점에서 접근하면, 추상적으로 발전을 예견할 수는 없게 된다. 그리고 어떠한 의지가 대의제 민주주의를 대신할 것인가라는 물음은 아무런 의미가 없게 된다. 혁명과정의 '방법'과 '주체'의 문제 또한 동일하게 된다. 자신의 고유한 상황에 맞게 혁명의 형식과 내용을 기획하지 않는 혁명 주체란 존재하지 않는다. 그러므로 무엇이 일어날 것인가라는 예견은 — 그것이 가능하다면 — 오직 사회 세력들의 어떠한 세력

---

18. 이 점에 관한 참고서적은 A. Negri, 'Partito operaio contro il lavoro', in A. Negri 외, *Crisi e organizzazione operaia* (Milan : Feltrinelli, 1975)를 보라.

배치 속의 계급 투쟁의 표현일 수밖에 없다. 이러한 투쟁의 표현만이 변형의 욕망을 정당화하고 그 결과를 결정할 수 있다. 스피노자가 말했듯이[19] 이것이 (변증법적 유물론이 되기 전의) 유물론의 법칙이다. 그러나 그것은 또한 변증법적 유물론의 법칙이다. 그로써 이 법칙은 내적으로 자신을 해방시키고자 하는 노동계급의 분투와, 그리고 그 결과 발생하는 국가 구조의 변화간의 관계를 탐구한다. 그렇다면? 이때 프롤레타리아트의 투쟁에 대한 반동으로서 자본의 힘이 대오를 정비하고 단결하여가는 경향은, 역으로 노동자에게 최고로 단결할 필요성을 불러일으킨다. 이러한 과정이 실제로 일어나고 있다는 것은 경험적으로 그리고 실천적으로, 사회학적으로, 정치학적으로 증명될 수 있다. 이제 잉여 가치 법칙의 작동이 붕괴되었다는 사실은 대중의 주체적 의식에 의해 감지되고 있으며, 그리하여 잠재적으로는 국가에 대한 혁명적 관계의 정동적 기반을 마련하고 있다.[20] 국가는 근본적으로는 이것에 적대적이다. 사장, 임금노예제 그리고 영혼을 파괴시키는 고역의 시간은 이러한 적대감의 정확한 표현들이다. 국가의 기능과 관료들은 자본의 직접적인 기능과 기능원이기 때문에 국가는 본질적으로 적대적이다. 신비화된 과정을 통해, 유권자의 전체 동의에 의해 혹은 정당간의 합의를 통해, 아니면 더 공공연히 사장이 지급한 봉급에 의해 이러한 역할이 주어진들 무슨 차이가 있는가? 『프라우다』가 『일 꼬리에레』(*Il Corriere*)나 『라 스땀빠』(*La Ssstampa*)보다 다소 자유롭다 한들 무슨 의미가 있는가? 미국이나 러시

---

19. 이것은 G. Deleuze, *Spinoza et le probleme de l'expression* (Paris : Editions de Minuit, 1968)의 기본 주제이다. [이진경·권순모 옮김, 『스피노자와 표현의 문제』, 인간사랑, 2003]
20. K. H. Roth, *Die 'andere' Arbeiterbewegung* (Munich : Trikont, 1974), 그리고 잡지인 *ZeroWork 1* (New York : 1976).

아 혹은 독일이나 이딸리아 (즉 어느 나라의) 비밀 정보국과 테러진압 부대가 더 민주적인가라는 문제가 무슨 의미가 있겠는가?

잉여 가치 법칙의 붕괴와 새롭고 굳게 단결한 프롤레타리아 주체의 출현간의 밀접한 관계는 전통적인 범주를 사용해서는 이해될 수 없는 새로운 정치분석을 필요로 한다. 그러므로 새로운 개념틀이 요구된다. 분명히 혁명적 국가이론이 단계적인 혁명지침을 의미한다면, 맑스주의적 의미에서 한 가지 이론만이 존재한다고는 결코 말할 수 없다. 그러나 왜 맑스주의의 혁명적 국가이론에 대한 대안이 자본주의의 선사시기인 시장 사회에 대한 향수적인 회상 속에서 존재해야 하는가? 맑스주의 이론은 그러한 사태로의 회귀가 어떠한 경우에도 불가능하고, 그러한 조건 하에서 자유의 보장은 환상적이며 위험하다는 것을 보여준다. 그러므로 프롤레타리아적 자유는 ― 이것은 맑스주의의 자본 비판·국가 비판과 밀접히 관련되어 있다 ― 이론적 차원에서는 새로운 프롤레타리아 주체에 대한 분석의 정교화의 과제를, 실천적 차원에서는 이 주체가 혁명과정을 이끌어 나가기에 적절한 제도적 형태들을 고안하는 과제를 그들에게 맡김으로써만 방어될 수 있다. 우리가 자본 축적률을 혼란시키는 노동자들의 임금투쟁을 '민주주의적'이라 부르든 말든 그것은 자유이다. 노동과 보수 사이의 현존하는 불균형을 해소하는 정당한 임금에 대한 프롤레타리아트의 요구, 부의 재분배에 대한 젊은 층의 요구의 급속한 확산, 더 이상 무시당할 수 없는 여성들 자신의 신체와 존엄함 그리고 정당한 임금을 되찾기 위한 요구, 간략히 말해 우리는 위의 모든 요구를 민주주의 확산의 한 부분으로 볼 수 있다. 그러나 이들 투쟁들을 대중의 정치적·조직적 힘에서 생겨나는 쇄신과정의 실질적 기반의 표현으로서 연구하는 것이 더욱 중요하지 않겠는가? 이러한 새로운 행동 패턴의 풍부한 잠재성을 이렇게 평가하는 것이 중요한 것은 결코 그것들이 스스로 표현하고 있지 않은 것이 대의(代議)의 요구라는 점 — 권력의 '위임'이라는 의미에서나, 중개자에게 미래의 권력을 맡긴다는 의미에서 — 에서 더욱 명확해진다. 그러므로 이 점에서 '프롤레타리아 독재'는 '대의제 민주주의'보다 이러한 현상에 훨씬 더 유리하게 적용될 수 있는 용어라는 점은 의심할 수 없다.

5

 그러나 분명히 중심적인 문제는 어떤 표지(label)를 선택할 것인가 하는 문제가 아니다. 우리가 보았듯이 국가에 대한 맑스주의 이론은 현존하는 제도들에 대한 일관성 있는 유물론적 비판의 기초를 제공할 수 있으며, 이것들이 발전하는 내재적 방향을 인식할 수 있게 한다. 또한 그것은 혁명적 프롤레타리아트에게 전체 변혁과정이 취할 명확한 형태를 발견할 임무를 부여하고 있다. 이 점에서 '프롤레타리아 독재'라는 개념을 유물론적 용어로, 그리하여 계급구조의 용어로 정의함으로써 그것에 대한 오해를 피하는 것이 중요하다. 지금 당장 한 가지 점을 명확히 할 필요가 있다. '프롤레타리아 독재'라는 용어가 동구권에서 사회주의가 수립된 역사적 과정에는 부합되지 않는 용어라는 점은 부정할 수 없는 사실이다. 왜냐하면 거기서 실제로 일어났던 것은 순수하고 단순한 독재, 즉 당 관료의 독재였기 때문이다. 그러나 그 용어는 사회주의 일반의 수립이라는 개념에 대해서도 동일한 오해를 불러일으킨다. 이러한 상황은 '대의제 민주주의'의 경우도 역시 마찬가지이다. 왜냐하면 자본주의가 현재 도달한 높은 수준의 발전단계에서, 우리가 사회주의를 계급구조와 구조변화에 대한 요구 그리고 혁명적 변증법의 부정적이고 긍정적인 역동성을 종합하는 진정한 변혁이라는 포괄적 용어로 이해하는 한, 사회주의는 달성될 수 없다고 사람들은 생각할지도 모르기 때문이다. 정치이론으로서 사회주의의 중심 개념은 왜곡된 현실 사회주의에 적용됨으로써 그 예리함을 상실한다(그 개념들이 이데올로기적 신비화의 수단으로서 효율성을 지니고 있을지라도). 현대의 사회주의는 무엇을 의미하는가? 그것은 다만 국가의 영속화와 잉여 가치 법칙의 실현을 보장하기 위한 중앙계획의 적용을 의미할 뿐이다. 이렇게 자본주의와 사회주의는 동상이몽자가 된다. 그러나 프롤레타리아트 고유의 단결을 성취하려 하고(사회학적 용어로는 고도의 생산적 과정),[21] 봉급 생활자 계급으로 편입시키려는 점증하는 압력에 대항하여 분투하는 프롤레타리아트의 투쟁을 생각한다면, 이런 식으로 말한다는 것은 프롤레타리아트에게는 우스꽝스러운 동화일 뿐이다. 사회주의는 분명한 정체를 더 이상 가지지 않게 되었다. 이 점에서 잉여 가치 법칙의 작동에 대한 필사적이고 야만스러운 방어로서 필연적으로 사회주의는 강제노동 수용소의 형태를 띨 수도 있다는 위험을 지니고 있다. 즉 서독에서만큼 소련에서도, 그리고 남아프리카에서만큼 미국에서도 실전 배치된 테러진압 부대가 의회에 '책임을 지든' 아니면 국가정당에 '책임을 지든' 그것이 무슨 차이가 있겠는가? 역설적으로 소비예뜨 강제수용소와 정신병원에 대한 서방의 캠페인이 있은 후, 그러한 테러진압 부대는 의회민주주의 정부보다 인민민주주

---

21. 이 주제에 관한 주요한 연구는 사회경제학자 협의회(Conference of Social Economists)의 영국경제학자들에 의해 이루어지고 있다. *New Left Review*에 실린 Rowthorn, Harrison, Fine, Bullock, Gough의 논문뿐만 아니라 그들의 학회지(CSEB)를 보라.

의 정부에서 훨씬 더 지성적이고 인간적으로 되었다. 무엇이 문제인가? 전제주의는 서구에서와 같이 가혹할 수도 있고, 혹은 '사회주의' 국가에서처럼 계몽될 수도 있다(물론 거꾸로일 수도 있다). 그렇지만 전제주의는 여전히 전제주의이다. 노동계급의 투쟁이라는 위협에 대한 반동으로서, 자본주의의 세계적 추세는 모든 생산력이 완전히 자본 내로 포섭되어 가는 단계로 나아가고 있다. 그리하여 자유로 인식될 수 있는 유일한 길은 혁명뿐이다. 더욱이 자본은 모든 생산력이 자신과 충돌하게끔 하는 경향이 있다. 이러한 과정이 극한점에 도달하는 상황에서, 사회주의는 단지 착취법칙(혹은 잉여 가치 법칙)의 전 사회로의 '합리적' 적용으로 나타나게 되고, 그리고 자본의 직접적인 신비화로 된다. 맑스는 실제로 '자본의 코뮤니즘'[22]을 말하고 있다. 그러나 개혁주의자들은 정통을 맑스와는 전혀 다르게 이해한다. 어떠한 수식 형용사를 선택하건 민주주의는 프롤레타리아트에 대해 구 사회 권력이 채택한 마지막으로 남아 있는 형식이며, 자본의 불합리한 생존의지의 외적 표현이다.

그러므로 이러한 상황에서 '프롤레타리아 독재'라는 용어는 명확히 코뮤니즘적 의미에서, 그리고 프롤레타리아 단결의 기초 위에서 대중으로서 권력을 행사하는 노동계급의 역량을 지칭할 뿐이다. 그것은 실현된 코뮤니즘 사회에서 사회변혁 과정의 최종 단계를 보는 것을 의미한다. 또한 그것은 모든 것이 발현된 코뮤니즘적인 물질적 관계를 고려하면서, 스스로를 그 속에 위치짓는 것을 의미한다. '직접 민주주의'라는 용어는 그 모호한 함축적 의미들 중에서 개인주의적 요소, 즉 대중적인 코뮤니

---

22. 맑스의 서한의 이딸리아어 번역본에 대한 참고서적이 있다. K. Marx, *Carteffio* (Editori Riuniti, Rome : 1951), vol. 5, p. 184.[영역자주]

즘 운동의 성숙된 논리와는 매우 이질적인 것을 포함하고 있는 용어이다. 그리고 그것은 결코 애매하지 않은 용어로서, 사회적 계획과 기술 그리고 인간적 필요의 충족을 집단적으로 재전유함으로써 명확히 규정된 용어이다. 개인의 필요와 자원의 희소성이라는 논리가 '직접 민주주의'라는 사고를 지배한다. 풍요함과 집단성의 논리가 '프롤레타리아 독재' 개념의 초석이다. 소비예뜨 민주주의[23]에서 그러한 '직접 민주주의'가 결국 승리하는 것처럼 보일 때조차도, 사회적 긴장의 진정한 코뮤니즘적 해결에 있어 계급권력이라는 표현은 거부되었다.[24] 이행과정은 낡은 것의 파괴와 새로운 것의 건설이라는 동시적 과정이다. 현재 토론되고 있는 제도라는 문제의 경우, 이행은 자본주의의 집단적·사회적 양식으로서의 국가에 대한 프롤레타리아트의 직접적인 전복으로 시작되며, 국가의 체계적인 파괴와 함께 진행하여, 그리고 가장 성숙한 형성 단계에서 프롤레타리아 권력이 발현함으로써 정점에 이른다. 코뮤니즘 독재가 자신의 기원을 밝히기 위해 부르주아지의 민주주의적 유토피아에 대한 향수를 다시금 불러일으킬 필요는 전혀 없다. 계급의 새로운 세력배치는 그러한 과거와 전혀 관련이 없다. 그 과거는 자신이 이전에 성취한 것을 안타까워 할 뿐 아니라, 현실에 대한 순전한 신비화를 꾀한다. 그런데도 오늘날의 젊은이들이 대의제적 의회민주주의 — 이것의 결함이 우리를 정면으로 노려보고 있으며, 장점이 부재함으로써 오히려 장점이 두드러진 — 의 이상에 의지하거나, 제3인터내셔널의 손상된 순결성으로 되돌아가는 것은 어처구니없다. 그러나 나의 이러한 생각은 불신, 경멸

---

23. 서구식 체제와는 매우 상이한, 프롤레타리아 발전의 정치적·기술적 단계에 상응하는 체제.
24. S. Bologna 외, *Operai e Stato* (MIlan : Feltrinelli, 1972).

적인 회의주의, 그리고 정신적 장애물에 부딪치는 경향이 있다. 너무나도 종종 노동계급의 권력은 권력에 수반되는 추악함, 즉 지도자의 이기주의, 국가의 폭압적 전술을 강조함으로써 부르주아적 지식인들을 깜짝 놀라게 했다. 너무나도 자주 프롤레타리아트의 투쟁은 대의제 민주주의, 대중의 신뢰를 틈탄 사기수법을 들통 내곤 했다. 이딸리아의 예만 들더라도 통일 이후 수백 년 동안 ― 성공적이었든 그렇지 않든 간에 ― 열두 번 가량의 부르주아지에 의한 쿠데타가 발생하였다. 권력을 유지하기 위해 현실의 이러한 이미지를 불식시키는 것이 당연히 중요시되어 왔다. 그러나 그것은 불가능함이 드러났다. 왜냐하면 진정한 대안에 대한 전망이 계급 투쟁의 필수요소로 되어 왔으며 투쟁을 통해 그것은 지금은 계급의식의 한 구성부문이 되었다. 그리하여 그것은 검열당하거나 억압될 수 없는 것으로 되었다. 나는 솔직히, 노동자들뿐만 아니라 대중의 실업을 당연시하는 대의제 민주주의가 임금보장과 노동 시간 감축을 위한 법령을 통과시킬 수 있는 프롤레타리아 정권보다 왜 더 믿을 만한지 이해하지 못하겠다. 또한 나는 코뮤니즘과 민주주의가 공존할 수 있다는 말이 어떻게 믿을 수 있게 보이는지 정말 이해할 수 없다. 사회주의와 민주주의는 공존할 수 있으나, 분명히 민주주의와 코뮤니즘은 그럴 수 없다. 그러므로 다른 사람들이 사회주의 없는 민주주의와 민주주의 없는 사회주의간의 선택을 이야기하면서 말장난하는 동안, 우리는 다만 코뮤니즘을 말할 뿐이다. 맑스의 예언에 따르면 코뮤니즘은 코뮤니즘에 대한 요구를 기술진보와 손노동으로부터의 탈피 그리고 잉여 가치 법칙의 붕괴가 가져온 조건들과 결합한 성숙한 계급구조를 의미한다.

그러나 이 문제를 다른 시각에서 생각해 보자. 나는 권력분립(과거에 존재하였을지 모르지만 지금은 더 이상 존재하지 않는)에 기반을 둔 헌법체계가 자유에 대해 어떤 보장을 해줄 수 있는지 정말 모르겠다. 반면에 인민권력이 지배하는 영역에서의 자치와 국가 권력 간의 변증법적 관계라는 원칙 위에 조직된 사회에서 만인이 향유하는 자유라는 나의 이해방식에는 어떠한 문제점도 발견할 수 없다. 또한 나는 (대의제 민주주의에 의해 보장되는) 지적 생산력의 자본주의적 획득과 그것에 대한 통제방식이 집단적인 사회적 힘이란 형태로 이루어지는 지적 생산력의 굴종으로부터의 해방보다 어떻게 더 자유로울 수 있는지 이해하지 못하겠다. 후자의 생각과 사고방식은 부르주아 대의제 민주주의 내로 자신들을 포섭하려는 어떠한 시도에도 저항하는 대중의 반공세 속에서 점차로 강화되어 가고 있다. 그러한 태도를 민주주의라는 사고 내에 수용하려 하는 것은, 무슨 수를 사용해서든지 연속성에 탐닉하고자 하는 자들(이딸리아처럼 사제가 지배하는 나라에서는 이런 자들이 매우 많다)에게는 칭찬 받을 만한 일이다. 그러나 그것은 그다지 중요한 일이 아니다. 따라서 그것은 혁명전통이 발굴해야 하는 풍부한 자원들에 비하면, 뜨라스포르미스모(trasformismo)[25]를 위한 내키지 않는 시도로서 거부될 수 있다. 왜냐하면 지금도 — 비록 여러 형태들로나마 — 자유에 대한 유일한 보장은, 국가에 대항한 프롤레타리아트의 반공세가 제공해주기 때문이다. 역사적으로 볼 때 민주주의의 딜레마에 관한 궤변이 가능하였던 시기[26]는 지나갔다. 그렇다면 아직도 '민주주의'와 '코뮤니즘'이 이야기되고

---

25. 이 말은 본래 1876년 이후 데쁘레띠스(Depretis)에 의해, 통일독립운동(Risorgimento) 이후 시대의 '역사적인' 좌·우파 정당들의 통합을 묘사하기 위해 고안된 용어이다. 그 후 이 말은 정부 후원의 사용과 남용에 의해 이전의 적대자를 동맹자로 바꿈으로써, 다른 분파 간(종종 같은 정당 내)의 동맹을 이루기 위한 수단을 지칭하게 되었다. [영어판 편집자의 주]
26. 자유는 가능하다. 그러나 자유라는 주제는 그것을 '양면적으로', 따라서 '모호하지도' 않

있는 것은 어떤 지점에서인가? 오늘날 자본주의의 발전과 자본주의에 대한 투쟁이 불러일으킨 위기에 비추어 볼 때 우리는 마침내 대중이 — 이러한 투쟁의 내부로부터 접근하면서 — 코뮤니즘 사회를 건설하기 위해 스스로를 어떻게 조직해야 하는가라는 문제와 대결하기 시작할 시점에 있다. 계급의식은 의지를 창조한다. 그리고 그것은 당면한 투쟁뿐만 아니라, 당면한 필요의 충족을 향한 자생적인 충동을 초월한다. 그러한 기초 위에서 국가파괴와 코뮤니즘으로의 이행 이론과 실천을 정립하는 것이 가능한가? 이행의 의식이 서서히 대중의식으로 전환되어 가는 것이 사실이라면, '이행'의 진정한 출발점은 이러한 문제가 정식화되는 시점 그리고 그것을 만들어 낸 의식의 상태로까지 거슬러 올라갈 수 있다. 결과적으로 상상할 수 있는 코뮤니즘으로의 이행에 대한 유일한 분석은, 이러한 투쟁과정에서 형성된 프롤레타리아트의 반공세가 시작되는 것에 중점을 두는 것이다. 이러한 진실과 마주치는 것을 회피하기 위해 온갖 방법을 모색하고 있는 심리적 장애보다 더 음울한 것은 없다. 예를 들어 역으로 '지오릿띠(Giolitti)의 뜨라스포르미스모 시대'[27]의 막연한 희망을 소중히 여김으로써, 그리고 이제는 빠스꼴리(Pascoli)의 순진함을 가지고 몇몇 사람들이 시도하듯이.

고 '비유적이지도' 않게 정의함으로써 계속해서 혼동을 일으키고 있다. [영어판 편집자 주]
27. 지오릿띠는 국가에 대한 노동계급의 반대를 무력화하기 위해 신중한 사회개량책을 사용함으로써 개혁주의 정책을 정교화하였다.

6

　생각의 명확한 표명, 다양한 분석적 접근들을 통한 문제 추구, 중요한 문제들의 수집, 자신만만한 민주주의적 태연함을 가지고 관점을 제시하는 것, 이것들이 언제나 보비오의 직업적 특징들이었다. 지금 이 논쟁에서조차도 우리는 그것을 발견할 수 있다. 그러나 우리는 동시에 고전적인 맑스주의의 정치사상적 전통은, 이 문제에 대한 그의 결론과 의견을 달리할 것을 요구하고 있다는 점을 기록해 두어야 한다. 정통은 우리에게 그다지 중요하지 않다. 우리에게 더욱 중요한 것은 맑스주의적 관점의 끊임없는 재해석이다. 세계를 혁명적으로 변혁하는 주체적 의지가 분석을 입증하고 보충한다는 점은 우리를 흥미롭게 한다. 혁명적 프롤레타리아트의 운동에서는 개혁주의자들과는 달리 예언이나 신비화할 필요가 없기 때문에 국가이론이 존재하지 않는다. 혁명적 변혁의 '주체'와 '방법'은 단일한 과정이다. 그러므로 대중의 신뢰를 틈타 정부를 구성하는 사기꾼들이 코뮤니즘 사회에서는 어떻게 산출될 건지, 그리고 그들에 대한 위임이 최소화될 수 있고 부득이한 것인지에 대해 고민하는 것은 그다지 의미가 없다. 고전에 대한 문제는 혁명적 과정이 진행될 수 있으며, 그것이 반드시 성공되어야 하는 조건들을 고전이 규정하고 있는가 하는 점이다. 지난 수백 년 동안 노동계급은 너무 많은 결정적인 승리를 거두어서, 낡은 민주주의적 행사들이 여전히 거행되고 있다는 사실에 주목하지 않는다고 하여 그렇게 흥분하지 않는다. 오히려 노동계급은 한층 강한 적대감으로 개혁주의와 사회주의의 불행이 만들어 내고 있는 새로운 강제노동 수용소를 지켜보고 있다. 이러한 의식상태에서 우리들 중 누구도 제3인터내셔널이 칭송한 '프롤레타리아 독재'를 특별히 좋아할 이유가 없다. 그러나 용어를 바꾸는 것은 가능하다.[28] 명백히 우리는 자본가 (Monsieur le Capital)의 '자유', '평등', '박애'라는 위대한 종합이나, 혹은 지금은 잉여 가치 법칙의 붕괴 이후 경제회복과 경제위기를 관리하기 위해 자본가 권력이 취한 형태를 의미하게 된 '계획경제'란 용어에 대해 찬성하지 않는다. 권력은 공공의 합의로써 성취될 수 있는 '합리적 목표들'의 '중립성'을 내세워, 노동계급을 착취의 그물에 빠뜨리지 못한 실패를 보상코자 하고 있다. 현재의 상황에서 맑스 고전에 비추어 보아 민주주의와 법이라는 개념에 빠져 있는 것보다 더 어리석은 일은 없다는 점을 처음부터 인식하는 것이 훨씬 더 중요하다. 이러한 통찰력은 우리에게 앞으로 나아갈 기반과 힘을 제공해 준다. 그 외의 모든 것, 개혁주의자들이 제공해 주는 것은 모두가 다 ― 고전에 의하면 ― 사기이다.

그러므로 말들과 그것들의 상상된 신성함을 넘어, 맑스주의 이론의 도움으로 우리가 혁명적 과정을 인식하기 시작한다면 더욱 좋을 것이다. 그리하여 혁명적 과정이 나타내고 있는 심층의 충동과 필요, 혁명적 과정을 끊임없이 만들어 내고 재형성하고 있는 욕망들, 혁명적 과정에 내재한 미래의 코뮤니즘적 권력제도들, 그리고 혁명적 과정이 해방시킬 수 있는 잠재적인 파괴력에 대해 충분히 설명하기 시작한다면 더 좋을 것이다. 라마르띤은 1848년 6월의 불운한 프롤레타리아트의 봉기가 실제로 무엇을 의미하는지 결코 이해하지 못했다. 민주주의의 개념은 1960년대의 또리노, 디트로이트, 프라하, 단치히의 노동자들이 무엇을 하고 있었는지에 대해 우리의 이해를 결코 돕지 못할 것이다. 반면에 맑스는 분석도구들을 제공하였다. 그러나 그것들의 가치를 과대평가해서는 안

---

28. 약간 역설적이지만 나는 개인적으로 '공산주의 권력'이라는 용어를 제안한다.

된다. 그럼에도 불구하고 그것은 여전히 우리가 진정한 노동계급의 성원들과 — 과거가 아니라 미래에 대해 — 교류할 수 있게 하고 있다. 그러므로 우리는 개혁주의 진영을 비판한 맑스주의 정치학에 대한 보비오의 중상모략을 다음과 같이, 즉 이러한 노동계급을 매개로 코뮤니즘으로의 이행을 촉진하기 위해서는 국가가 어떻게 파괴되어야 하는가에 대한 우리 자신의 이론을 구축해야 한다는, 우리에 대한 도전으로 받아들여야 한다.

제헌적 권력 : 대중의 지성으로 소비예뜨를!*

"각 세대가 자신들의 헌법을"

꽁도르세가 각각의 세대는 스스로의 고유한 정치적 헌법을 건설할 수 있기를 희망하였을 때, 그는 펜실베니아 헌법이 갖는 규범을 택하였다. (펜실베니아 헌법은 헌법을 일반적 규범들로 재인도하는 경향을 띠고 있으며, 법을 구성할 때 헌법적 원칙 또는 새로운 법과 관련해서 단 하나의 과정만을 상정하고 있다.) 그는 한결음 더 나아가서 1789년 프랑스 혁명 헌법을 명료하게 예측하고 있었다. '민중은 항상 자신들의 헌법을 교체, 개혁, 수정할 권리를 가진다. 한 세대는 자신들이 만든 법으로 다음 세대를 속박할 수 없다.'(제28조) 자본주의, 과학 그리고 혁명이 탄

---

* 안또니오 네그리의 이 글은 *Future antérieur* 15, 1993년 1월호에 처음 수록된 것으로 비물질노동과 대중지성에 관한 탐구를 조직 문제에까지 확장한 것이다. 네그리는 국가 형태가 현 시대 대중의 제헌적 권력에 적합하지 않다고 보면서 대중의 지성이 구성하는 소비예뜨를 분리의 조직화로 제안한다. 이 책에 실린 인터뷰 「미래로 돌아가다」에서 그는 1995년 프랑스 빠리의 투쟁에서 '일반 의회'의 형태로 소비예뜨가 실현되었다고 보고 있다.

생시킨 현대 국가와 사회의 발전의 문턱에서 꽁도르세는 자유를 현재의 위기 관리를 위해 필수적인 수준으로 제한하는 규제와 생산적 역동성을 방해하는 기존의 모든 장애물이 억압적 효과를 가져온다는 사실을 잘 알고 있었다. 즉 꽁도르세는 헌법을 제정하는 순간이 한번 지나가고 나면 헌법이 갖는 고정적 성격은 자유와 경제의 발전에 기초를 둔 사회 속에서 반동적 모습을 가지게 된다는 사실을 이해하고 있었다. 따라서 구질서가 갖는 사상, '옛 것들', 관행이 하나의 체제 구성에 정당성을 부여해 줄 수 없다. 반대로 오직 삶, 변혁을 가져오는 삶만이 체제 구성을 가능하게 한다. 삶만이 구성된 체제를 항상 겪어야 하는 시련 속에서 버틸 수 있게 해주며 구성된 체제가 적절히 수정될 수 있도록 시험하고 방향을 제시해준다. 이러한 관점에서 보면 꽁도르세가 제시하는 제안 ─ '각 세대가 자신들의 헌법을' ─ 은 마끼아벨리의 제안에 합류한다. 마끼아벨리는 각 세대가, 행정이 타성에 젖는 것과 권력이 부패하는 것을 피하기 위해 국가의 원칙들로 복귀하기를 희망하였다. 여기에서 복귀는 건설을 의미한다. 건설은 과거의 유물이 아닌 새로운 뿌리 내림이다. 우리 세대는 새로운 헌법을 만들어야만 하는가? 만일 우리가 과거 체제의 건설자들이 개혁의 긴급성을 정당화하기 위해 내세운 이유들을 생각해 보면 오늘날 그에 못지않게 심각한 이유들을 무수히 발견할 수 있다. 정치와 행정의 부패, 정치적 재현 혹은 대의제의 위기와 민주주의에 대한 환멸도 어느 시기보다 심각하다. 사람들이 '정치의 위기'를 말할 때 그것은 사실상 민주국가가 기본 원칙들과 제도들을 돌이킬 수 없는 정도로 훼손시키고 있음을 의미한다. 즉, 민주국가가 권력 분립, 자유보장 원칙, 다양한 권력들, 대의(代議)의 규칙들, 권력과 합법성(légalité)의 동태적인 단일함, 행정의 효율성과 정당성을 위협하고 있음을 의미한다. 만일

'역사의 종말'에 경의를 보내야 한다면 여기서 역사의 종말이란 분명히 성숙된 자본주의 국가와 자유주의가 우리에게 물려준 체제 구성 속에 존재하는 변증법적 힘의 종말을 의미할 것이다.[1]

더 구체적으로 살펴보자. 30년대를 기점으로 서구 자본주의 국가에서는 '포드주의 헌법' 또는 복지국가 헌법이라 불리는 헌법 체제가 군림하였고, 이 체제는 오늘날 위기를 맞고 있다. 이러한 헌법 원칙에 동의했던 주체들이 겪은 변화를 주의 깊게 살펴보면 이러한 위기의 원인은 명백히 드러난다. 이러한 주체들은 일국적 부르주아지를 한편으로 하고, 공산당과 사회당을 중심으로 하여 노동조합으로 조직된 산업 노동계급을 다른 한편으로 하고 있다. 자유민주주의 체제는 산업발전이라는 지상과제와 계급간의 전반적 수입 분배를 기초로 하고 있었다. 이러한 헌법 체제들은 형식면에서 차이를 가질 수 있지만, 물질적인 내용면에서는 근본적인 동일성을 가지고 있다. 이러한 체제들이 갖는 물질적 내용이란 저항하는 힘들에게 노동과 수입, 권리와 자유를 분배하는 것이다. 일국적 부르주아지는 파시즘을 거부하고 민족국가에 포섭된 노동계급에게 복지 정책을 제공하여 분배체제 내에서 일정한 착취권을 보장받는 쪽으로 방향을 취하였고, 그 대가로 노동계급은 혁명을 포기했다. 오늘날 1960년대의 공황과 1968년 사태로 상징되는 반향을 겪고 난 이후, '포드주의 체제'의 국가는 위기의 나락으로 빠져든다. 그 체제의 바탕을 이루는 헌정에 동의하였던 주체들은 변화되었다. 한편으로 다양한 부르주아지들은 국제화하고 있다. 다양한 부르주아지들은 이제 자신들의 권력 기

---

[1] 여기서 네그리는 보드리야르에 의해, 그리고 최근에는 프랜시스 후쿠야마에 의해 선언되고 서술된 '역사의 종말'이라는 주장을 염두에 두고 있는 것으로 보인다. [역자주]

반을 자본의 금융적 변천에 두고 있다. 그들은 권력의 추상적 대표자가 되었다. 다른 한편으로 산업 노동계급은 사회적 노동이 정보화되고 산업노동에서 자동화가 지배적으로 되는 급격한 생산 양식의 변화로 인하여, 자신들의 고유한 문화적, 사회적, 정치적 정체성을 스스로 변화시킬 수 있게 된다. 다국적 금융자본가들(그들은 민족국가 차원의 복지체제를 감내해야 할 아무런 이유를 갖지 않는다)은 사회화된 지적 프롤레타리아트와 조응한다. 사회화된 지적 프롤레타리아트가 갖는 새로운 영감은 그들이 포드주의적 타협에 접합되는 상황 속에서는 더 이상 수용될 수 없다. '현존 사회주의'는 몰락하고 1989년 말 세계사 속에서 종말을 고한다. 이와 때를 함께 하여 이미 약해질 대로 약해진 사회주의에서의 프롤레타리아트의 독립성이라는 상징은 결정적으로 파괴된다. 포드주의적 타협에 기초를 두고 있고, 일국적 부르주아지와 산업노동자간에 이루어진 합의의 구성체로 짜여져 있는, 거대한 두 세력들이 갈등(이러한 갈등은 각 민족국가 내에서 사회세력들이 갈등하는 상황을 상징적으로 대표하고 있다)을 겪는 과정에 의해 중첩결정된 헌법적 체제는 그 종말을 맞고 있다. 이제는 복지국가의 구성 내에서 및/또는 포드주의 헌정 내에서 계급 사이의 내전을 불가능하게 하는 국제 무대에서의 두 블록간의 대립이 더 이상 존재하지 않는다. 이제 각 나라 안에서 이러한 형태의 헌정을 가능하게 해주고 이러한 형태들을 표현하고 상징하고 게다가 거듭하여 정당화시켜 주던 주체들은 더 이상 존재하지 않는다. 모든 상황이 급격하게 변화하였다.

우리 세대는 이제 어떤 새로운 헌정을 건설해야만 하는가?

돈 그리고 군대

　마끼아벨리는 국가를 건설하기 위해서는 우선 군대와 돈이 필요하다고 말했다. 그러면 새로운 헌법을 위해서는 어떤 돈과 군대가 필요한가? 마끼아벨리에게 있어서 군대란 바로 민중이다 : 도시 민주주의 틀 안에서 무장한 민중을 이루는 생산자·시민을 말한다. 그렇다면 오늘날 새로운 헌법을 위해 나설 민중은 어디에 있는가? 어떤 세대가 복지국가를 넘어설 새로운 체제를 위한 타협을 이룩해 낼 것인가? 이러한 목적을 위해 이들은 어떻게 '무장'하고 조직화를 이루어 낼 것인가? 돈의 측면은 어떠한가? 다국적 금융자본가들은 포드주의적 타협을 극복할 헌정과 생산에서의 타협을 이룩할 자세를 갖추었는가? 만일 갖추었다면 그들은 어떠한 방법을 택할 것인가?

　포스트포드주의 사회 체제 내에서 민중이란 개념을 재정의하는 일은 필연적이다. 그뿐만 아니라, 자신의 노동으로 부를 생산하고 사회 전체의 재생산을 가능하게 해주는 시민 중의 한 부분인 "무장한 민중"이란 개념도 다시 정의되어야 한다. "무장한 민중"은 헌정 체제가 인정하는 사회적 노동에서 스스로의 고유한 헤게모니를 장악한다.

　포스트포드주의 하의 프롤레타리아트를 정의하는 작업은 상당히 진척되어 있다. 포스트포드주의 하의 프롤레타리아트는 자동화되고 컴퓨터화된 생산 과정 속에서 재구조화된 노동계급으로 구성된다. 점점 더 컴퓨터화, 정보화, 교육화되는 노동에 참여하는, 증가 일로에 있는 지적 프롤레타리아트가 집중화된 방식으로 이러한 자동화되고 컴퓨터화된 생산 과정을 운영한다. 생활형태와 노동 시간이 재구성되고 더욱 긴밀히 조합되는 상황, 그리고 상품생산을 위한 격심한 노동과 과학·기술적 활동의 항상적 뒤얽힘은 포스트포드주의 하의 프롤레타리아트 즉 "사회화된 노동자"인 민중을 기초지우고 구성한다. 논의의 서두를 대신하여 프롤레타리아트를 새로 정의하는 데 쓰일 몇 가지 요소들을 소개한다. 이 요소들은 모든 구성요소 중 본질적인 것이며 새로운 사실인 대중의 지성을 부각시킬 수 있게 해준다. 여기에 한 가지 요소를 더 추가시켜야만 한다. 생산노동이 과학에 빨려 들어가고 생산이 더욱 사회화되고 추상화되는 상황에서 포스트포드주의 하의 노동은 점점 더 협동적이며 자율적인 것으로 된다. 자율성과 협동성은 생산적 노동의 경영권을 이제는 포스트포드주의적 노동자들이 쥐게 되었음을 상징한다. 바로 생산성의 발전 그 자체로 인하여 프롤레타리아트는 경제 경영권자로서, 협동적이고 지적인 기초로서 최대한의 독립성을 획득한다. 그렇다면 우리가 또한 정치 운영권, 정치적 자율을 이야기할 수 있는가?

이 질문에 답하려면, 우선 이러한 역사적 진행 과정 속에서의 "돈"의 측면에 대해 즉 다시 말하면 계급으로서의 자본가에 대해 그리고 오늘날 산업자본가가 가지는 생산적 기능들이 실제로 어떻게 되었는가에 대해 살펴보아야 한다. 만일 우리가 프롤레타리아트에 대해 내린 새로운 정의가 사실이라면 국제 자본가들은 이제 그들의 생산적 기능을 상실한 것이 되고 자본가 계급은 점점 더 기생적 — 자본의 측면에서 보면 일종의 로마 교회와 같다 — 이 되어 간다 : 자본가들은 이제 "금융적 지배"를 통해서만 자신을 표현할 수 있다. 다시 말하면 이러한 "지배"는 생산의 요구에 전혀 부합되지 않는다 : 여기서 "돈"은 후기 고전주의적이고 포스트맑스적인 화폐를 의미한다. 즉 "돈"은 노동이나 지성에 대립되며, 생명과 욕망의 내재성과도 대립되는 기적적이고 신성한, 성경과 같은 멀고 적대적인 세계이다. "돈"은 더 이상 노동과 상품 사이의 중재자가 아니며 부·권력 관계를 수량적으로 합리화하지도 않는다. "돈"은 더 이상 한 국가가 가진 부를 양적으로 표현하지 않는다. 생산에 있어서 물질성뿐만 아니라 지적인 힘까지 장악한 프롤레타리아트가 경영의 자율성을 가진다는 현실 앞에서 "돈"은 잔인하고 변덕스러우며 공허하고 이질적이며 전체적인 "지배"라는 허위적인 형상을 갖는다. 바로 여기에서 우리는 무쏠리니의 논조나 나치 이데올로기 증후군 또는 페탱주의의 비열한 건방짐과는 전혀 다른 새로운 파시즘 ─ 포스트모던적 파시즘을 발견한다. 포스트모던적 파시즘은 포스트포드주의적 노동이 갖는 협동성에 자신을 조응시키려 하면서, 이와 동시에 그와는 정반대되는 본질을 노출시킨다. 예전에 존재했던 파시즘은 사회주의의 대중조직이 갖는 형태들을 모방했었고, 집합적 조직을 가지려는 프롤레타리아트의 욕망들을 민족주의(나치즘 또는 포드주의적 헌정)로 유도하려고 했었다. 이와 마찬가지로 포스트모던적 파시즘은 포스트포드주의 내의 대중들이 갖는 코뮤니즘을 향한 요구를 거세시키려 하고 있다. 그리고 이것은 순차적으로 이러한 요구를 차이성에 대한 맹종, 개인주의에 대한 찬양, 정체성에 대한 추구 ─ 항상 각자가 타인에 대하여 가지는 개별성과 정체성 그리고 특이성과 차별성을 끈질기게 내세우면서 전제적이고 쓸모없는 위계화를 지향한다. 코뮤니즘이 평화를 사랑하는 모든 사람들이 희망하는 방식으로 특이성들을 존중하고 종합하는 반면에 새로운 파시즘(새로운 파시즘은 국제화된 자본의 금융적 "지배"에 조응하는 표현이다)은 만인 대 만인의 전쟁, 종교성들과 종교전쟁 그리고 민족주의들과 민족간의 전쟁들, 조합적 이기주의와 경제 전쟁을 야기한다. 민주주의의 이름으로 이렇게 많은 범죄와 전쟁 그리고 "넌센스"를 야기한 일은 일찍이 없었다. 현 시기 "새로운 파시즘"의 두 가지 전형적인 예로 러시아의 옐친과 미국의 페로의 예를 들어보자 : 옐친은 당신에게 자신의 나라가 민주국가라고 이야기할 것이다. 왜냐하면 그가 모든 시민들에게 "행동"이란 글이 씌어진 종이 쪽지 한 장씩을 나누어주었기 때문이다. 옐친은 진정 "자본이 행하는 코뮤니즘"을 제안하는 듯한 외양을 보여준다! 페로는 민주주의적 대의제를 넘어서고자 한다. 이것은 코뮤니즘도 주장하였던 바이다. 그는 오늘날 자신의 유권자들(아마도 내일은 시민들)을 대상으로 (어떠한 일이 있어도 불가능하겠지만) 민중의 의지 표현과 참여가 여론 조사 수준으로 전락되어 버린 컴퓨터 놀이를 실시하고자 한다.

다시 민중의 무장이라는 사안으로 되돌아가자. 그리고 새로운 세대가 어떠한 헌정을 건설해야 하는지를 자문해 보자. 그러면 우리는 세력관계에 대한 질문으로 되돌아가게 된다. 즉 새로운 포스트모던적 프롤레타리아트와 새로운 다국적 경영자들 간의 계급 투쟁의 장이 될 다가오는 생산 사이클을 조직하기 위해 이루어야 할 타협들이 어떠해야 하는지 자문해 보아야 한다. 그러나 지금까지 우리가 이야기한 모든 것들이 사실이라면 이러한 자문이 의미를 가질 수 있는가? "돈"이 생산과 대립되는 상황 속에서 기생적이고 외부적인 "명령"을 극단적으로 행사하는 다국적 자본과 협동성이 최고조에 다다른 프롤레타리아트가 대립하는 상황에서 어떠한 헌정적 타협이 가능할까? 생산관계를 운영하는 변증법적 관계 속에서 노동과 자본이 더 이상 조화를 이루지 못하고 있다. 이러한 때에 어떻게 하면 법과 권력이 균형을 이룰 수 있는가를 질문하는 일이 의미를 가질 수 있는가?[2]

---

2. 그러나 아직도 군대와 돈, 생산과 "지배"가 실질적으로 대치하는 현실적 지평이 존재한다. 바로 커뮤니케이션의 지평이다. 만일 전통적인 의미에서 새로운 헌정의 문제가 아직도 유의미하다면, 이것은 바로 이 차원, 즉 커뮤니케이션의 차원에서 (재)발견할 수 있

우리는 이러한 질문이 아무런 의미를 갖지 못한다는 사실에 모두 동의할 것이다. 국가를 건설하기 위하여 군대와 돈이 연합하던 시대는 이제 끝이 났다. 그것은 명령하는 자와 복종하는 자 사이의 이러한 일련의 합의들(마끼아벨리에 따르면, 이러한 합의는 로마에서 공화국 내에 평민회의가 설립되면서부터 생긴 이중권력과 함께 나타난다)의 아마도 최후의 에피소드가 될 것인데, 그것은 바로 복지국가라는 에피소드이다. 정치학과 헌정 독트린 분야에서는 모든 것이 예전과 달라졌다. 만일 사실상 예전에 피지배 대상이었던 이들이 왕족과 사장들보다 더 지적이고 "무장"된다면 무엇 때문에 왕족과 사장들과의 중재를 위해 노력하겠는가?

국가 형태 : 제헌적 권력과 일치할 수 없는 그 무엇

플라톤에서 아리스토텔레스까지 그리고 약간의 변형만이 가미된 채 현대에 이르기까지 "국가 형태"에 관한 이론은 필연적으로 변증법적 이론으로서만 전수되어 왔다. 왕정과 폭정, 귀족정치와 과두정치가 형태를 바꾸어 가면서 권력의 사이클 내에서 대안의 역할을 해왔다. 이 이론이

다. 그렇지만 사실상, 새 문제를 찾아내기보다는 프롤레타리아트가 이전의 타협에서 남겨 두었던 테마를 재탈환할 수 있겠는가? 헌정의 문제는 진리의 문제이다 : 어떻게 진리와 타협할 수 있겠는가? 어떻게 하면 한 사물을 놓고 두 가지의 선전이 상반되는 두 가지의 주장을 동시에 언명할 수 있는가? 어떻게 하면 이미지와 상징의 분야에서 타협을 이루는 일이 가능할까? 커뮤니케이션의 헌정적 문제는 진리의 문제와는 간접적으로 연관되어 있을 따름이고, 오히려 그것은 표현 수단(세력관계가 표출되는 지형에서 타협은 물론 가능하다)의 문제와 직접적으로 연관되어 있다는 반론이 있다. 하지만 이러한 반론은 내전이 일어난 상황이 아닌 한에서 상대적으로만 유효하다. 그리고 모든 상황이 내전을 향하도록 부추기는 포스트모던적 상황 속에서 커뮤니케이션의 타협이 무엇에 기초하여 실현될 수 있는지 이해할 수 없다.

발전하여 어느 정도의 수준에 이르렀을 때, 뽈리비우스는 — 분명 좋은 의도를 가지고 — 이러한 형태들은 대안들이 아닌 보충물로 간주되어야 한다고 제안하였다. 로마제국 헌법을 열거하면서 그는 사실상 다양한 국가 형태들이 상반되기보다는 한 정부 내의 다양한 기능을 갖는 존재로서 더불어 작동한다는 점을 밝혀내었다. 미국의 헌법 이론가들은 스딸린주의적 인민민주주의 헌법 이론가들과 마찬가지로 뽈리비우스의 추종자로 간주되는 일을 행복으로 알면서 받아들였다! 법치국가에 의해 변절된 자들이 환희에 충만하여 따르는 동시대의 고전적 헌법주의는 뽈리비우스주의에 다름 아니다! 왕정, 귀족정 그리고 민주주의는 공화국의 최상의 앙상블을 구성한다!

그러나 이토록 과장되어 온 국가 형태의 이러한 변증법이 갖는 과학적 가치는 메네니우스 아그리빠가 설파한 유명한 고전에 대한 유명한 찬양이 갖는 가치를 능가하지 못한다 : 반동적 찬양자들은 유기적이고 부동적이며 동물적인 권력 개념을 가지고 다양한 사회 계급들이 동물적 기능성을 갖는 총체를 건설하도록 요구되는 상황 속으로 들어간다. 그렇다면 이는 무용한 가치인가? 아마도 그러할 것이다. 이러한 문제로 시간을 보내는 일은 이러한 이론들의 전통이 갖는 환원적 지속성과 그 역사적 효과 그리고 현실적인 무용성을 보여주기 위해서만 필요할 뿐이다. 이러한 이론들은 우리에게 이러저러한 방법으로 신비화하는 힘으로서만 작용한다. 혁명적 맑스주의 이데올로기는 — 이러한 이론들을 뒤집으면서도 — 오히려 국가 형태 이론을 강화시켰다. 레닌의 논문에서 "국가 사멸론"은 부르주아 이론이 갖는 국가 개념을 그대로 차용하면서도 이러한 현실과 급진적으로 대결하기 위한 실천을 주장하였다. 내가 주장하고자 하는 바는 "이행", "사멸", "평화적 노선", "인민민주주의", "프롤레타리아 독재", "문화혁명" 등의 개념들은 절충적인 개념들이라는 점이다. 왜냐하면 이러한 개념들 속으로 국가, 국가의 주권, 국가의 지배라는 개념들이 침투하였고, 이러한 개념들은 사회를 변화시키고 권력을 장악하기 위해서 필요불가결하게 거쳐야 할 과정들과 필연적으로 가져야 할 수단들을 이렇듯 절충적으로 주장하기 때문이다. 국가가 사멸하리라는 부정의 변증법은 국가 형태라는 이론이 갖는 신비화된 변증법을 전도시킨다. 그러나 그것의 이론적 핵심은 국가에 대한 반동적이고 절대적인 긍정이라는 힘 속에 보존된다. 맑스가 이야기했었던 "오래된 온갖 똥"인 것이다.

지금은 극단에서만 진리의 가치를 되찾으려는 부조리한 입장들의 이러한 결정체로부터 벗어나야 할 때이다. 지금은 실천적이고 이론적인 관점에서 국가의 전율스럽도록 견고한 본질 속으로 흡수되지 않을 입장이 존재할 수는 없을까라는 점을 고민해야 한다. 또한 국가 헌정을 기계적으로 건설하는 일을 부정하고, 확장적이고 강도 높은 제헌적 실천의 힘으로 하나의 계보를 형성하는 입장이 있을 수 있는지를 스스로 질문해야 한다. 그리고 이러한 입장은 존재한다. 이러한 입장은 일상적 봉기, 영속적 저항, 제헌적 권력에 근거한다. 그것은 정치학의 기초라고도 할 수 있는 근본적 단절, 거부, 상상력이다. 이것은 오늘날 "군대"와 "돈" 사이에, "무장한 민중"과 다국적 부르주아지 사이에, 그리고 생산과 금융 사이에 어떠한 중재도 불가능하다는 사실을 인정하는 것이다. 우리는 마끼아벨리가 우리와 함께 한다고 확신하면서 마끼아벨리즘을 극복하고 있다. 우리는 정치를 지배라는 측면에서 생각하도록 강요하는 그 어떠한 것으로부터도 벗어나고 있는 중이다. 다양한 형태를 띠는 지배라는 내용으로서의 변증법적이고 매개적인 형태 그 자체가 바로 우리들이 논의해야 할 대상이다. 우리가 보기에 이러한 형태는 결정적인 위기에 처해 있다. 이제는 "국가 형태"론을 초극하는 정치적 사고를 가능하게 하여야 한다. 마끼아벨리적 용어를 빌려 표현해 보자. 우리는 군주의 돈이 없이 민중의 군대만으로 공화국을 건설하는 일이 가능한지를 고민해야 한다. 국가의 장래를 한 번 더 "재산"에 맡기지 않고 민중의 "덕"에 맡기는 일이 과연 가능할까?

대중의 지성으로 소비예뜨를 건설하자!

우리는 새로운 시대로 진입하고 있다. 다국적 자본이 행사하는 "지배"와 생산력의 구성 사이의 새로운 관계가 빚어내는 적대가 이 시대를 특징지우고, 비물질노동이 헤게모니를 장악하는 경향이 이 시대를 지배한다. 이 새로운 시대에 대중의 지성이라는 관점에서 헌법의 문제를 제기하는 것은 소비예뜨를 어떻게 건설할 것인가를 결정하는 일에 달려 있다. 문제를 명확히 하기 위하여 우리가 이제까지 전제했던 몇 가지 조건들을 상기하는 일로부터 시작해 보자. 첫 번째 조건은 비물질노동의 헤게모니적 경향에 근거하고 있으며, 프롤레타리아트는 더욱더 완벽히 과학·기술적 지식을 다루어 내고 있다. 이제는 더 이상 과학·기술적 지식이 대중들로부터 분리된 "신비화된" 명령으로 기능한다고 볼 수 없다. 두 번째 조건은 이미 앞서 강조한 바와 같이 노동과 사회생활, 사회생활과 개인생활, 생산과 생활 형태 사이를 구별하는 모든 차이점들이 사라졌다는 점이다. 이러한 맥락 속에서 정치와 경제는 동전의 양면일 뿐이다. 노조와 정당, 대중운동과 전위운동 그리고 그 뒤를 잇는 모든 것들을 가르는 낡고 빈약하고 관료적인 구분들은 이제 결정적으로 사라질 때가 되었다. 정치와 과학과 삶은 함께 작동하고 있다 : 이러한 범주 내에서 현실은 주체성을 생산한다. 결과적으로 검토해야 할 세 번째 사항은 이러한 바탕 위에서 어떻게 하면 힘의 표현을 통하여 기존 권력에 대한 대안을 실질적으로 만들어 낼 수 있을 것인가 하는 문제이다. 국가의 분쇄는 생산의 사회적 기초이며 사회적·생산적 협업의 지적 도구인 행정을 재전유함으로써 가능하다. 행정은 "지배"에 의해 공고화되고 또 그것을 위해 사용되는 재산이다. 행정의 재전유란 근본적이다. 왜냐하면 재전유란 축적된 비물질노동의 더욱 풍부한 재생산을 확정하기 위하여 그리고 사회화된 노동의 경영을 위하여 연대와 협력의 관점에서 개인적 노동을 실천함으로써 이루어지는 것이기 때문이다.

바로 여기에서 대중의 지성이 구성하는 소비예뜨가 탄생할 수 있다. 소비예뜨가 부상할 수 있는 객관적 조건들이 계급간의 적대관계가 구성하는 역사적 조건들과 완벽하게 맞아떨어지는 것을 눈여겨보는 일은 흥미롭다. 이미 우리가 강조한 바와 같이 이러한 토대 위에서는 어떠한 헌정적 타협도 불가능하다. 우리는 따라서 소비예뜨를 힘과 협력과 생산성을 아무런 매개 없이 표현한다는 사실로 규정할 것이다. 대중의 지성이 구성하는 소비예뜨는 노동을 새로이 구성할 때 새로운 합리성을 부여할 것이며 소비예뜨의 척도로 세계를 재단할 것이다. 소비예뜨가 갖는 힘은 헌정 없이 행사될 것이다.

따라서 제헌 공화국은 헌정의 새로운 형태가 아니다 : 제헌 공화국은 플라톤적이지도 아리스토텔레스적이지도 뽈리비우스적이지도 않으며 아마도 더 이상 마끼아벨리적이지도 않을 것이다. 그것은 국가 이전에 오는 그리고 국가 밖에서 오는 공화국이다. 제헌 공화국이 갖는 헌정적 파라독스는 다음과 같은 점에 있다. 헌정 과정이 끊임없이 일어나고 혁명은 결코 멈추어지지 않고 헌법적 규범과 일반법은 동일한 근원을 가지며 오직 민주적 과정 내에서 단일한 방법으로 발전한다는 것. 이제 우리는 드디어 모든 일이 발생하고 합류하는 문제의 핵심에 도달하였다. 불평등과 분리를 재생산해내는 권력과 불평등과 분리를 파괴하는 데에 성공해야 하는 임무. 오늘날 대중의 지성으로 이룩되는 소비예뜨는 국가의 외부에 기계(machine)를 만드는 임무를 수행할 수 있다. 이러한 기계 안에서 일상적 직접 민주주의는 더욱 자유롭고 복합적인 주체들을 생산해 내면서 직접적인 커뮤니케이션과 시민간의 상호작용을 조직한다.

이 모든 주장은 아직 초안에 불과하고 너무 추상적이지 않은가? 물론 그렇다. 그러나 중요한 것은 역사적으로 현존했던 비참한 환원들을 모든 차원에서 넘어서는 하나의 프로그램으로서의 코뮤니즘에 대하여 말하기 시작한다는 사실이다. 비록 이 글을 초안이라고 부를 수는 있지만 비현실적이라고 할 수는 없다. 대중의 지성, 새로운 프롤레타리아트는 제헌적 권력을 추구하고 자본주의적 발전에 반대하는 과정 속에서 형성되었으며 자신들을 진정한 역사의 주체로 표출하기 시작했다. 사건, 비현재성, 새로운 천사(벤야민-역자) — 그것들이 나타나는 때는 느닷없이 닥친다. 우리 세대는 의심할 바 없이 새로운 헌법을 건설할 것이다. 단지 그것은 헌정이 아닐 것이다. 사건은 아마도 이미 일어난 것이리라.

이딸리아 자율적 좌파 운동의 약사*

1979년 4월 7일 이후의 구속의 물결 저변에 있는 정치적 선택을 이해하기 위해서 우리는 "자율적" 운동을 정의해야만 한다. 폭넓은 표지(標識)로서 이 운동은 1960년대 초기로까지 거슬러 올라간다. 그리고 지난 20년 동안 그것은 시종일관 이딸리아 극좌파의 변별적 "공통 관념들" 및 투쟁 어휘를 제공해 왔다. 네그리 및 "4월 7일" 사건으로 투옥된 여타의 사람들은 1960년대 이래로 이 운동을 이론적으로나 정치적으로 적극적으로 발전시켜 왔다. "자율" 그 자체는 "독립적 운동 정치"를 위한 기술적(記述的) 술어에 불과한 것이 아니다. 그것은 그 운동의 핵심적 슬로건이다. 그것은 독립적 정치 및 계급 정치의 대항언어를 함축하고 있으며, 공산당과 공식 노동 운동의 기존 마르크스주의 전통과 공식적 정치 외

---

* 이 개략적인 정치적 연표는 이딸리아 '79 방어 위원회의 한 구성원이 *Working Class Autonomy and the Crisis* (Red Notes, 1979)의 편집자들을 위해 준비해 준 것으로 그 책의 vii~x쪽에 실려 있다.

부에, 그리고 그것들에 대립한다.

우리는, 보다 구어적인 단어 선택이 더 용이했을 것임을 인정함에도 불구하고, 이 "대항어휘"를 글자 그대로 번역했다. 사실상 문제는 단지 영어 단어의 정확한 선택을 찾는 것보다 훨씬 더 중대한 것이다. 왜냐하면 이 대항용어들의 사용은 정치적인 것이기 때문이다. 발전해 가는 투쟁의 필요들에 따라 그것들을 재창안하고 변형하는 것은 자율적 좌파를 하나의 일반적인 정치적 경향으로 부각시키는 것이다. 기존 "정치"에 반하는 이와 같은 정치적 언어의 혁명화와 그것의 부단한 원천이었던 맑스에 대한 혁명적인 새로운 독해들은, 본래의 이딸리아 용어들을 사용하는 것을 필연적이도록 만든다. 오로지 이러한 방식으로만 우리는 "용인된" 언어에 반하는 저 투쟁 및 그것의 궁극적 전복을 독자들에게 전달할 수 있다. 그렇지 않을 경우 우리는, 국제적 수준에서, 자율주의 운동의 새로운 점을 진부한 것으로 만들지도 모른다.

1958~62 : 피아뜨에서의 오랜 결빙 이후 노동력(labour force)의 새 구조(남부로부터의 이주자들)에 기초하여, 공식적 조합의 매개 외부에서 새로운 노동자들의 공세가 출현한다. 1960년대부터, 계급의 새로운 구성과 그것의 조직들 사이의 이 커져 가는 틈새는 평론지 『꽈데르니 롯씨』(*QUADERNI ROSSI*; 붉은 노트) 속에서 분석되어진다. 이 잡지는 빤찌에리(Panzieri), 뜨론띠(Tronti), 알꽈띠(Alquati), 네그리(Negri)에 의해 창간되었는데, 이들은 공산당, 사회당, 좌파 노조 출신이었다. 새로운 노동계급 속으로의 이 탐구는 맑스의 "재발견"을 요구했다(CSE 팜플렛 1호에 실린 빤찌에리와 뜨론띠의 「노동 과정과 계급 전략」을 참조할 것). 맑스에 대한 이 작업은 사실상 『자본』과, 특히 『요강』에 대한 재독해(및

재번역)이었는데, 이는 "다른" 맑스에 대한 발견으로 이어졌다. "과학적 사회주의"의 맑스가 아닌, 자본의 보다 장기적인 적대적 경향을 그리고 이것이 초래하는 코뮤니즘의 내재적 가능성을 이해한 사람으로서의 맑스. (주: 이점을 명백하게 하는, 『요강』에 대한 작업으로는 네그리의 강연들을 출판한 *Marx Oltre Marx*(Feltrinelli, 1979)[1]를 참고하기 바란다.)

사회주의적 전통의 "노동의 가치"에 반하여, 맑스에게서 노동은 자본 "외부에서" 어떤 가치도 지니지 않는다. 『꽈데르니 롯씨』에게서, 이것은 즉각 그 새로운 계급을 사회주의적 생산성주의에 기초하고 있는 그것의 "사회주의" 당들, 노조들 등등으로부터 분리시켜 주는 것이었다. 이것들은, 전적으로, 케인즈의 계획된 발전 전략 내에 있는 것으로 파악되었다. 그것은 또한 — 당들, 조합들 등등에 의해 설교된 (노동자들을 노동에 복속시키는) "일반적 사회적 이익"에 반하여, 자신의 물질적 자기 - 이익의 독자성("자율")에 기초한 — 노동계급의 반자본주의 투쟁을 위한 출발점을 지시했다.

그리하여 자율 슬로건은 노동거부 슬로건과 완전히 경계가 일치하며, 꼬뮤니즘을 위한 전략을 향한 총괄적 지향을 제공한다.

전략적 분석을 위한 기초로서의 노동계급의 "특유한 물질적 이익"은, 시종 "노동계급 관점"을 강조하는 가운데, "노동자주의"로 정의되었다. 이것은 별개의 외부적인 "정치" 층위 — "헤게모니"는 바로 이것에 대한 참조점이었으며 지금도 여전히 그렇다 — 에서의 계급 동맹들이라는 기본적 공산당 틀에 (『꽈데르니 롯씨』를 시작으로 계속해서) 의도적으로 그리고 완전히 대립되어 있었으며 지금도 여전히 그렇다.

---

1. 한국어판:『맑스를 넘어선 맑스』, 윤수종 옮김, 새길, 1994[역자주]

"헤게모니"라는 용어에 반대하여, 『꽈데르니 롯씨』는 "계급 구성(class composition)"이라는 용어를 발전시켰으며, 이로써 자본과의 물질적 관계에 있어서 수동적인, 정태적인 "노동계급"에 대한 통념을 공격했다: 자본에 의한 그리고 그와 동시에 자본에 반한, 계급의 변화하는 구성의 역동은, 계급을 역사적으로 "재현하는" 조직들의 변화하는 적절성을 혹은 그 조직들과의 변화하는 관계를 결정한다. 계급 재구성은 (그리고 그것의 한층 더 나아간 단계인 정치적 재구성은) — 위로부터 결정된 전위주의 "동맹들"에 반한 것으로서 — 노동계급의 사회화 과정을 가리키며, 자본에 반하는 그 적대적 경향의, 투쟁 속에서의, 아래로부터의, 새로운 부문들로의 그리고 새로운 "선도 부문들" 주위에서의, 확장, 통합, 일반화를 가리킨다.

투쟁의 역사적 주기 — 예를 들어, 1960년대 "대중노동자" 주기 — 는, 점차로 더 높아지고 더 사회화되는 투쟁 지형들 속에 있는, 자본에 대한 계급 적대의 연속적 시기들을 가리키고 있다. 연속적 주기들은 — 투쟁 자체에 함축된, 혁명의 새로운 전략적 내용들이나 목표들에 의해서 뿐만 아니라 — 계급의 차이나는 구성들에 의해, 조직적 형식들에 대한 차이나는 관계에 의해 정의되어진다(예컨대 소비예뜨 국면에서의 "생산적 노동의 실현으로서의 사회주의"인가, 아니면 이 최근 주기에서의 "노동거부-필요들의 실현"인가).

『꽈데르니 롯씨』는 과학, 기술, 계획 — 즉, 생산의 "기술적" 근거 — 의 중립성에 대한 비판을 발전시켰다. 『꽈데르니 롯씨』에 따르자면, "생산적 힘들의 계획된 발전"이라는 자본주의적이고 사회주의적인 유토피아들은 사회주의적 자본주의에, 즉 자본주의적 관계들의, 공장을 넘어선 완전한 사회화에 조응하는 것이다. (뜨론띠의 사회적 공장, 사회적 자본

개념은 공장, 사회, 국가 사이의 이 새로운 관계를 가리킨다.)

1962 : 피아뜨 노동자들과 그들의 조합 간부들 간의 대립이 헌법 광장 (Piazza Statuto)에서 있은 이후로, "자율"은 당들이나 조합들의 매개 외부에서의 투쟁의 독립적인 "직접 행동" 형태들을 가리키기 위해 노동계급에 의해 일반적으로 받아들여진 용어이다.

1963~64 : 『꽈데르니 롯씨』 내부의, "연구(research)"에 헌신하는 사람들과 더 많은 "행동주의(activism)"를 제기하는 사람들 사이의 분열. 후자 진영에서, 뜨론띠, 네그리, 알꽈띠 및 다른 사람들은, "대중노동자"의 새로운 구성 속에서 그리고 그들의 투쟁에서 자생적으로 표현되는 새로운 내용 속에서, "노동거부-코뮤니즘을 위한 투쟁"이 지시하는 선들을 따르는 하나의 별개의 능동적 개입의 가능성을 보았다. 이는 1964~67년의 GATTO SELVAGGIO('와일드 캣')와 CLASS OPERAIA('노동자 계급')를 정초하기에 이른다. 이들은 맑스의 진보된 자본주의에 대한 지적을, 시대에 뒤떨어진 선행하는 조직 형식들에 대한 비판으로 이끌고 갔으며, 모든 "제3세계주의자" 조류들을 공격했으며, 조립 라인 생산에 집중된 "대중노동자 구성"을 미국에서 시작되어 자본에 반대하는 중심적 추동력으로 보았으며, 임금을 생산성으로부터 그리고 자본주의적 등급 및 노동 위계로부터 분리하라는 반조합 슬로건들을 중심으로 최초의 공장 내 "기초 위원회들"(예를 들어 베네치아-에밀리아에서의 '노동자의 힘')을 설립하는 데 관여했다. 임금은 자율적 기반 위에서의 계급 재구성의 특유한 지형으로서 확인되었다. 임금은 단순히 양적인 문제로만 확인된 것이 아니라 하나의 계급으로서의 노동자들이 지닌 필요들과 관련지어졌고 노동에 대한 "직업적" 보수로부터도 분리되었다.

'노동자 계급(CLASSE OPERAIA)'의 광범한 개입은 점차로 성장하고 있는 비의회 좌파의 구석구석에까지 그 영향을 미쳤으며, 1968년에 일기 시작한 이딸리아 노동자-학생 운동을 위한 개념들 및 기간 요원들의 기반을 마련해 놓았다.

1967~68 : 공산당을 놓고 "전술적 입당"을 택한 "노동자주의자들"(뜨론띠, 깟치아리)과 새로운 독자적 조직의 창조을 향해 나아간 네그리와 같은 "자율주의자들"로의 '노동자 계급'(CLASSE OPERAIA)의 분열. 학생 운동과 노동자들의 1969년 뜨거운 가을(Hot Autumn)은 (꼬르소 뜨라이아노의 거리 투쟁과 같은 사건들 및 "모두에게 동일한 임금 인상을", "모든 사람에게 등급 2를"이라는 슬로건들과 더불어) 대중에 기초한 정치적 자율 운동에 길을 열었다. 우리는 노동자들의 자율 위원회(Autonomous Committees), 학생들의 자율 의회(Autonomous Assemblies) 등의 창출을 보았는데, 그것들은 모두 "요구들의 위임은 없다(No Delegation of Demands)"는 슬로건 하에서 나타났다. 1969년의 자율 집회들로부터 여러 가지 조직들이 생성되었다. 이들 중의 하나가 '계속 투쟁'(LOTTA CONTUNUA)이었다. 노동자-학생 동원 잡지 『계급』(LA CLASSE)에서 출발한 또 다른 조직이 '노동자의 힘' 그룹이 되었다(1969). 그것은, 계급 준거점으로서의 "대중노동자"를 중심으로 한, 투쟁의 대중 전위들을 결집시키기 위한 시도였다. '노동자의 힘'은 코뮤니즘적 목표들을 지향하는 명확하고 공개적인 투쟁 강령("사회적 공장", 즉 사회주의의 계획화와 그 기술적 원리에 대항하고, 자격이나 직업적 보수로부터 분리된, 즉 노동 분할의 자본주의적 조직과 노동조합의 노동 위계들로부터 분리된 정치적 임금을 지향하는 "노동거부")을 갖고 있었다. 이 관점은 학생, 실업

자, 그리고 여성에게 임금을 주어야 한다는 요구를 개시했다. 이것은 위기 상황 속에서 제시된 결핍과 삭감의 정치와 근본적으로 대립하는 것이었다.

1967년에 나온 네그리의 연구 논문 「케인즈, 노동계급, 그리고 1929년 이후의 새로운 자본가 국가」(이것은 곧, *Money & Proletarians*, Alison & Busby, London 속에 실렸다)[2]는 케인즈주의 국가를, 노동자들의 투쟁을 발전의 동력으로 만들기 위한 끝없는 "계획적 매개"라고 규정했다. 이것은 "계획자로서의 국가"라는 용어로 지칭되었다. 1971년에, 『요강』에 관한 광대한 작업에 이어 나온, 네그리의 「계획자국가의 위기」[3]('노동자의 힘' 제3차 회의에 제출한 글)는 케인즈주의 국가의 위기를 가치-형태 및 국가-형태(즉 자본주의적 명령) 그 자체의 위기로 규정했다. 자본이 위기를, 임금-노동 관계를 강제적으로 재부과하는 수단으로 "운영하는" 방식은 "위기국가"(crisis state)라고 지칭되었다. "명령-으로서의-화폐"의 교환 수단으로서의 화폐로부터의 분리라는 통화적 무기는 가치 형태의 위기의 일부로 분석되었다(1973년 이래로 『쁘리모 맛지오』(*PRIMO MAGGIO*)에 실린 「『요강』 제1절」은 이 새로운 명령 형태를 세계적 수준에서 분석했다).

1972~73 : '노동자 계급'(POTERE OPERAIO)의 중앙집중화된 전위당 조직을 향한 움직임으로 인해 그것은 1973년 해체되기에 이르며 결국 그것은 지역화된 운동 조직들로 파편화되었다. "운동"에 직면한 다른 주

---

2. 한국어판 : 『디오니소스의 노동·1』, 이원영 옮김, 갈무리, 1996[역자주]
3. 한국어판 : 안또니오 네그리, 『혁명의 만회』, 영광 옮김, 갈무리, 2005[역자주]

요 극좌파 그룹들의 위기가 뒤를 이었다. 이는 위기-정책들을 부과하기 위한, 기민당과의 동맹이라는 공산당의 역사적 타협 전략에 의해 촉진되었다. 그리고 운동의 측면에서 본다면, 그것은 자율적 여성 운동의 출현, "개인적 정치"에 대한 새로운 강조, 그리고 질적 필요들과 투쟁의 자기-조직 사이의 연계에 의해 촉진되었다.

1974~75 : 운동과 연결된, 자유 방송국들, 그리고 (1979년 현재) 형사 고발되어 있는 잡지들의 출현. 초기부터 노동자들의 정치적 위원회들과 연결되어 있었던, 『꼰뜨로인포르마지오네』(*CONTROINFORMAZIONE* ; 대항정보)와 『롯소』(*ROSSO*). 1975/6년부터 네그리, 알꽈띠 및 여타의 사람들은 자본의 재생산 영역에서의 투쟁(공장을 넘어, 사회적 지형으로 옮겨진 대중노동자)을 새로운 계급 구성으로, 그리고 삭감, 임금 동결, 인플레이션과의 대결에서의 준거점으로 이론화하기 시작했다. 이는 재전유, 즉 계급 자기가치화를 위한 투쟁을 가리키고 있었다.

네그리가 정의한 바에 따르면(Proletari e Stato, Feltrinelli, 1976 참조), "사회적 노동자"란, 자본이 위기를 거치면서 사회적 명령을 통해 노동을 재가치화하고자 — 즉 국가에 의해 사회 전반으로 임금-노동 관계 및 무급 잉여 노동을 강제하고자 — 시도하는 시기에 있어서, "대중노동자"가 자본의 사회적 재생산 영역으로 확장된 것으로서의 노동계급 주체를 말한다. 그러므로 "사회적 공장"(뜨론띠, 1962)은 "공장-명령으로서의-국가" 즉 기업국가(Stato-Impresa)(네그리, 1973~74)가 된다.

1977 : 소위 "주변층"(학생, 여성, 비고용자)의 "봄 반란"은 대학 점거들이 그 초점이었는데, 그것들은 이딸리아 공산당(Partito Comunista

Italiano, 이하 PCI)이 이끄는 지역 행정부들의 전시장인 볼로냐에서 일어난 봉기의 실질적 상태에서 정점에 이르렀다. 3월에 빠도바 정치학 연구소 소속의 네그리와 여타의 사람들은 볼로냐 "봉기의 조직자" 혐의로 체포되었다. 시간제 노동자들, 실업자들, 가내 노동자들, 여성들, 학생들, 그리고 평조합원 노동자들 등 점차 늘어나는 주변화된 층들의, 긴축의 정부에 대한, 주요 정당들에 의해 지지된 삭감들에 대한 반대는 높아만 갔다. 이것은 레드 노츠(Red Notes)에서 편집한 『이딸리아, 1977~1978』(*Italy 1977~78*)에 기록되어 있다. 공산당 소속의 아소르 로사(Asor Rosa)는 "두 개의 사회"를 이렇게 이론화했다.

"노동계급과 자본 …… 은, 그들이 (경제적) 발전에서 공통의 이해관계를 갖는, 긴 국면을 찾을 수 있다. 그리고 이 속에서 그들은 특권을 가진 기생적 층과 특권이 없는 기생적 층 모두가 그들에 반대하는 입장을 갖는 것으로 볼 수 있다. 후자는 자신들 고유의 필요들에 대한 무미건조하고 절망적인지각을 결코 넘어서지 못한다."

이와 동시에, 법과 질서의 문제는 고도화된 억압(새로운 강압적인 현실법)으로 나아가며 그 결과 체포는 늘어난다.

1978 : "모로 사태"[4]는 "운동"과 "무장 결사대" 그룹들 사이의 격차를 부각시킨다. 후자의 엘리뜨식 전술, 군사적 목표들의 목적 자체로서의 분리뿐만 아니라 국가 인사들과 (자신들의 저항적 과거에 대한 배신자라

---

4. 1978년 3월 16일에 벌어진 〈붉은 여단〉의 알도 모로 수상 납치살해 사건을 말한다. 이 사건에 대해서는 조정환, 『아우또노미아』, 갈무리, 2003, 34쪽 참조.[역자주]

는 이유로) PCI 지도자들에 대해 반대하는 그들의 정치적 관점들은 자율적 좌파에 의해 공개적으로 비판받았다. 1976년 이후에는 더욱 그러했다. 그렇지만 테러리즘과 그에 대한 대항조치들 사이의 "사슬처럼 얽힌 상호반작용"은 점차 "운동" 그 자체를 겨냥한 억압을 가져왔다. 기존 정당들과 테러리스트 사이에서 독립적인 운동 정치를 위한 모든 공간이 닫혀져 가고 있었다는 것은 분명하다.

이 과정은 1979년 4월 7일의 체포에 의해 급격하게 진전되었다.

:: 번역 용어 해설

노동거부 refusal to work

노동거부는 이딸리아 아우또노미아 운동의 핵심 슬로건 중의 하나이다. 이것은 지금까지의 자본주의 및 사회주의, 그리고 이들을 추동하는 여러 제도적·정치적 형식들이 노동의 조직화에 기초하고 있었다는 문제의식을 전제로 하고 있으며 이에 대한 비판을 겨냥하고 있다.

특이성 singularity

singularity는 개별자들의 고유성, 다른 것으로 환원할 수 없는 이질성을 지칭한다. '독특성', '고유성', '단수성' 등으로 번역될 수도 있다. 책 전체에서 이 개념은 복수성과의 상관관계 속에서 사용되므로 이를 '특이성'으로 옮기고 the singular는 '특이한 것'으로, singular는 '특이한'으로 옮겼다.

몰적 molar

molar는 mol, 즉 화학용어인 몰에서 나온 말이다. 사전적인 의미로 1몰은 분자 등 어떤 동질의 입자가 아보가드로수만큼 존재할 때 그것을 지칭하는 단위이다. 가따리와 네그리는 이 용어를 특이성들의 운동과 투쟁의 양태를 가리키는 말로 전용한다. 역자에 따라 '질량적', '그램분자적' 등으로 옮기고 있지만 여기서는 분자와의 관계에서 그 분자적 활동의 집합화(aggregation)

를 좀 더 명확하게 전달하기 위해 글자 그대로 '몰적(的)'이라고 옮겼다.

분절구조화 articulation

articulation은 알뛰세주의적으로 사고된 overdetermination(중첩결정)의 구조를 해명하기 위해 흔히 각 차원들의 '접합'이라는 말로 표현되어 왔다. 그러나 이 책에서 articulation은 주로 권력 주체들이나 새로운 사회적 주체들이 적대 속에서 자신을 다기능적으로 구조화하는 양태를 표현하기 위해 사용되었다. 예컨대 새로운 사회적 주체들에 있어서 그것은 각 구성부분들의 특이성과 이질성을 확장시켜 나가면서도 상호 연합적으로 자신을 재구성하는 형태를 지칭한다. 이 때문에 '접합'이라는 용어를 피하고 여기에서는 '분절구조화'라는 용어를 만들어 번역하였다.

뿌리줄기 rhizome

rhizome은 원래 식물학적 용어로 줄기가 변태되어 생긴 땅속줄기(근경 ; 根莖)를 의미한다. 들뢰즈와 가따리는 『천 개의 고원』에서 이 개념을 arborescent, 즉 수지상(樹枝狀 ; 나뭇가지 모양으로 여러 가닥으로 뻗은 것)과 대립되는 용어로 사용한다. 수지상이라는 은유를 통해 들뢰즈와 가따리는 식물학으로부터 정보과학과 신학에 이르는 모든 서구 사유의 인식론을 지시하고자 한다. 반면 뿌리줄기라는 은유는 뿌리들과 토대들을 제거시키고 위계를 거부하며 정보들을 다양한 비중심적 체계들로 탈중심화(decentralization)하는 사유양식을 지시한다. 필자들은 이 책에서 뿌리줄기를 다중심적(multicentric) 사유양식, 조직양식을 일컫는 용어로 확장하여 사용하고 있다.

사회체 socius

들뢰즈와 가따리는 욕망하는 기계가 사회적 장에 투여된 체제를 사회적 기계라고 부른다. 이 사회적 기계는 자신의 기관 없는 신체로서 각각의 socius, 즉 사회체를 갖는다. 이것은 사회적 기계의 기관 없는 신체로서 사회적 생산의 등록표면을 형성한다. 이 책의 필자들도 이런 맥락에서 '사회체'라는 말을 사용하고 있다.

삶 시간 life time / 노동 시간 labor time

네그리와 가따리는, 맑스와 마찬가지로, 자본주의는 삶 시간(life time)의 노동 시간(labor time)으로의 환원에 기초하는 사회로 이해한다. 삶 시간의 노동 시간으로의 자본주의적 환원은 노동 시간과 자유 시간의 분할, 그리고 노동 시간의 필요 노동시간과 잉여 노동시간으로의 분할이라는 방식으로 이루어진다.

욕망 desire

맑스는 『잉여 가치학설사』에서 "밀튼은 누에가 명주실을 생산하는 것과 똑같은 이유에서 『실락원』을 생산하였다. 그것은 그의 본성의 활동이었다. 나중에 그는 그 생산물을 5파운드에 팔았다"고 쓰고 있다. 이 책의 필자들이 말하는 desire는 어떤 외부적 힘에 의해 추동되지 않는 것으로서의 '하고자 함'을 지칭한다. 즉 그것은 특정한 존재의 본성적 활동에 가까운 것으로 어떤 결여를 전제하지 않는다. 라이히나 라깡에게서 desire는 결여와 결부되어 있는 개념으로 '부족을 느껴 그것을 채우려고 하는 마음'으로서의 '욕망'을 의미한다. 그러나 들뢰즈나 가따리 그리고 네그리에게서 desire는 '자발적인 하고자 함'으로서의 '욕망'을 의미한다. 이전 판들에서는 desire를 '욕구'로 옮겼으나, 이 판에서는 이미 널리 정착된 번역어 '욕망'을 채택했다.

중첩코드화 over-code

overcode는 encoding(코드화) 및 decoding(탈코드화) 등의 용어와 상관적인 것으로 흔히 '초코드화'로 번역된다. 원래 기호학의 용어였던 이 말은 가따리와 네그리에 의해 욕망과 생산의 흐름들에 대한 조직화와 관련된 용어로 사용되었다. 이 책에서 이 용어는 특이성들의 직접적 필요나 욕망 외부에서 자본가/관료 등에 의해 부과되는 약호체계를 지칭하는 것으로 사용된다. 초판에서는 '초(超)'라는 접두어로는 이 부과나 강제 혹은 외부성의 의미를 완전히 살려낼 수 없어서 '위로부터의 코드화'로 풀어서 번역했었다. 하지만 이 역어는 코드화 속에 내재하는 복합성을 드러내지 못하는 한계를 지녔다. 그래서 재판에서는 overdetermination을 '중첩결정'이라고 고쳐 옮긴 것과 동일한 이유로 overcode를 위로부터의 부과와 그 과정의 복합성을 어느 정도 동시에 드러낼 수 있는 '중첩코드화'라는 용어로 옮긴다.

자기가치화 self-valorization

self-valorization과 valorization은 주체성의 적대적 생산 과정을 지칭하는 용어이다. 맑스는 자본이 노동에 대한 착취를 통해 잉여 가치를 증식시켜 나가는 과정을 valorization(가치화)이라고 표현했다. 네그리와 가따리는 바로 이 과정의 정반대 측면, 즉 재구성되어 나가는 집단적 주체의 입장에서 이루어지는 가치화를 self-valorization이라고 부른다. 네그리는 『전복의 정치학』(*The Politics of Subversion*, Polity Press, 1986, pp. 137~138)에서 '저항에서 전유로, 재전유에서 자기조직으로' 나아가는 특이화의 과정은 self-valorization의 여러 양상이 거쳐 나가는 여행이라고 쓰고 있다. 지금까지 이 용어는 '자율적 가치결정', '가치안정화', '자기가치증식' 등으로 다양하게 번역되어 왔는데 이 책에서는 '자기가치화'로 통일시켜서 옮겼다.

자율성 autonomy

이 책에서 사용되는 autonomy는 1950년대 후반에 시작되어 1979년까지 이어진 이딸리아의 아우또노미아(autonomia) 운동과 깊은 연관을 갖고 있다. 아우또노미아 운동은 공산당/사회당 및 그에 종속된 노동조합으로부터 독립적으로 전개되었다. 이 책에서 autonomy가 특정한 역사적 운동이 아니라 철학적 용어로 사용될 때에도 이와 같은 역사적 경험을 함축하고 있는 것으로 보아야 한다. 역자에 따라 '독자성', '자주성'으로 번역하기도 했지만 이 책에서는 '자율성'으로 통일해서 번역했다.

코뮤니즘 communism

이 책에서 가장 옮기기 힘든 용어 중의 하나이다. 지금까지 communism은 예외 없이 '공산주의'라는 말로 옮겨져 왔다. '공산주의'라는 말은 '공동체 성원에 의해 재산 혹은 재화(이후의 역사 속에서 이것은 생산수단을 의미하게 되었다)가 공유되는 사회'에 대한 오래된 표상을 우리말로 표현하고 있다. 그러나 communism이라는 영어는 '재산' 공유를 직접적으로 함축하지는 않는다. '현존 사회주의'는 국가소유라는 형태로 이 '재산' 공유의 이념을 일정한 정도로 실현했다. 그럼에도 불구하고 그 생산수단은 맑스가 강조한 '연합된 직접생산자들'의 통제 아래에 놓이지 못했다. 오히려 직접생산자들은 자본주의에서와 다름없는, 때로는 그보다 더욱 극심한 억압과 착취에 시달리기도 했다. '공산주의'라는 말은 이렇게 재산(생산수단)의 공유라는 경제적 구조만을 강조함으로써 직접 생산자들의 욕망, 그들의 능동적 연합이라는 주체적 측면을 억제하는 효과를 가져왔다. 바로 여기에서 communism이라는 용어를 재정의해야 할 필요성이 생겨난다. 이 책의 필자들이 이 용어를 '노동의 해방을 위한 집단적 투쟁'으로, 즉 주체적으로 재정의하려 시도하는 것이 의미를 갖는 것은 이러한 맥락 속에서이다.

그렇지만 필자들의 communism에 대한 재정의 시도가 맑스에게는 존재했으나 이후의 역사적 '공산주의' 운동 속에서 사라져 버린 '현존 상황을 폐지해 나가는 영속적 운동'이라는 이념의 복원이라는 차원에 머무는 것만은 아니다. 필자들이 특히 강조하는 점은 현대 사회에 있어서 생산과 노동의 성격 변화, 즉 그것의 추상화, 컴퓨터화, 정보화이다. 생산과 노동의 이러한 성격 변화는 스스로를 부단히 재구성하는 주체적 힘에 대한 권력 측의 대응의 결과 — 중요하게는 과학기술의 생산력화였지만 — 이며, 이 속에서 주체는 다시 자신을 지식·노동 계급(the intellectual and working class)으로 재구성함으로써 사회적 communication의 주체로 되고 있다. 이제 communism은 communication과 분리될 수 없게 된 것이다. 필자들이 communism 운동을 염두에 두면서 '우리의 문제는 자유, 대화 그리고 욕망의 커뮤니티적(communitarian) 공간들을 재정복하는 것'이라고 주장할 수 있게 되는 것은 이들이 현대 사회에서 재구성된 주체가 도달한 질적 차원을 현실적으로 포착했기 때문이다. 실제로 이 책에서 communism에 대한 재정의 시도는 컴퓨터화, 정보화에 기초한 communication의 발전을 전제로 이루어지고 있으며 community, communitarian 등의 용어도 이러한 맥락에서 사용되고 있다. 그러므로 communism을 '공산주의'로(그리고 community를 '공동체'로), communication을 '의사소통'으로 옮기게 될 때 '공산주의'라는 말이 낡은 경제주의적 표상을 환기시킨다는 문제 이외에도 communism과 commu-nication의 불가분리한 언어적·실천적 결합성이 깨어진다는 문제점이 있게 된다. 이 때문에 이 책에서는 불가피하게 이 용어들을 음역하는 궁여지책을 통해 이 책의 핵심 주제인 'communism의 재정의' 문제를 필자들과 더불어 사고해 보도록 시도했다. 이 책에서 communism을 '코뮤니즘'으로, communication을 '커뮤니케이션'으로, community를 '커뮤니티'로, communitarian을 '커뮤니티적'으로 옮긴 것은 이 때문이다.

탈영토화 deterritorialization
deterritorialization의 의미는 다차원적이기 때문에 확정하기가 쉽지 않다. 때로 이 말은 자본주의의 발전에 따른 생산의 토지로부터의 해방을 의미하기도 하며 때로는 자본과 권력의 지배 — 즉 영토화(territorialization) — 로부터 특이성들의 해방을 의미하기도 한다. 이 용어의 다의성으로 말미암아 이 용어는 '탈토지화', '탈속령화', '탈영토화' 등으로 다양하게 번역되어 왔다. 이 책의 필자들에게 있어서 deterritoria-lization은 탈토지화(이 개념은 생산의 발전양상을 옳게 표현하지만 계급 투쟁, 즉 정치를 결여한다)와 탈속령화(이 개념은 정치를 적극적으로 표현하지만 생산의 발전양상을 담아내지 못한다)를 모두 포함한다. 이런 이유 때문에 이 책에서는 deterritorialization을 생산의 변화와 정치관계의 변화를 포괄하는 말인 '탈영토화'로 옮기고 territorialization은 영토화로, reterritorialization은 '재영토화'로 옮겼다.

투쟁기계들 machines of struggle
들뢰즈와 가따리는 『앙띠 오이디푸스』에서 욕망을 생산적이고 창조적이며 무의식적인 긍정적 힘으로 규정하면서 이것을 내포적 양을 가진 기계적 흐름으로 규정했다. 그리고 이 욕망은 신체(body)를 자신의 등록표면으로 삼고 있는 것으로 이해된다. 욕망하는 기계라는 개념은 이런 사고의 산물이다. 이 책의 필자들은 이러한 개념을 확장하여 투쟁하는 기계, 즉 투쟁기계라는 개념을 만들어 내는데 이것은 욕망하는 기계가 권력과의 적대 속에서 자신을 재구성하는 형태를 지칭한다. 필자들은 이 개념을 중앙집권적 레닌주의 정당형태와 구별되는, 프롤레타리아트의 새로운 연합 노선에 대한 탐구로 발전시켜 나가고 있다.

핵 국가 nuclear state

이 개념을 통해 필자들은 '에너지의 형태와 국가형태간의 관계'를 포착하고자 하며 이를 통해 '정부소유의 핵에너지의 파괴적인 잠재력'을 적대적 형태로 정식화하고자 한다. 네그리는 『전복의 정치학』에서 핵 국가를 '권력의 실행에 관한 제한으로부터 완전히 벗어난 국가, 합법적 민주주의 국가에 대한 정의에서 완전히 벗어난 국가', 다시 말해 일종의 테러리즘적 국가로 정의하고 있다. 이를 네그리의 국가형태론 속에서 생각해 보면 1968년 혁명으로 야기된, '복지국가'의 위기 이후 그것을 대체한 국가형태로 파악될 수 있다.

힘/권력 power

power의 성격에 대한 탐구는 현대 철학, 특히 현대 프랑스 철학에서 중요한 위치를 점해 왔다. 미셸 푸꼬, 질 들뢰즈, 펠릭스 가따리 등은 power가 전체 사회를 뒤덮고 그것에 침투하는 형식, 메커니즘, 그리고 그것의 배열구조 등을 집중적으로 탐구해 왔다. 네그리는 스피노자에 대한 연구를 통해 power의 두 가지 적대적 형식을 규명함으로써 이러한 탐구를 보완한다. 그에 의하면 potestas는 타자를 지배하는 사회적 힘이며 potentia는 potestas의 타자로서 그와 적대관계에 놓이는 힘이다. 전자는 중앙집권화하고, 매개하고, 초월적인 명령의 힘임에 반해 후자는 지역적이고, 직접적이며, 활동적인 구성의 힘이다. 이 책의 영역자 마이클 라이언은 이 두 개의 힘을 명확하게 구별해 두고 있지 않다. 이 두 개의 힘이 이딸리아어에서는 potere/potenza로, 불어에서는 pouvoir/puissance로, 독일어에서는 Macht/Vermögen으로 구별될 수 있음에 반해 영어에서는 구별이 어려웠던 데 그 이유가 있었던 것으로 보인다. 그래서 라이언은 일관되지는 않지만 power와 force를 구별해서 쓰고 있다. 지금까지 대부분의 책에서 power는 '권력'으로 일률적으로 번역되어 왔지만 이 책에서는 potestas의 의미에서의 power는 '권력'으로

potentia의 의미에서의 power는 '잠재력' 또는 '힘'으로 구분할 필요가 있다. 이 책에서 전자를 '권력'으로 후자를 '힘'으로 통일시켜 번역한 것은 이 때문이다.

:: 안또니오 네그리 저작 목록(이딸리아어)

Stato e diritto nel giovane Hegel, Padova, Cedam, 1958

Saggi sullo storicismo tedesco. Dilthey e Menecke, Milano, Feltrinelli, 1959

Alle original del formalismo giuridico. Studio sul problema della forma in Kant e nei giuristi kantani tra il 1789 e il 1802, Padova, Cedam, 1962

Descartes politico o della ragionevole ideologia, Milano, Feltrinelli, 1972

Operai e Stato, Milano, Feltrinelli, 1972

Partito operario contro, en il lavoro, Crisi e organizzacione operaria, Feltrinelli, Milano, 1974

Crisi dello Stato-piano. Comunismo e organizzacione rivoluzionaria, Feltrinelli, Milano, 1974

Proletari e Stato. Per una discussione su autonomia operaria e compromesso storico, Feltrinelli, Milano, 1976

La fabbrica de la stategia. 33 lezioni sul Lenin, Cleup, Padova, 1976

La forma-Stato. Per la critica dell'economia politica della costituzione, Feltrinelli, Milano, 1977

Il dominio e il sabotaggio. Sul metodo marxista della trasformazione sociale, Feltrinelli, Milano, 1978

Dall'operario-massa all'operario sociale. Intrevista sull'operaismo, Multiphla,

Milano, 1979

Marx oltre Marx. Quaderno di lavoro sui "Grundisse", Feltrinelli, Milano, 1979

Politica di classe, Milano, Macchina libri, 1980

L'anomalia selvaggia. Saggio su potere e potenza in Baruch Spinoza, Feltrinelli, Milano, 1981

Macchina-Tempo, Milano, Feltrinelli, 1982

Pipe-line. Lettres da Rebibbia, Torino, Einaudi, 1983

Les nouveaux espaces de liberté (con Felix Guattari), Dominique Bedou, Paris, 1985

Fabbriche del soggetto, Secolo XXI, Livorno-Massa, 1987

Lenta Ginestra. Saggio sull'ontologia di Giacomo Leopardi, Sugar Co., Milano, 1987

Arte e multitudo, G. Politi, 1990

Spinoza sovversivo, Roma, Antonio Pellicani Editore, 1992

Il potere costituente. Saggio sulle alternative del moderno, Sugar Co., Milano, 1992

L'invierno e finito, Castelvecchi, Roma, 1996

Goodbye Mr Socialism, Giangiacomo Feltrinelli Editore, 2006

:: 안또니오 네그리 저작 목록(기타어)

단행본

Revolution Retrieved: Selected Writings on Marx, Keynes, Capitalist Crisis and New Social Subjects 1967-1983, London: Red Notes, 1988

Capitalist Domination and Working-Class Sabotage in Working-Class Autonomy and the Crisis, Trans. by Committee April 7, London: Red Notes/CSE, 1979

Marx Beyond Marx: Lessons on the Grundrisse, Trans. by Harry Cleaver, Michael Ryan and Maurizio Viano, South Hadley, MA: Bergin & Garvey, 1984; Reprinted, with a revised bibliography, in 1991 by Autonomedia (Brooklyn, NY)

The Savage Anomaly: The Power of Spinoza's Metaphysics and Politics, Trans. by Michael Hardt, Minneapolis: University of Minnesota Press, 1991

Communists Like Us: New Spaces of Liberty, New Lines of Alliance [with Felix Guattari], Trans. by Michael Ryan and Jared Becker, New York: Semiotext(e), 1990

The Politics of Subversion: A Manifesto for the 21st Century, Trans. by James Newell., Cambridge: Polity Press, 1989

Labor of Dionysus: A Critique of the State-Form [with Michael Hardt], Trans. by Michael Hardt, Minneapolis: University of Minnesota Press, 1994

Constituent Power, Trans. by Maurizia Boscagli, Minneapolis: University of Minnesota Press, 1999

Empire, (with Michael Hardt), Harvard University Press, 2000

Time for Revolution, Trans. by Matteo Mandarini, New York: Continuum, 2003

Negri on Negri, Routledge, 2003

Job: La Fuerza del Esclavo, Ediciones Paidos Iberica, 2003

Multitude: War and Democracy in the Age of Empire (with Michael Hardt), Penguin Press HC, 2004

Books for Burning: Between Civil War and Democracy in 1970s Italy, Timothy S. Murphy (Editor, Translator), Arianna Bove (Translator), 2005

Global, Ediciones Paidos Iberica, 2006

Political Descartes: Reason, Ideology and the Bourgeois Project, Verso, 2007

논문/시평/인터뷰

"Note on the 'Social' Worker", *Working-Class Autonomy and the Crisis* (London: Red Notes/CSE, 1979)

"One Step Forward, Two Steps Back-The End of the Groups", *Working-Class Autonomy and the Crisis* (London: Red Notes/CSE, 1979)

"Reformism and Restructuration: Terrorism of the State-as-Factory Command", *Working-Class Autonomy and the Crisis* (London: Red Notes/CSE, 1979)

"The Workers' Party of Mirafiori", *Working-Class Autonomy and the Crisis* (London: Red Notes/CSE, 1979)

"Theses on the Crisis", *Working-Class Autonomy and the Crisis* (London: Red Notes/CSE, 1979)

"Memorial from Prison," "I, Toni Negri" (interview with Eugenio Scalfari) and "J'Accuse" in Semiotext(e) III:3, *Italy: Autonomia/Post-Political Politics*

"Foreword" to Harvie Ferguson, *Essays in Experimental Psychology*, Trans. by

Gianfranco Poggi, London: Macmillan, 1983

"Interview with Toni Negri" (by Alice Jardine and Brian Massumi) in *Copyright* 1 (fall 1987)

"Is There a Marxist Doctrine of the State? A Reply by Antonio Negri" in Norberto Bobbio, *Which Socialism?* (Minneapolis: University of Minnesota Press, 1987)

Review of Gabriel Albiac's La sinagoga vacia: Un estudio de las fuentes marranas del espinosismo (Madrid: Libros Hiperi?, 1987) in *Studia Spinozana* 4 (1988)

"Between Infinity and Community: Notes on Materialism in Spinoza and Leopardi" in *Studia Spinozana* 5 (1989)

"Review of Norberto Bobbio, Future of Democracy and Which Socialism?" in *Capital & Class* 37 (spring 1989)

I saw him again, reminiscence of A. Negri on L. Althusser, http://waam.net/jhjournal/view_article.php?a_no=59&p_no=1

Spinoza's Anti-Modernity in *Les Temps Modernes* 46:539 (June 1991), trans. by Charles T. Wolfe, http://slash.autonomedia.org/analysis/02/07/02/0233253.shtml

"Interpretation of the Class Situation Today: Methodological Aspects" in W. Bonefeld, R. Gunn and K. Psychopedis, eds., *Open Marxism* volume II: Theory and Practice (London: Pluto Press, 1992). Translated by Michael Hardt

On Gilles Deleuze & Felix Guattari, A Thousand Plateaus in *Chimeres* 17 (Paris, Fall 1992), http://waam.net/jhjournal/view_article.php?a_no=126& p_no=1

"The Physiology of Counter-Power: When Socialism is Impossible and Communism So Near" in Michael Ryan & Avery Goodman, eds., *Body Politics: Disease, Desire and the Family* (Boulder: Westview Press, 1994).

"On Gilles Deleuze & Felix Guattari, A Thousand Plateaus" in *Graduate Faculty*

Philosophy Journal 18: 1 (1995)

"Spinoza's Anti-Modernity" in *Graduate Faculty Philosophy Journal* 18: 2 (1995).

(Young) Comrade Engels, A Kiss to You, *El Mundo* (July 29, 1995), http://waam.net/jhjournal/view_article.php?a_no=87&p_no=1

"Constituent Republic" in Paolo Virno & Michael Hardt, eds., *Radical Thought in Italy: A Potential Politics* (Minneapolis: University of Minnesota Press, 1996).

"Notes on the Evolution of the Thought of the Later Althusser" in Antonio Callari and David F. Ruccio, eds., *Postmodern Materialism and the Future of Marxist Theory: Essays in the Althusserian Tradition* (Hanover, NH: Wesleyan University Press, 1996)

The Crisis of Political Space in *Common Sense*. Issue 19. 1996, http://waam.net/jhjournal/view_article.php?a_no=89&p_no=1

Value and Affect, *DeriveApprodi* v.12-13 (autumn 1996), http://www.generation-online.org/t/valueaffect.htm

"Italy, Exile Country" in Beverly Allen & Mary Russo, ed., *Revisioning Italy* (Minneapolis: University of Minnesota Press, 1997)

"Reliqua Desiderantur: A Conjecture for a Definition of the Concept of Democracy in the Final Spinoza" in Warren Montag & Ted Stolze, eds., *The New Spinoza* (Minneapolis: University of Minnesota Press, 1997)

An interview with the German daily newspaper *Die Tageszeitung*, June 28, 1997, http://waam.net/jhjournal/view_article.php?a_no=83&p_no=1

Back to the Future, 1997, http://lists.village.virginia.edu/~forks/exile.htm

Letter From Toni Negri, to the Venice meeting of the European Counter Network & its allies (including the Zapatistas): Venice, September 12~14, 1997, http://lists.village.virginia.edu/~forks/TNletter.html

Reappropriations of Public Space, *Common Sense*, no. 21, 1997

"What Can the State Still Do?" in *Polygraph* 10 (1998)

Between "Historic Compromise" and Terrorism, *Le Monde Diplomatique* August-September 1998, http://www.sozialistische-klassiker.org/Negri/ negri01.pdf

Two Tests About the Florence's Thinker the Prince of the Revolution: Negri on Althusser, 1999, http://waam.net/jhjournal/view_article.php?a_no=129&p_no=1

Interview with Toni Negri and Facts on Paolo Persichetti, An interview originally published in the French Communist newspaper L'Humanite on August 28th, Interiew conducted by Jean Paul Monferran, 2000, http://slash.autonomedia.org/comments.pl?sid=1178&cid=729

Postmodern Global Governance and The Critical Legal Project in *Global Jurist Advance* vol.1 issue. 3, 2001, http://www.bepress.com/gj/advances/vol1/iss3/art2/

Ruptures within Empire, the power of exodus, An Interview with Toni Negri by Giuseppe Cocco and Maurizio Lazzarato published in French on *Multitudes* no.7 (December 2001), http://www.generation-online.org/t/empireruptures.htm

The Ballad of Buenos Aires, Critique of the Italian Edition of the book *19 and 20. Notes for the new social protagonism* by Colectivo Situaciones, 2001, http://www.generation-online.org/t/sitcol.htm

The online discussion with Michael Hardt and Toni Negri, 2001, http://waam.net/jhjournal/view_article.php?a_no=62&p_no=1

What the Protesters in Genoa Want(co-authored with Michael Hardt), July 20, 2001 *New York Times*, http://www.commondreams.org/views01/0720-01.htm

Approximations: towards an ontological definition of multitude, Article published in French on *Multitudes* no. 9 (June 2002), http://www.generation-online.org/t/approximations.htm

Counter-Empire, Intervention to a seminar held by the Sherwood Tribune in Venice on strategies for counter-empire, February 2002, http://www.

generation-online.org/t/Contro-impero.htm

E as in Empire, a dialogue with Anne DuFourmantelle, http://slash.autonomedia. org/analysis/02/12/06/1317232.shtml

Empire and the Multitude, A Dialogue on the new order of globalisation, Antonio Negri and Danilo Zolo published in *Reset*, October 2002, http://www.generation-online.org/t/empiremultitude.htm

Italien ein Jahr nach dem Schock von Genua, *Le Monde diplomatique* Nr. 6822 vom 9.8.2002, 379 Zeilen, http://www.taz.de/pt/2002/08/09.nf/mondeText. artikel,a0022.idx,3

Marx Mole Is Dead! Globalisation and Communication(with M. Hardt) in *Eurozine*, Feb 2002, http://www.eurozine.com/article/2002-02-13-hardtnegri-en.html

Multitude and Metropolis, multitudes-infos@samizdat.net 20/11/02, http://www. generation-online.org/t/metropolis.htm

Peace and War(with Éric Alliez), 2002, http://waam.net/jhjournal/view_article .php?a_no=134&p_no=1

Porto Alegre, Sad Empire, Interview for *Le Monde* on Porto Alegre, Anti-Americanism and the movement. (January 2002), http://www.generation -online.org/t/portoalegre.htm

Social Struggles in Italy, http://slash.interactivist.net/print.pl?sid=02/08/10/1643246

The Imperialist Backlash on Empire, Interview for *il Manifesto* on the war, Empire and the US, September 2002, http://www.generation-online.org/t/ backlash.htm

The Kindom of the Misfortune(Argentina), 25 of February of the 2002, http://waam.net/jhjournal/view_article.php?a_no=71&p_no=1

The Order of War, *Global* magazine November 2002, http://www.generation -online.org/t/negriwar.htm

Public sphere, labour, multitude. Strategies of resistance in Empire. (with Paolo Virno), Intervention in a seminar organised by Officine Precarie at Pisa University, February 2003, http://www.generation-online.org/t/common.htm

The Ripe Fruit of Redemption Review of Agamben's *The state of Exception, Il Manifesto* (July 2003), http://www.generation-online.org/t/negriagamben.htm

The Ripe Fruit of Redemption in *Il Manifesto*, 26 July 2003, http://www.generation-online.org/t/negriagamben.htm

:: 안또니오 네그리 저작 목록(한국어)

단행본

『전복의 정치학』, 장현준 옮김, 세계일보사, 1991
『맑스를 넘어선 맑스』, 윤수종 옮김, 새길, 1994
『자유의 새로운 공간』, 이원영 옮김, 갈무리, 1995
『지배와 사보타지』, 윤수종 옮김, 새길, 1996
『디오니소스의 노동 1』, 마이클 하트와 공저, 이원영 옮김, 갈무리, 1996
『디오니소스의 노동 2』, 마이클 하트와 공저, 이원영 옮김, 갈무리, 1997
『야만적 별종-스피노자에 있어서 권력과 역능에 관한 연구』, 윤수종 옮김, 푸른 숲, 1997
『미래로 돌아가다』, 펠릭스 가따리와 공저, 조정환 옮김, 갈무리, 2000
『제국』, 마이클 하트와 공저, 윤수종 옮김, 이학사, 2001
『혁명의 시간』, 정남영 옮김, 갈무리, 2004
『혁명의 만회』, 영광 옮김, 갈무리, 2005
『전복적 스피노자』, 이기웅 옮김, 그린비, 2005
『귀환』, 윤수종 옮김, 이학사, 2006
『다중』, 마이클 하트와 공저, 조정환·정남영·서창현 옮김, 세종서적, 2007

논문/시평/인터뷰

「통제와 생성」, 들뢰즈와의 인터뷰, (질 들뢰즈, 『대담 : 1972~1990』), 187~197쪽; 『전미래』지 1990 봄)

「네그리와의 대담」, 안또니오 네그리·박기순, 『비판』1호, 박종철출판사, 1997

「당신은 혁명을 기억하는가?」, 『이딸리아 자율주의 정치철학.1』, 갈무리, 1997

「대항 권력의 생리학 : 사회주의는 불가능하고 공산주의가 아주 가까이 있을 때」, 안또니오 네그리, 『비판』2호, 박종철출판사, 1997

「맑스에 관한 20가지 테제 : 오늘날의 계급상황에 대한 해석」, 『지배와 사보타지』, 윤수종 옮김, 새길, 1997

「맑스와 노동 : 탈유토피아의 길」, 안또니오 네그리, 『비판』1호, 박종철출판사, 1997

「비물질적 노동과 주체성」, 마우릿찌오 랏짜라또와 공저, 『지배와 사보타지』, 윤수종 옮김, 새길, 1997

「국가에 대한 맑스주의 국가이론은 존재하는가」, 『미래로 돌아가다』, 2000

「미래로 돌아가다」, 『미래로 돌아가다』, 조정환 편역, 갈무리, 2000

「제헌적 권력 : 대중의 지성으로 소비예뜨를!」, 『미래로 돌아가다』, 조정환 편역, 갈무리, 2000

「르몽드의 네그리 인터뷰」, 안또니오 네그리, 『자율평론』2호, 2002년 9월, http://jayul.net/index.php?zine_id=2

「『제국』에 대한 제국주의적 반발」, 안또니오 네그리, 『자율평론』2호, 2002년 9월, http://jayul.net/index.php?zine_id=2

「제노바의 시위자들이 원하는 것」, 안또니오 네그리, 『자율평론』2호, 2002년 9월, http://jayul.net/index.php?zine_id=2

『《천(千)의 고원》에 대하여』, 안또니오 네그리, 『탈주의 공간을 위하여』, 서울사회과학연구소 편역, 푸른숲, 2002

「'핵국가' 개념에 대한 단상」, 안또니오 네그리, 영광 옮김, 『자율평론』4호, 2003년 3월, http://jayul.net/view_article.php?a_no=221&p_no=1

「다중의 존재론적 정의(定義)를 위하여」, 안또니오 네그리, 영광 옮김, 『자율평론』

4호, 2003년 3월, http://jayul.net/view_article.php?a_no=180&p_no=1
「미국은 제국의 논리로부터 벗어나고 있다」, 안또니오 네그리, 양창렬, 『자율평론』 5호, 2003년 6월, http://jayul.net/view_article.php?a_no=317&p_no=1
「스피노자의 반근대성」, 안또니오 네그리, 양창렬 옮김, 『자율평론』 4호, 2003년 3월, http://jayul.net/view_article.php?a_no=200&p_no=1
「전쟁의 질서」, 안또니오 네그리, 영광 옮김, 『자율평론』 4호, 2003년 3월, http://jayul.net/view_article.php?a_no=215&p_no=1
「정치적 공간의 위기」, 안또니오 네그리, 한병준 옮김, 『자율평론』 4호, 2003년 3월, http://jayul.net/view_article.php?a_no=223&p_no=1
「가치와 정서」, 안또니오 네그리, 김권호 옮김, 『자율평론』 5호, 2003년 6월, http://jayul.net/view_article.php?a_no=259&p_no=1(『진보평론』 14호, 2002년 겨울)
「맑스의 두더지는 죽었다! 지구화와 소통」 (마이클 하트와 공저), 안또니오 네그리, 『자율평론』 7호, 2004년 1월, http://jayul.net/view_article.php?a_no=457&p_no=1
「거대도시와 다중」, 안또니오 네그리, 문갑 옮김, 『자율평론』 7호, 2004년 1월, http://jayul.net/view_article.php?a_no=446&p_no=1
「왜 우리는 다자주의적 마그나 카르타를 필요로 하는가?」 (마이클 하트와 공저), 안또니오 네그리, 『자율평론』 9호, 2004년 7월, http://jayul.net/view_article.php?a_no=567&p_no=1
「정치적 공간의 위기」, 안또니오 네그리, 한병준·승준 옮김, 『자율평론』 9호, 2004년 7월, http://jayul.net/view_article.php?a_no=565&p_no=1
「공적 공간의 재전유」, 안또니오 네그리, 문갑 옮김, 『자율평론』 9호, 2004년 7월, http://jayul.net/view_article.php?a_no=563&p_no=1
「빈자 : 위험한 계급 - 위험한 계급들에서 다중의 위험으로」, 안또니오 네그리, 이택진 옮김, 『자율평론』 9호, 2004년 7월, http://jayul.net/view_article.php?a_no=558&p_no=1
「잘 익은 구원의 열매」, 안또니오 네그리, 승준 옮김, 『자율평론』 10호, 2004년

10월, http://jayul.net/view_article.php?a_no=589&p_no=1

「과거와 장래 사이의 푸코」, 안또니오 네그리, 양창렬 옮김, 『자율평론』 11호, 2005년 1월, http://jayul.net/view_article.php?a_no=677&p_no=1

「정치적 주체 : 다중과 구성권력 사이에서」, 안또니오 네그리, 이종호 옮김, 『자율평론』 13호, 2005년 7월, http://jayul.net/view_article.php?a_no=789&p_no=1

「칼 슈미트, 법, 권력 : 네그리와의 인터뷰」, 안또니오 네그리, 양창렬 옮김, 『자율평론』 13호, 2005년 7월, http://jayul.net/view_article.php?a_no=794&p_no=1

「네그리의 『구성권력』 읽기」, 안또니오 네그리, 김상운·홍철기, 『자율평론』 14호, 2005년 10월, http://jayul.net/index.php?zine_id=14

「안또니오 네그리 : 끝나지 않는 반란?」, 안또니오 네그리, 『자율평론』 14호, 2005년 10월, http://jayul.net/view_article.php?a_no=872&p_no=1

「제국을 둘러싼 5개의 강의」, 안또니오 네그리, 이종호 옮김, 『자율평론』 14호, 2005년 10월, http://jayul.net/view_article.php?a_no=844&p_no=1

「현대철학을 둘러싼 네그리와 카사리노의 대담」, 안또니오 네그리·카사리노, 김상운 옮김, 『자율평론』 15호, 2006년 1월, http://jayul.net/view_article.php?a_no=896&p_no=1

「가치와 노동」, 안또니오 네그리, 자율평론 번역모임 옮김, 『비물질노동과 다중』, 갈무리, 2005년 6월

「네그리의 홀로웨이 비판」, 안또니오 네그리, 문갑 옮김, 『자율평론』 18호, 2006년 10월, http://jayul.net/view_article.php?a_no=1019&p_no=1

「포르투 알레그레, 슬픈 제국」, 안또니오 네그리, 문갑 옮김, 『자율평론』 18호, 2006년 10월, http://jayul.net/view_article.php?a_no=1020&p_no=1

:: 안또니오 네그리 연보

출생

1933년 이딸리아 빠도바에서 태어남.

1950년대

1950년 청년 시절에 카톨릭 철학에 관심을 갖고 카톨릭 행동파에 가입했으나 교황 삐우스 12세가 카톨릭 행동파의 진보적 대변인인 마리오 롯씨를 심하게 비난한 해인 1954년에 카톨릭 행동파에서 추방되었다. 그후 자유주의적 카톨릭 그룹인 인떼사(Intesa)에 가입했다가 빠도바의 주교가 이 그룹의 사회주의적 경향을 억제하려 하자 탈퇴했다.

1954년 이딸리아 통일사회당(PSIUP, 나중에 이딸리아 사회당에 통합)에 가입.

1954년 장학금을 받아 프랑스 소르본느에 유학. 독일의 튀빙겐, 프라이부르크, 하이델베르크, 뮌헨, 프랑크푸르트 대학 등에서도 공부함.

1956년 독일 역사주의에 대한 논문으로 박사학위를 수여. 빠도바 대학 학생 잡지 『일 보』(*Il Bo*) 편집장을 맡음.

1957년 빠도바 법과 대학 법철학 조교수, 정치학 교수.

1959년 법철학 교수자격 획득. 이딸리아 사회당 시의회 의원으로 선출됨. 이딸리아 사회당 베네치아 지부의 잡지인 『진보 베네또』 편집인을 맡음.

1959년 빤찌에리, 알꽈띠 지도하에 또리노에서 출판되던 『붉은 노트』(*Quaderni Rossi*) 지 간행에 참여.

1960년대

1962년 6월 또리노에 있는 피아뜨 공장에서 최초의 살쾡이 파업이 발발하고 이딸리아 남부에서 온 이주 노동자들의 주기적인 투쟁도 개시된 것에 영향을 받음.

1963년 사회당이 기독교민주당과 동맹하여 첫 중도좌파 연합정부가 들어서자 사회당을 탈당함. 부인 빠올라 메오와 맛씨모 까치아리와 함께 마르게라 항의 산업복합 단지 노동자들을 대상으로 『자본』 세미나 조직.

1963~66년 사이에 〈붉은 노트〉가 분열되면서 마리오 뜨론띠, 로마노 알꽈띠, 쎄르지오 볼로냐 등과 함께 『노동계급』(Classe Operaia) 지를 창간함. 이것이 이딸리아 노동자주의(operaismo)의 시작이었다.

1966년 『노동계급』 내부의 분열. 그 한 편은 이딸리아 공산당의 혁신을 위해 싸우는 사람들이었고 다른 한편은 전통적 좌파와는 다른 조직을 추구하는 사람들이었는데 네그리는 후자에 속해 있었다.

1967년 국가론 교수 자격을 획득하고 쎄르지오 볼로냐, 마리아 로자 달라 꼬스따 등과 창설한 〈빠도바 대학 정치학 연구소〉 소장을 맡음. 베네치아에서 구성된 〈노동자 권력〉(Potere Operaio) 집단에 참여함. 이 무렵 「케인즈와 1929년 이후의 자본주의 국가론」(1967), 「맑스, 순환과 위기에 관하여」(1968), 「계획국가의 위기」(1971) 등을 집필함.

1968~9년 프랑스에서 시작된 혁명이 잦아든 후 1969년에 이딸리아에서 뜨거운 가을이 시작됨. 노동자들의 공장점거가 중요한 투쟁형태로 자리잡음. 네그리는 〈노동자 권력〉(나중에 〈계속 투쟁〉 Lotta Continua으로 바뀜)을 중심으로 활동함.

1969년 12월 12일 밀라노 역에서 이딸리아 비밀기관들이 설치한 폭탄들이 터져 여러 명이 죽음. 이것은 명백한 국가테러리즘이었음에도 불구하고 아나키스트 뻬에뜨로 발쁘레다가 기소되어 2년간 부당한 옥살이를 함.

1970년대

1971년 뜨렌띠노 대학의 카톨릭 좌파와 PCI 청년조직의 옛 구성원들이 〈붉은 여단〉 창설. 밀라노 피렐리 공장 투쟁에서 처음으로 모습을 드러냄.

1972년 펠트리넬리 출판사 총서 『맑스주의 자료』의 편집장 맡음.

1973년 봄 또리노의 피아뜨 공장에서 일주일 동안 공장점거 투쟁이 벌어짐.

1973년 로쏠라나 대회에서 〈노동자 권력〉 해체. 네그리와 이딸리아 북부 도시들의 많은 투사들이 〈노동자의 자율〉(la Autonomia Operaia)을 결성함.

1974년 밀라노에서 발간되던 정치신문 『롯쏘』(Rosso)에 참여. 이것이 이딸리아 북부 〈노동자의 자율〉을 연결하는 신문이 됨.

1974년 1973~4년 운동 체험을 기반으로 하여 「노동에 반대하는 노동자당」 집필.

1974년 9월 엔리꼬 베를링게르가 역사적 타협 전략을 선언.

1974년 가을 전기요금의 자율인하를 위한 투쟁이 발발하고 로마의 산 바씰리오 구에서 공장점거 운동이 전개됨.

1975~7년 아우또노미아에 근거한 사회, 정치, 문화 운동이 전개됨. 대도시들에서 청년 프롤레타리아 운동 출현. 〈계속 투쟁〉이 해체됨. 이 집단의 레닌주의는 페미니스트 집단과 구의 자치단체들에 의해 비판받은 바 있다.

1976년 이딸리아 최초의 자유라디오 방송인 〈라디오 알리체〉가 출현함.

1976년 1973년에 행한 강연을 토대로 레닌의 조직론을 비판적으로 넘어서려는 책 『전략의 공장』 출간.

1976년 1974~5년 사이에 이딸리아 공산당 비판을 염두에두고 쓴 글들을 모은 『프롤레타리아와 국가』 출간.

1977년 『국가 형태』 출간. 폭동교사 혐의로 수배되어 빠도바 대학 정치연구소가 조사를 받게 되자 알뛰세의 초청으로 프랑스로 건너가 파리 고등사범학교에서 『맑스를 넘어선 맑스』 강의.

1978년 3월 16일 기독민주당의 핵심인 알도 모로 수장 납치. 이 날은 공산당과 기독민주당의 지지를 동시에 받는 정부가 출범하는 날이었다. 경호원 5명이 죽었고 나중에 기독민주당과 이딸리아 공산당 본문 사이로 난 길

중간에 있는 차에서 모로의 사체가 발견됨.

1978~9년 아우또노미아의 위기. 운동에 대한 〈붉은 여단〉의 헤게모니가 증대됨.

1978년 『자본주의적 지배와 노동계급 사보타지』(1978) 출간.

1979년 『맑스를 넘어선 맑스』 출간.

1979년 4월 7일 〈노동자의 자율〉과 〈붉은 여단〉의 수괴라는 혐의로 밀라노에서 체포. 이 때 30명의 동지들이 한꺼번에 체포됨.

1979년 4월 8일 알도 모로 수장의 납치 살해 혐의 및 국가권력에 대항하는 무장봉기 혐의 추가.

1979년 4월 14일 빠도바 감옥에서 레빕비아 감옥으로 이감.

1979년 9월 마르체스에 있는 포솜브로네 특별감옥으로 이감.

1979년 11월 깔라브리아에 있는 빨미 특별감옥으로 이감.

1980년대

1980년 3월 뽈리야에 있는 뜨라니 특별감옥으로 이감.

1980년 옥중에서 『계급정치 : 동력과 형식』, 『코뮤니즘과 전쟁』 출간.

1980년 12월 뜨라니 감옥에서 반란 일어나 그 지도자 혐의를 받음.

1981년 1월 로마에 있는 특별감옥으로 이감.

1981년 2월 알도 모로 납치 살해 혐의 증거 불충분으로 네그리 재판 연기. 이후 계속 연기됨.

1981년 옥중에서 『야만적 별종』 출간.

1982년 여름 4월 7일 체포된 사람들이 레빕비아 정상감옥으로 이감.

1982년 옥중에서 『시간 기계 : 새로운 문제, 해방, 그리고 구성』 출간.

1983년 옥중에서 『파이프라인 : 레빕비아에서의 편지』 출간.

1983년 2월 24일 로마에서 4월 7일 사건 재판 시작. 네그리와 그의 동지들에 대한 재판은 밀라에서 시작됨.

1983년 5월 2일 네그리 심문 시작.

1983년 6월 20~23일 빠도바와 뻬루지아 검찰이 네그리와 그의 동지들에게 새로운 구속영장 발부.

1983년 6월 25~26일에 있었던 이딸리아 총선에서 급진당 후보로 출마한 네그리가 밀라노, 로마, 나뽈리 의원으로 선출됨.

1983년 7월 1일 로마 재판 중지.

1983년 7월 8일 의원면책 특권으로 석방.

1983년 7월 네그리의 의원면책 특권의 철회를 위한 의회 소송이 시작됨.

1983년 9월 14일 하원 회기 중에 논쟁이 시작되고 네그리가 자신의 의견을 진술함.

1983년 9월 19일 프랑스로 도피.

1983년 9월 20일 하원이 네그리의 면책특권 철회를 승인함. 찬성 300표 반대 293표. 급진당 의원 10명이 표결에 출석치 않음.

1983년 9월 26일 로마에서 4월 7일 사건 재판 재개. 네그리는 궐석으로 유죄 선고.

1983년 11월 파리 국제철학대학의 외국인 평의회 위원으로 지명됨.

1984년 6월 제1심 법정이 궐석으로 네그리에게 30년 형을 선고함. 파리 8대학에서 정치학 강의 시작(승진과 봉급은 제한됨).

1985년 알체스떼 깜빠닐레 살해에 대해 무죄, 뜨라니 감옥 반란에 대해 무죄, 두르쏘 판사 납치에 대해 무죄 선고됨.

1985년 펠릭스 가따리와 공동 작업으로 『자유의 새로운 공간』 출간.

1985년 봄 아우또노미아와 네그리에 대한 빠도바/밀라노 재판 개시.

1985년 중반 네그리의 『도주 일기』 출판.

1987년 6월 네그리와 그의 동료들이 국가권력에 대한 무장봉기 혐의에 대해 무죄선고 받음.

1987년 한국에서 권위주의 정권에 항의하는 노동자들과 시민들의 대투쟁이 전개됨.

1989년 『전복의 정치학』 영어판 출간.

1989년 베를린 장벽 붕괴. 독일 통일.

1990년대

1990년 봄 정치학, 철학, 문화를 주제로 한 계간 잡지『전 미래』지 발간에 참여.

1991년 소련 붕괴. 부시가 새로운 세계질서 선언.

1992년 로스앤젤레스에서 흑인 및 유색인 노동자들의 봉기가 일어남.

1992년 변화된 계급구성에 대한 자신의 생각을 요약한「오늘날의 계급상황에 대한 해석」발표.

1992년 마끼아벨리의 플로렌스에서 영국 혁명, 프랑스 혁명, 그리고 러시아 혁명에 이르기까지 구성적 힘의 움직임에 대해 탐구한『구성력』(이딸리어판) 출간.

1992년 부시가 선언한 새로운 세계질서의 성격을 규명하기 위해 마이클 하트와 함께『제국』집필 시작.

1994년 멕시코 치아빠스 주에서 원주민들이 봉기를 일으킴. 사빠띠스따 민족해방전선이 NAFTA에 반대하면서 멕시코 정부에 대항해 선전포고를 하고 원주민들의 자치를 요구함.

1994년 마이클 하트와 함께『디오니소스의 노동』출간.

1995~1997년 프랑스, 독일, 한국 등지에서 신자유주의에 반대하는 노동자 총파업 발발.

1997년 6월 아우또노미아 운동 20주년을 맞아 '납의 시대'를 끝내고 그 운동으로 말미암아 수배와 망명의 생활을 하고 있는 사람들의 문제를 해결하고자 자발적으로 이딸리아로 돌아감. 자신의 귀환에 관한 입장을 담은 비디오「미래로 돌아가다」발표.

1997년 7월 1일 로마의 레빕비아 감옥에 수감됨. 이후 얀 물리에 부땅, 에띠엔 발리바르 등이 참여한 국제적 사면운동 전개.

1999년 씨애틀에서 신자유주의적 지구화에 반대하는 국제적 연대시위가 전개됨.

1999년 말, 야간에만 감옥에 있고 낮에는 집에서 제한된 활동을 할 수 있는 형태로 네그리의 수형방식이 완화됨.

2000년대

2000년 마이클 하트와 함께 공동작업한 『제국』이 출간되어 그의 주장이 국제적 관심사로 대두. 『제국』이 여러 나라 언어로 출간되고 이를 둘러싼 국제적 논쟁이 벌어짐. 마이클 하트와 함께 『제국』의 후속편이자 새로운 주체성에 대한 경험적 탐구를 다룰 예정인 책 『다중』 집필에 착수.

2001년 6월 네그리의 수형방식이 저녁 7시에서 아침 7시 사이에는 집밖으로 나갈 수 없다는 단서를 단 가택연금으로 바뀜.

2001년 7월 제노바에서 신자유주의적 지구화에 반대하는 시위가 전개되자 경찰이 폭력적 진압을 함. 이 과정에서 23세의 청년 활동가 지울리아니가 경찰이 쏜 총에 맞아 사망함. 9월에는 뉴욕의 세계무역센터와 펜타곤을 공격하는 폭탄테러가 일어남. 이에 대한 보복으로 미국이 아프가니스탄 침공. 『제국』이 이 급격한 정세의 변화를 설명할 수 있는가 없는가를 중심으로 국제적 논쟁의 초점이 이동함.

2003년 3월 미국이 이라크를 침공함. 이것이 '제국에 대한 제국주의적 반발'이라고 네그리가 말함.

2003년 1982년에 쓴 『시간 기계』와 1990년대 후반에 쓴 원고 KAIRÒS, ALMA VENUS, MULTITUDE를 묶은 책 『혁명의 시간』(영어본) 출간.

2003년 4월 25일 재수감된지 거의 6년 만에, 그리고 1979년 4월 7일 체포 이후 24년 만에 가택연금 해제, 자유의 몸이 됨.

2003년 11월 유럽사회포럼에 참여하여 알렉스 캘리니코스와 〈다중인가 노동계급인가〉라는 주제로 토론을 벌임.

2004년 8월 『제국』의 후속편인 『다중』을 마이클 하트와 공동 집필하여 출간함.

2006년 2월에 쥬셉뻬 꼭꼬(Giuseppe Cocco)와 함께 Global을 스페인어로 출간. 세계 여러 나라를 여행하며 강의, 인터뷰, 자료수집 등을 하는 등 왕성한 활동을 하고 있음. 향년 74세.

:: 펠릭스 가따리 저작 목록(프랑스어)

Psychanalyse et Transversalité-Essais d'analyse institutionnelle, Editions de Maspero, 1972

L'Anti-Aedipe (avec Deleuze, Gills), Editions de Minuit, 1972

Kafka-Pour une Littérature Mineure (avec Deleuze, Gills), Editions de Minuit, 1975

Rhizome: Introduction, (avec Deleuze, Gills), Editions de Minuit, 1976

Politique et Psychanalyse (avec Deleuze, Gills), Des Mots Perdus, Editeur, 1977

La Révolution Moléculaire, Editions de Recherches, 1977(1980판도 있음)

L'inconscient Machinique, Editions de Recherches, 1979

Mille Plateaux (avec Deleuze, Gills), Editions de Minuit, 1980

Les nouveaux espaces de liberté (aver Tony Negri), Dominique Bedou, Paris, 1985

Les Années D'hiver 1980-1985, Editions Bernard Barault, 1985

Pratique de l'instiutionnel et politique (aver J. Oury et F. Tosquelles), Matrice ditions, 1986

Cartographies Schizoanlytiques, Editions Galiée, 1989

Les Trois Ecologies, Editions Galilée, 1989

Qu'est ce que la Philosophie (avec Deleuze, Gills), Editions de Minuit, 1991

Chaosmose, Editions Galilée, 1992

:: 펠릭스 가따리 저작 목록(영어)

On The Line (Foreign Agents), (and Deleuze, Gills), Semiotext(e), 1983

Anti-Oedipus (and Deleuze, Gills), Athlone, 1984

Kafka-Towards a Minor Literature (and Deleuze, Gills), Minnesota University Press, 1986

Nomadology: The War Machine, (and Deleuze, Gills), Semiotext(e), 1986

A Thousand Plateaus (and Deleuze, Gills), Athlone, 1988

Communist Like Us (and Tony Negri), Seminotext(e), 1990

What is Philosophy? (and Deleuze, Gills), Columbia University Press, 1994

Chaosmosis, Indiana University Press, 1992

Chaosophy, Seminotext, 1995

Soft Subversions, Seminotext, 1996

인터뷰

Interview: Félix Guattari, Mark D. Seem, Felix Guattari, Diacritics, Vol. 4, No. 3 (Autumn, 1974), pp. 38-41, http://links.jstor.org/sici?sici=0300-7162%28197423%294%3A3%3C38%3AIFG%3E2.0.CO%3B2-T&size=SMALL

:: 펠릭스 가따리 저작 목록(한국어)

단행본

『앙띠 오이디푸스』, 질 들뢰즈와 공저, 최명관 옮김, 민음사, 1994
『자유의 새로운 공간』, 안또니오 네그리와 공저, 이원영 옮김, 1995
『철학이란 무엇인가』, 질 들뢰즈와 공저, 이정임·윤정임 옮김, 1995
『분자 혁명』, 윤수종 옮김, 푸른숲, 1998
『천 개의 고원』, 질 들뢰즈와 공저, 김재인 옮김, 새물결, 2001
『미래로 돌아가다』, 안또니오 네그리와 공저, 조정환 옮김, 갈무리, 2000
『카프카 : 소수적인 문학을 위하여』, 질 들뢰즈와 공저, 이진경 옮김, 동문선, 2001
『세 가지 생태학』, 윤수종 옮김, 동문선, 2003
『카오스모제』, 윤수종 옮김, 동문선, 2003
『기계적 무의식』, 윤수종 옮김, 푸른숲, 2003
『정신분석과 횡단성』, 윤수종 옮김, 울력, 2004
『욕망과 혁명』, 윤수종 엮음, 문화과학사, 2004

논문/시평

「사회적 실천의 재정립을 위하여」, 펠릭스 가따리, 『프리바토피아를 넘어서』, 최연구 옮김, 백의, 2001

「파시즘의 미시정치」, 펠릭스 가따리, 『탈주의 공간을 위하여』, 서울사회과학연구소 편역, 푸른숲, 2002
「지구계획」, 펠릭스 가따리, 맑스코뮤날레 제1회 쟁점토론회 자료집, 윤수종 옮김, 2003년 9월
「탈근대의 막다른 골목」, 펠릭스 가따리, 『자율평론』 창간호, 정남영 옮김, 2003년 7월
「통합된 세계자본주의와 분자혁명」, 펠릭스 가따리, 『진보평론』 26호, 윤수종 옮김, 2006년

:: 펠릭스 가따리 연보

출생

1930년 4월 30일 프랑스에서 비예뇌브-레-사블롱(Villeneuve-les-Sablons)에서 태어남.

1940년대

1940년대 말 유스호스텔 운동에 참여함. 자연 탐방 '꺄라반느'(caravane)팀을 만들어 유럽을 여행하던 중 이스빠노 쉬이저(Hispano-Suiza) 공장에서 레이몽(Raymond Petit)과 친해지고, 이 이스빠노 '청년 집단'과 같이 활동.

1950년대

1950년 국제공산당(Parti communiste internationale, PCI) 당원증을 받음.
1951년 르와레쉐르(Loir-et-Cher) 지방의 소메리(saumery) 병원을 지휘하고 있던 장 우리(Jean Oury)와 만남.
1953년 장 우리가 관계한 보르드(la Borde) 정신 병원에서 의사로 근무하게 됨. 가따리는 이 병원에서 심리적 억압과 사회적 억압 사이의 관계에 관한 이론을 개발하기 시작했으며, 제도 안에서의 권력 관계에 대해 연구하는 여러 단체들에 참여. 그리고 이해 라캉이 주도했던 격월 세미나에 참여하기 시작.

1960년대

1960년 '제도적 심리학·사회학 작업 집단'(Groupe de travail de psychologie et de sociologie institutionnelles, GTPSI)의 결성에 참여.

1965년 GTPSI는 '제도적 정신 요법 협회'(Société de psychothérapie institutionnelle, SPI)로 통합됨. 이해 약 300명의 정신의학자, 심리학자, 교사, 도시공학자, 건축가, 경제학자, 영화감독, 교수들이 참여했던, 제도적 억압 형태의 분석에 몰두했던 '제도 연구 및 조사 집단 연합'(Fédérration des Groupes d' Étude et de Recherche institutionnelle, FGERI) 결성에도 참여.

1969년 라캉이 결성한 '파리 프로이트 학파'(Ecole freudienne de Paris, EFP)에 참여. 하지만 그는 점차 라캉의 '정신분석학'에 대해 비판적인 생각을 갖게 됨. 그리고 이해 처음 1968년 혁명 운동의 중요한 장이었던 벵센느 대학(University of Vincennes)에서 들뢰즈를 만남.

1970년대

1972년 들뢰즈와 함께 쓴 첫 번째 책인 『앙띠 오이디푸스』 출간. 그리고 『정신분석과 횡단성』도 같은 해에 출간함.

1975년 들뢰즈와 함께 쓴 두 번째 책인 『카프카: 소수적인 문학을 위하여』를 출간. 이 해 '정신의학에서의 대안적 국제연결망'(Réseau International d' Alternative á la Psychiatrie)을 만드는 데 참여.

1977년 『분자혁명』 출간함.

1979년 『기계적 무의식』 출간함.

1980년대

1980년 들뢰즈와 함께 쓴 세 번째 책인 『천 개의 고원』을 출간함.

1981년 유명한 코미디언이자 배우이며 영화감독인 꼴뤼슈(Coluche)의 대통령 선거출마를 지지하는 운동을 전개함.

1985년 안또니오 네그리와 공동 작업으로 『자유의 새로운 공간』 출간함.

1987년 들뢰즈와 함께 『쉬메레』(*chiméres*)를 창간.
1989년 『세 가지 생태학』 출간함.

1990년대

1991년 들뢰즈와 함께 쓴 마지막 책인 『철학이란 무엇인가』를 출간함.
1992년 가따리의 마지막 저작 『카오스모제』가 출간되었고, 이해 8월 29일 죽음.

:: 찾아보기

ㄱ

가따리 10~12, 19~21, 14, 16, 17, 30, 35, 61, 63, 171, 189, 255~258, 261, 262, 273, 281, 284~288, 290
가변성 81
가족 30, 69, 70, 107, 187, 191, 194
가치 법칙 68, 90, 103, 130, 215, 219, 220, 222, 223, 225, 229
감수성 90, 91, 115, 147, 155, 189
감옥 9~13, 17, 19, 35, 158~161, 192, 193, 197, 280~282
개념 10, 23, 25, 27~29, 31, 32, 43, 44, 81, 82, 84, 88, 101, 115, 118, 121, 128, 129, 138, 150, 152, 167, 168, 170~173, 179, 187, 205, 210, 211, 217, 220, 221, 222, 224, 229, 235, 240, 241, 248, 250, 255~257, 261, 262, 274
개별성 32, 237
개성 60
개인성 60
개인주의 118, 223, 237
개인적 권리의 보장 216
개인화 80, 81
결정화 81, 135
경영계층 107
경쟁 11, 46, 89, 94, 100, 101, 112, 114
경제성장 44
경험 23, 26, 27, 49, 51, 60, 62, 75, 81~85, 88, 93, 109~111, 113, 118, 132, 134, 139, 144, 145, 147, 152, 159, 161, 162, 165, 171, 173, 176, 177, 184, 190, 208, 213, 219, 259, 283
계급 투쟁 44, 46, 80, 90, 94, 98~100, 112, 119, 144, 213, 218, 225, 238, 261
계급의식 69, 225, 227
계몽 41, 53, 148, 223

계획경제 229
고독 14, 127, 160~163
『고타강령 비판』 211
공산당 9, 16, 17, 19, 32, 74, 176, 204, 210, 217, 233, 245~247, 250, 252, 253, 259, 278, 279
공장 18, 50, 68, 69, 83, 164~166, 174, 196, 248~250, 252, 278, 279, 288
과잉권력화 108
과학 28, 43, 51, 52, 58, 59, 88, 119~121, 132, 138, 140, 149, 155, 212, 218, 231, 235, 236, 240, 242, 243, 248, 260
관료주의 24, 128, 130, 213, 214
관료적 자본주의 61
교환가치 70
국가 13, 16, 17, 21, 22, 40~45, 47, 49, 54, 55, 75, 76, 78, 87~93, 97, 98, 101, 107, 111, 113, 114, 122, 128, 131, 134, 136, 137, 151~158, 180, 181, 201, 202, 204~219, 221~227, 230~233, 235, 237, 239~244, 248, 251~253, 259, 262, 278, 279
국가 조직화 90
국가권력 16, 280, 281
국가의 사멸 42
국가이론 21, 33, 201~205, 211, 220, 228, 274
국가주의 75, 87, 88, 116, 117, 128, 137
국가형태 262
국민 경제 87
국민국가 88
국유화 44
군사화 91
군산복합체 96
권력 13, 16, 17, 21~23, 33, 36, 41~49, 55, 57, 62, 68, 69, 73~79, 87, 88, 91~97, 100, 104, 105, 108, 114~117, 122, 125, 129, 137, 139, 141, 150, 151, 152, 155, 156, 172, 175~177, 182, 192, 196, 205, 208, 210,

211, 214~217, 221, 223~226, 228, 229, 231~233, 237~241, 243, 244, 256, 260~263, 273, 274, 276, 278~281, 288
권리 39, 55, 131, 135, 145, 148, 202, 216, 231, 233
근대화 72, 167, 194
글룩스만 213
급진적 유물론 118
긍정 13, 36, 40, 61, 80, 85, 90, 108, 118~121, 125, 133, 149, 159, 160, 168, 173, 177, 180, 222, 241, 261
긍정의 상관물 118
기계화 70, 91
기술계층 107
기업가 정신 173
기회주의 44
꽁도르세 231, 232

ㄴ

내전 114, 115, 156, 180, 234, 239
냉전 57, 203
네그리 9~14, 16~21, 30~33, 35, 38, 42, 43, 47, 50~63, 68, 69, 71~73, 76, 80, 81, 83, 84, 88~90, 93, 95, 97, 98, 159, 192, 193, 193, 197, 201, 231, 233, 245~247, 249~253, 255, 257, 258, 262, 264, 266, 273, 274~283, 286, 289
노동 13, 15~18, 24, 26~28, 100, 101, 103, 105, 113, 117, 120, 121, 127, 129, 132, 138, 141, 142, 144, 148, 149, 150, 152, 157, 158, 160, 163~169, 171, 174, 180~185, 193, 194, 195, 197, 203, 220, 225, 233~238, 242, 243, 245, 247~250, 252, 253, 255, 257, 258, 260, 273, 274, 276, 282
노동 과정 17, 246, 30, 54, 59, 59, 89, 120
노동 노예제 50
노동 저항 76
노동거부 60, 80, 166, 247~250, 255
노동계급 15, 16, 24, 27, 28, 29, 30, 43, 44, 51, 68, 89, 94, 98, 101, 102, 122, 140~144, 150, 165, 167, 194, 201, 202, 204, 205, 209, 213, 219, 223, 225, 227~230, 233~235,

246~249, 251~253, 278, 280, 283
노동력 165, 193, 246
노동분업 98
노동생산성 58
노동시간 60, 138, 152, 225, 235, 257
노동의 해방 53, 55, 59, 61, 63, 259
노동일 145, 150, 151, 157
노동자 12, 17, 18, 22, 24, 26, 28, 30, 33, 43~45, 48, 51, 52, 59, 68, 70, 76, 82, 89, 100, 101, 103, 108, 109, 111, 115, 120, 127, 131, 141, 142, 144, 147, 152, 159, 163, 164, 166, 168, 170, 171, 179, 183, 193~195, 203, 216, 219, 220, 225, 229, 234, 236, 246~253, 278~282
노동자 중심성 101
노동자운동 26, 30, 44, 103, 111, 127, 131, 144, 147, 152
노동자평의회 45
노동조직화 47
노동조합 44, 101, 149, 164, 233, 250, 259
늙어가기 185~187

ㄷ

다국적 권력 96
다국적 금융자본가 234, 235
다국적 자본 96, 122, 238, 242
다양성 24, 27, 78, 81, 102, 108, 110, 121, 130
다이아그램적 명제 111, 150, 153, 157
다중 11, 13, 14, 18, 30, 87, 91, 94, 130, 133, 162, 169~172, 192, 194, 256, 273, 274, 275, 276, 283
『다중』 11, 273, 283
다중심주의 30, 130, 133
다중지성 17
단수성 255
담론 23~25, 30, 54~57, 82, 113, 141, 175, 176, 185, 206
대의제 32, 76, 128, 142, 194, 201, 206, 216~218, 221, 224, 225, 226, 232, 238
대중 13, 18, 21~23, 26, 27, 29, 32, 33, 45, 48, 49, 57, 61, 62, 68, 73~76, 80, 81, 88~90, 92, 95, 100, 101, 108, 110, 140, 141, 151,

164, 171, 176, 181, 183, 191, 193, 195,
209, 212, 216, 217, 219, 220, 223, 225~228,
231, 236, 237, 242~244, 248~250, 252, 274
대중 봉기 92
대중매체 57, 75, 88~90, 95, 141, 217,
대중운동 22, 73, 242
두뇌-기계 166
들뢰즈 14, 17, 20, 161, 171, 172, 185, 187,
256, 257, 261, 262, 274, 286, 289, 290
『들뢰즈 맑스주의』 171
디플레이션적 교살정치 99
디플레이션적 금융정책 100
뜨로츠키 16, 45

ㄹ

레닌주의 116, 120, 121, 127, 127, 130, 15, 23,
25~27, 29, 31, 32, 44, 45, 85, 261, 279
레이거노믹스 122
로데리고 디 까스띨랴 203
로스엔젤레스 13
로자 룩셈부르크 44
루소 129
루소주의 85
르네상스 85, 92
『리나시따』 201, 202, 209, 212, 215

ㅁ

마끼아벨리 170, 232, 235, 239, 241~243, 282
마르쿠제 88
마이클 라이언 32, 262
마이클 하트 14, 19, 273, 275, 282, 283
맑스 15, 21, 43, 44, 46, 47, 162, 164, 170,
171, 204, 204, 207, 209, 215, 223, 225,
229, 241, 246, 247, 249, 257~260, 273,
279, 280, 287
맑스주의 23, 32, 97, 165, 171, 201~208,
211~218, 220, 221, 228, 229, 240, 274
망명 9, 12, 13, 19, 35, 184, 185, 197, 282
메네니우스 137, 240
모순 38, 40, 45, 59, 67, 71, 78, 96, 98, 110,
120, 134, 140, 164, 190, 194, 207, 213
『몬도뻬라이오』 212

몰적 62, 72, 114, 115, 131, 255, 256
몽테스키외 129
무쏠리니 237
무엇인가를 향한 존재 147
무의식 31, 56, 71, 79, 107, 113, 117, 157,
261, 286, 289
무장한 민중 235, 241
문화혁명 241
물질성 84, 116, 119, 121, 123, 184, 186, 237
미국 50, 97, 124, 125, 163, 219, 222, 237,
240, 249, 275, 283
『미래로 돌아가다』 9, 10, 12, 273, 274, 286
민족국가 233, 234
민족해방 15, 67, 282
민주주의 21, 24, 30, 32, 33, 45, 47, 50, 51,
76, 78, 85, 92, 124, 127~129, 135, 138,
161, 170, 172, 175, 194, 195, 201, 202,
206~218, 220, 221, 223~226, 228, 229,
232, 235, 237, 238, 240, 262
밀입국자 183

ㅂ

반(反)사회주의 85
반(反)자본주의 85, 141
반인종주의 36
반핵운동 120
변증법 17, 55, 82, 90, 119, 152, 156, 202,
205, 206, 217, 219, 222, 226, 233, 238~241
변증법적 유물론 217, 219
변형 14, 30, 31, 36, 40, 56, 58, 60, 62, 68~71,
73, 75, 77~81, 83, 101~103, 110, 115, 127,
134, 139, 142, 145, 149, 150, 151, 168,
169, 175, 177, 184, 187, 193, 211, 218,
239, 246
보비오 21, 32, 201~207, 210, 212~214, 216,
217, 228, 229
보수주의 15, 75, 101, 102, 104, 116
보장 임금 174, 175
보편성 81, 82, 110
복수성 121, 130, 130, 255
복지국가 33, 69, 75, 164, 233, 234, 235,
239, 262

찾아보기 293

볼셰비끼 15, 26, 29, 44
부르주아지 47, 72, 136, 224, 225, 233, 234, 241
부정의 상관물 118
분리 13, 14, 17, 18, 69, 73, 74, 82, 84, 91, 93, 100, 101, 121, 128, 129, 158, 162, 192, 193, 195, 205, 231, 242, 244, 247, 249~251, 253, 260
분자적 노선 9
분자적 억압 100
분자적 해방투쟁 90
분절구조 62, 88, 89, 117, 127, 130, 133, 139, 141, 256
분할 지배 101
비물질노동 18, 162, 183, 184, 231, 242, 243, 276
비판적 의식 72, 112
빈곤 54, 80, 94, 95, 98, 100, 102, 104, 108, 122, 124, 162, 174
뿌리 12, 13, 32, 35, 52, 152, 158, 161, 177, 178, 182, 231
뻬레스뜨로이까 52
뽈리비우스 240, 243
뿌리줄기 61, 81, 133, 138, 139, 256

ㅅ
사랑 53, 154, 157, 160, 187, 206, 237
사보타주 79
사용가치 70
사적 소유 80, 81, 179
사회 계급 89, 169, 240
사회계층 107
사회민주주의 75
사회운동 27, 30, 75, 113
사회적 엔트로피 143
사회적 의식 69
사회적 중심성 150
사회주의 14, 15, 16, 24, 30~32, 40, 42~48, 53~57, 59, 62, 63, 68, 70, 72, 73, 75, 76, 80, 84, 85, 87, 90, 91, 93, 94, 96, 97, 99, 101~104, 109, 119, 120, 121, 123~125, 137, 138, 140, 142, 144, 149~153, 180, 201~203, 215, 216, 221~223, 225, 228, 234, 237, 247, 248, 250, 255, 259, 274, 277
사회집단 100
사회체 109, 120, 152, 256, 257
사회학적 실체 28
사회화 42, 51, 67~70, 80, 82, 85, 174, 179, 234, 236, 243, 248
사회화된 노동자 236
사회화된 생산 67, 70
사회화된 지적 프롤레타리아트 234
산업 노동계급 140, 233, 234
산업 예비군 94
삶정치 10, 163, 163, 172~174, 179, 180, 183
삶정치적 기업가 172, 173
상품 113, 235, 236
상품물신성 215
생산 17, 28~30, 32, 37, 38, 42, 46, 48~51, 58, 60~62, 67~74, 76, 77, 80~84, 87~89, 91, 93~99, 100~104, 107~111, 113, 114, 118, 120, 121, 123, 124, 128, 129, 131~133, 135, 137~145, 148~153, 155, 157, 162~168, 170, 171, 173~180, 182~184, 193~197, 210, 218, 222, 223, 226, 232, 234, 235~238, 241~244, 248, 249, 257~261
생산 과정 69, 70, 138, 145, 168, 235, 258
생산 양식 37, 71, 74, 88, 89, 94, 96~98, 101, 103, 113, 123, 194~196, 234
생산성 61, 81, 89, 122, 174, 175, 236, 243, 247, 249
생산수단 42, 44, 51, 81, 259
생산 재구조화 107
생태학 39, 120, 131, 143, 286, 290
석유 위기 93
세계 시장 40, 87, 93, 98, 104, 184, 196
세계정신 50
소득분배 122
소련 16, 23, 24, 26, 36, 40, 97, 222, 282, 124
소비에뜨 16, 32, 33, 44, 45, 52, 179, 180, 222, 224, 231, 242~244, 248, 274
소수자 82, 111, 171
소수집단 144
수정주의 206, 216
순응주의 117, 213
순환 14, 27, 30, 56, 67, 72~74, 91, 99, 100, 113, 115, 122, 196, 278

스딸린주의 22, 23, 26, 36, 40, 62, 78, 124, 240
스타하노프 101
시민사회 49, 96, 155, 214
식민주의 72
신자유주의 9, 41, 138, 164, 282, 283
신칸트주의 217
신학적 소외 134
실리주의 37, 103
실재성 24, 25
실재적 10, 37, 39, 43, 46, 76, 78, 110, 115, 116, 118, 121, 139, 147, 148, 162, 163, 170, 175

ㅇ

아그놀리 213
아나키스트 21, 44, 278
아나키즘 118, 127
아리스토텔레스 239, 243
『아우또노미아』 14, 253
알바니아 180, 181
알트바터 213
앙시앙 레짐 77, 103, 165
야만주의 80
억압 24, 31, 35, 46, 47, 55, 56, 59, 61, 74, 91, 92, 95, 100, 101, 103, 104, 108, 109, 112, 114, 122, 124, 127~130, 138, 140, 141, 145, 151, 153, 154, 157, 173, 197, 209, 211, 214, 217, 225, 232, 253, 254, 259, 288, 289
억압적 규범 108, 145
엘리트 74, 75, 107, 108
엘리트주의 112, 113
엥겔스 217
여성 운동 81, 83, 84, 117, 252
역사의 종말 232, 233
연대 35, 59, 71, 109, 134, 139, 142, 148, 173, 243, 282
연대노조 109
연합 9, 21, 30, 61, 78, 112, 118, 122, 127, 140~142, 144~146, 150~152, 154~158, 196, 239, 256, 259, 261, 289

영구혁명 45
영원성 185, 187~189
영토화 39, 261
오코너 213
오페 209, 213
욕구 20, 21, 24, 30, 36, 39, 50, 53, 57, 58, 75, 78~84, 101, 102, 114, 117, 118, 122, 124, 131, 135, 140, 154, 157, 158, 163, 186, 187, 191, 218, 219, 229, 236, 237, 256~261
우익 77, 100, 101, 102
운동의 전쟁 123
위기 18, 24, 33, 36, 37, 45~47, 67, 68, 70, 72, 77, 88, 93, 98, 99, 100, 103, 112, 122, 123, 136, 143, 171, 180, 189, 194, 203, 208, 210~213, 215, 227, 229, 232, 233, 242, 250~252, 262, 275, 278, 280
위로부터의 결정 54
위로부터의 코드화 258
유동성 38, 81, 112, 128
유럽 14, 42~44, 47, 49, 56, 74, 97, 109, 151, 154, 193, 196, 283, 288
유토피아 10, 39, 40, 41, 43, 50, 84, 121, 163, 172, 175, 217, 224, 248, 274
유한성 189
의식화 81
이데올로기 22~26, 37, 43, 61, 72, 110, 113, 115, 116, 127, 131, 133, 136, 137, 139, 145, 180, 209~211, 222, 237, 240
이딸리아 9, 12~14, 16, 17, 19, 20, 32, 33, 36, 109, 110, 159, 171, 181, 190~193, 201, 204, 208, 210, 217, 219, 223, 225, 226, 245, 246, 250, 252, 253, 255, 259, 262, 264, 274, 277~279, 281, 282
이란혁명 109
이민 144, 154, 183, 184, 194
이윤 42, 73, 84, 88, 96~98, 149, 152, 215
이종족 혼교 181, 182, 184
이질성 24, 27, 83, 255, 256
이행 21, 23, 42, 44, 47, 48, 93, 95, 119, 121, 122, 151, 157, 163, 165, 170, 171, 176, 205, 224, 227, 230, 240
인간성 74, 79
인공 두뇌학적 주체적 94

인민민주주의 222, 240
인종차별주의 36
인플레이션 122, 163, 173, 179, 252
일국에서의 사회주의 45, 46
『일 꼬리에레』 219
일상성 118
임금노동 46, 108
임금노예 219
입장의 전쟁 123
입헌주의 217
잉여 가치 89, 215, 219, 220, 222, 223, 225, 229, 257, 258

ㅈ

자기가치증식 258
자기구성적 109
자기생산 81, 111, 119, 128, 132, 141
자기조직 22, 75, 99, 169, 258
자발성 27, 44
자발적 경영 42
『자본론』 209
자본주의 15, 18, 24, 25, 31, 32, 38~40, 43~49, 51, 53~57, 59~62, 63, 67~70, 72, 72, 73, 76, 79, 80, 84, 87, 89~94, 96~99, 102, 103, 104, 108, 109, 111, 113, 115, 116, 118, 120~122, 124, 125, 129, 130, 134, 136~138, 140~145, 148~153, 156, 163, 165, 167, 169, 173~175, 177, 179, 181, 182, 194, 195, 203, 207, 209~211, 213~216, 220~224, 226, 227, 231, 233, 244, 248, 249, 250, 251, 255, 257, 259, 261, 278
자본축적 210, 215
자생성 22, 44, 45, 118, 148
자유 9, 14, 24, 30, 39, 44, 47, 48, 50, 53, 55, 57, 60, 63, 70, 77, 78, 85, 100, 115, 124, 125, 130, 136, 138, 139, 142, 154, 155, 159, 160, 170, 174~176, 181, 183, 193, 195, 202, 207, 208, 210, 211, 214~216, 219, 220, 223, 225, 226, 231~233, 244, 252, 257, 260, 279, 283
자유민주주의 233

자유시간 167
자유주의 85, 92, 104, 136, 180, 214~217, 233, 277
자율성 15, 29, 61, 63, 77, 110, 111, 137, 142, 195, 196, 236, 237, 259
자율주의 9, 18, 246, 250, 274
자주 관리 138
자코뱅 62, 82, 85, 121
작업장 44, 60~62, 75
잠재력 14, 15, 21, 25, 29, 48, 59, 60, 61, 77, 95, 105, 108, 116, 122, 124, 136, 143, 157, 262, 263
잠재성 220
잠재적 59, 81~83, 96, 102, 145, 171, 219, 229
재건축 39
재구성 15, 16, 17, 27~31, 33, 37, 38, 39, 81, 88, 99, 102, 103, 107, 108, 110, 112, 113, 116~119, 121, 123, 133, 134, 139~142, 144, 145, 148, 149, 151, 155, 158, 235, 248, 249, 256, 258, 260, 261
재구조화 36, 74, 87, 88, 90, 93, 97~100, 107~110, 111, 114, 235
재긍정 61, 85, 118
재생산 15, 25, 30, 32, 39, 54, 70, 83, 84, 91, 100, 111, 112, 137, 138, 149, 168, 170, 174, 175, 215, 235, 243, 244, 252
재영토화 134, 153, 154, 182, 261
재전유 15, 48, 111, 130, 194, 224, 243, 252, 258, 275
재정의 31, 34, 89, 92, 109, 129, 135, 135, 149, 150, 157, 205, 235, 259, 260
저개발 59, 72, 94
적대 17, 18, 24~30, 32, 42, 43, 47, 62, 67, 71, 78, 80, 96, 97, 105, 109, 112, 130, 152, 162, 164, 177, 202, 205, 207, 209, 219, 226, 228, 236, 242, 243, 247, 248, 256, 258, 261, 262
적색 테러리즘 115, 116
전략적 내향화 125
전략적 안정화 94
전위 9, 23, 24, 27~30, 44, 48, 74, 110, 120, 142, 242, 248, 250, 251
전제주의 223
전체주의 69, 71, 76, 88, 111, 136, 144

전투성 37, 47, 134, 135, 162
절멸주의 102
정당화 15, 43, 98, 103, 117, 131, 144, 155, 215, 219, 232, 234
정보 23, 29, 32, 42, 60, 68, 88, 91, 96, 114, 138, 219, 234, 235, 252, 256, 260
정열 13, 26, 27, 58, 104, 159, 160
정체성 113, 177, 234, 237
정치 운동 85
정치경제학 121, 143, 164, 175, 208, 209, 216
정치의 죽음 78
정치적 반동 75
정치적 상대주의 37
정치적 헌법 231
정치화 28, 89
제2인터내셔널 44
제3세계 15, 42, 87, 88, 92, 97, 99, 107, 122, 144, 151, 154, 177, 180, 249
제3인터내셔널 144, 224, 228
제국 52, 176, 240
『제국』 10, 11, 14, 273, 274, 282, 283
『제국기계 비판』 27
제국주의 14, 45, 67, 96, 215, 274, 283
제헌 공화국 243
조직화 26, 31, 38, 42, 47, 55, 56, 80, 84, 90, 93, 95, 110, 115, 117, 120, 121, 127~135, 138, 139, 141, 152, 157, 175, 176, 178, 231, 235, 255, 258
조합적 이기주의 237
존재양식 130
종교 개혁 92
종파주의 147
좌파 16, 17, 19, 44, 74, 75, 101, 197, 245, 246, 250, 251, 254, 278, 279
좌파 정당 75
주변성 82, 83
주변적 종속 87
주의주의 127
주체성 17, 31, 37, 38, 54, 60, 62, 63, 73, 75, 79~81, 84, 90~92, 94, 102, 107~109, 111~114, 121~123, 129, 130, 132, 132, 135, 137, 139~141, 145, 148, 151, 152, 157, 167, 168, 174, 197, 243, 258, 274, 283
중간계급 51

중앙집권주의 15, 29~31, 74, 115, 127, 128, 128, 129
중앙집중화 44, 93, 129, 251
중첩결정 54, 91, 92, 97, 115, 124, 153, 234, 256, 258
중화작용 58
지배계급 26
지성 32, 33, 60, 115, 136, 140, 149, 155, 158, 180, 183, 186, 189, 190, 193, 195, 196, 222, 231, 236, 242~244, 274
지식·노동 계급 151, 260
지식·노동 프롤레타리아트 157
지오릿띠 227
직접 민주주의 207, 223, 224, 244
진보 48, 53, 55, 62, 76, 90, 104, 202, 225, 249, 275, 277, 287
집단적 의식 60, 67, 73, 83, 103
집단적 주체 30, 31, 54, 60, 75, 79, 81, 91, 98, 107, 109, 114, 122, 132, 148, 150, 154, 157, 258
집단적 해방 81, 118, 132
집단주의 53, 56, 61, 80
집합화 30, 127, 151, 255

ㅊ

차별성 237
차이 26, 38, 72, 89, 95, 112, 133, 139, 148, 159, 167, 178, 182, 184, 204, 212, 219, 222, 233, 237, 242, 248
착취 13, 31, 40, 43, 47, 50, 56, 58, 59, 61, 62, 69, 71, 72, 81, 88~90, 92~95, 97, 98, 102, 108, 111, 114, 120, 120, 121, 129, 136, 144, 145, 162, 163, 186, 192, 194, 209, 211, 215, 218, 223, 229, 233, 258, 259
창조성 78, 81, 83
채무불이행 122
체로니 206, 217
초국가적 89, 94, 100
초월적 진리 82
축적 43, 56, 87, 91, 120, 121, 129, 132, 150, 155, 161, 181, 193, 209, 210, 213, 215, 220, 223, 243

치아빠스 13, 177, 282
친화성 121

ㅋ

커뮤널 60
커뮤니케이션 28, 29, 39, 57, 104, 142, 238, 239, 244, 260
커뮤니티 59, 60, 73, 79, 82, 83, 110, 120, 121, 123, 124, 131, 135, 137, 139, 143~145, 152, 154, 260
컴퓨터화 32, 88, 89, 91, 235, 260, 260
코뮤니즘 9, 21, 31~33, 35, 41~48, 51, 53~56, 58, 60~62, 67, 73, 80, 81, 92, 96, 111, 120, 121, 147~150, 152~154, 156, 157, 167, 172, 201, 205, 211, 223~230, 237, 238, 244, 247, 249, 250, 259, 260, 280
코뮨 13, 18, 152, 161

ㅌ

탈구 69, 80
탈구획화 143
탈식민화 92
탈안정화 94, 116, 142
탈영토화 39, 68, 69, 71, 88, 108, 111, 116, 128, 143, 153, 154, 261
탈총체화 143
테러 25, 31, 33, 91~93, 95, 102, 104, 110, 113~119, 152, 216, 219, 222, 253, 254, 262, 278, 283
테러리즘 25, 31, 33, 110, 113~119, 216, 253, 254, 262, 278
통제 30, 38, 45, 48, 50, 53, 60, 70, 76, 77, 80, 81, 84, 87~89, 91, 93~96, 99, 100, 102, 108, 114, 115, 121, 123, 124, 130, 144, 145, 150, 151, 157, 176, 181, 182, 196, 208, 210, 212, 226, 259, 274
통합된 세계자본주의 10, 30, 40, 87~89, 91, 92, 94~96, 100~102, 104, 107, 109, 112~115, 135, 141~143, 151, 153, 154, 157, 158, 287
투쟁기계 127, 132~135, 137, 139, 140, 145, 158, 261

특이성 10, 61, 63, 81, 83, 84, 105, 127, 128, 130~135, 137, 139, 145, 148, 149, 152, 178, 188, 195, 237, 255, 256, 258, 261

ㅍ

파시즘 36, 70, 104, 196, 233, 237, 287
파열 30, 107, 108, 109, 111, 134, 141, 177
패러다임 74, 104, 139, 155, 163, 178, 184
페미니스트 운동 131
페탱주의 237
펜실베니아 헌법 231
평등 53, 61, 70, 148, 173~175, 194, 229, 244
평등주의 61, 148
평민 지배 138
평화 40, 98, 108, 110, 119, 123~125, 155, 157, 158, 237, 240
포드주의 체제 233
포드주의 헌법 233
포스트모던적 30, 32, 237, 238, 239
포스트포드주의 195, 235~237
폴리스 92
표현 26, 28~30, 34, 37, 44, 45, 48, 49, 51, 59, 61, 68, 71~74, 78~82, 84, 88, 93, 100, 103, 118, 121, 123, 145, 148, 149, 161, 166, 167, 170, 177, 179, 187, 210, 212, 215~221, 223, 224, 234, 236~239, 242, 243, 249, 256, 258, 259, 261
푸펜도로프 208
『프라우다』 219
프랑스 9, 12, 13, 16, 20, 35, 36, 53, 55, 62, 74, 100, 154, 159, 160, 165, 173, 174, 178, 179, 183, 190, 208, 231, 262, 277~279, 281, 282, 284, 288
프랑스 대혁명 74
프롤레타리아 독재 32, 44, 45, 221, 223, 224, 228, 241
프롤레타리아트 29, 33, 59, 85, 89, 94, 97, 100~102, 111, 113, 120, 122, 131, 140, 142, 144, 150~152, 154, 156, 158, 176, 184, 203, 205, 211, 218~229, 234~239, 242, 244, 261
플라톤 172, 239, 243

필요 17, 22~24, 27, 30, 33, 34, 38, 39, 42, 47, 50, 57, 58, 62, 67, 68, 73, 78, 82, 83, 84, 91, 92, 95, 100~103, 109, 110, 114, 117, 119, 120, 122, 124, 133, 138, 139, 149~155, 159, 161, 163, 164, 169, 170, 173~175, 179, 181, 194~197, 203, 214, 216~219, 220, 221, 224, 227~229, 235, 240, 241, 246, 248, 249, 252, 253, 257~259, 263, 275

ㅎ

학생 15, 16, 26, 51, 81, 83, 250, 252, 253, 277
합법성 92, 232
합법주의 44
합법화 92
해방의 신체화 84
해석 34, 84, 116, 120, 167, 204, 212, 217, 228, 274, 282
핵 국가 33, 91, 262
핵 권력 91
핵 축적 56
핵 테러 92, 104
행간휴지 113, 117
행정 46, 153, 161, 172, 175, 194, 213, 232, 243, 252
헌법적 보장 216
헤게모니 90, 128, 141, 148, 235, 242, 247, 280
헤겔 50, 74, 170, 206, 208
혁명 9, 11, 14,~18, 20~23, 27, 29~33, 35~39, 41, 42, 44, 45, 49, 51, 52, 55, 60, 62, 67, 69, 73, 74, 83, 84, 92, 96, 101~104, 107~109, 111, 113~116, 119, 120, 123, 125, 128~132, 136, 137, 139, 140, 142~146, 148, 149, 151~154, 156~158, 164, 165, 167, 176, 178, 190, 202~208, 212, 213, 215, 216, 218, 219~223, 226, 228, 229, 231, 233, 240, 241, 244, 246, 248, 251, 262, 273, 274, 278, 282, 283, 286, 287, 289
『혁명의 만회』 215, 251, 273
혁명적 노동자운동 111
혁명적 주체성 37, 102, 107, 108, 114, 123, 129, 130, 132, 148
현실 9, 10, 13, 14, 25, 27, 29~31, 42, 45~47, 56, 61, 72, 75, 76, 83, 84, 87, 95, 111, 114, 120, 135, 139, 154, 155, 157, 161, 162, 170, 175, 177, 191, 194, 202, 211, 212, 214, 216, 222, 224, 225, 237, 238, 240, 243, 244, 253, 260
현존 사회주의 97, 101, 234, 259
협조 조합주의 75, 136, 137, 140~144, 148, 149, 152
형식주의를 118
형이상학 58, 74, 172, 190, 217
홉스 57, 169, 216
화폐 68, 153, 236, 251
화폐적 실리주의 37
환경 운동 81, 120
희망 30, 36, 56~58, 97, 147, 212, 227, 231, 232, 237
힐퍼딩 207
힘 14, 16, 18, 21, 24, 25, 28~31, 39, 40, 48, 55, 57, 60, 62, 63, 72, 74, 81~85, 89, 99, 102, 103, 109~111, 113~115, 118~121, 123, 129, 130, 132, 136, 139, 143, 148, 151~155, 164~167, 170, 176, 177, 181, 184, 195, 208, 210, 211, 216, 217, 219, 220, 226, 229, 233, 236, 237, 240, 241, 243, 248~251, 257, 259, 260~263, 282

찾아보기 299

:: 갈무리 신서

1. 오늘의 세계경제 : 위기와 전망
크리스 하먼 지음 / 이원영 편역
1990년대에 자본주의 세계경제가 직면한 위기의 성격과 그 내적 동력을 이론적·실증적으로 해부한 경제 분석서.

2. 동유럽에서의 계급투쟁 : 1945~1983
크리스 하먼 지음 / 김형주 옮김
1945~1983년에 걸쳐 스딸린주의 관료정권에 대항하는 동유럽 노동자계급의 투쟁이 어떻게 전개되어 왔는가를 실증적으로 분석한 역사서.

7. 소련의 해체와 그 이후의 동유럽
크리스 하먼·마이크 헤인즈 지음 / 이원영 편역
소련 해체 과정의 저변에서 작용하고 있는 사회적 동력을 분석하고 그 이후 동유럽 사회가 처해 있는 심각한 위기와 그 성격을 해부한 역사 분석서.

8. 현대 철학의 두 가지 전통과 마르크스주의
알렉스 캘리니코스 지음 / 정남영 옮김
현대 철학의 역사에 대한 비판적 분석을 통해 철학에서 마르크스주의의 역할은 무엇인가를 집중적으로 탐구한 철학개론서.

9. 현대 프랑스 철학의 성격 논쟁
알렉스 캘리니코스 외 지음 / 이원영 편역·해제
알뛰세의 구조주의 철학과 포스트구조주의의 성격 문제를 둘러싸고 영국의 국제사회주의자들 내부에서 벌어졌던 논쟁을 묶은 책.

11. 안토니오 그람시의 단층들
페리 앤더슨·칼 보그 외 지음 / 김현우·신진욱·허준석 편역
마르크스주의 내에서 그리고 밖에서 그람시에게 미친 지적 영향의 다양성을 강조하면서 정치적 위기들과 대격변들, 숨가쁘게 변화하는 상황에 대한 그람시의 개입을 다각도로 탐구하고 있는 책.

12. 배반당한 혁명
레온 뜨로츠키 지음 / 김성훈 옮김
혁명적 마르크스주의의 입장에서 통계수치와 신문기사 등 구체적인 자료를 바탕으로 소련 사회와 스딸린주의 정치 체제의 성격을 파헤치고 그 미래를 전망한 뜨로츠키의 대표적 정치분석서.

14. 포스트모더니즘 이후의 정치와 문화

마이클 라이언 지음 / 나병철·이경훈 옮김

마르크스주의와 해체론의 연계문제를 다양한 현대사상의 문맥에서 보다 확장시키는 한편, 실제의 정치와 문화에 구체적으로 적용시키는 철학적 문화 분석서.

15. 디오니소스의 노동·I

안토니오 네그리·마이클 하트 지음 / 이원영 옮김

'시간에 의한 사물들의 형성'이자 '살아 있는 형식부여적 불'로서의 '디오니소스의 노동', 즉 '기쁨의 실천'을 서술한 책.

16. 디오니소스의 노동·II

안토니오 네그리·마이클 하트 지음 / 이원영 옮김

이딸리아 아우또노미아 운동의 지도적 이론가였으며 『제국』의 저자인 안또니오 네그리와 그의 제자이자 가장 긴밀한 협력자이면서 듀크대학 교수인 마이클 하트가 공동집필한 정치철학서.

17. 이딸리아 자율주의 정치철학·1

쎄르지오 볼로냐·안또니오 네그리 외 지음 / 이원영 편역

이딸리아 아우또노미아 운동의 이론적 표현물 중의 하나인 자율주의 정치철학이 형성된 역사적 배경과 맑스주의 전통 속에서 자율주의 철학의 독특성 및 그것의 발전적 성과를 집약한 책.

19. 사빠띠스따

해리 클리버 지음 / 이원영·서창현 옮김

미국의 대표적인 자율주의적 맑스주의자이며 사빠띠스따 행동위원회의 활동적 일원인 해리 클리버 교수(미국 텍사스 대학 정치경제학 교수)의 진지하면서도 읽기 쉬운 정치논문 모음집.

20. 신자유주의와 화폐의 정치

워너 본펠드·존 홀러웨이 편저 / 이원영 옮김

사회 관계의 한 형식으로서의, 계급투쟁의 한 형식으로서의 화폐에 대한 탐구, 이 책 전체에 중심적인 것은, 화폐적 불안정성의 이면은 노동의 불복종적 권력이라는 것을 이해하는 것이다.

21. 정보시대의 노동전략 : 슘페터 추종자의 자본전략을 넘어서

이상락 지음

슘페터 추종자들의 자본주의 발전전략을 정치적으로 해석하여 자본의 전략을 좀더 밀도있게 노동의 관점에서 분석하고 또 이로부터 자본주의를 넘어서려는 새로운 노동전략을 추출해 낸다.

22. **미래로 돌아가다**
    안또니오 네그리·펠릭스 가따리 지음 / 조정환 편역
    1968년 이후 등장한 새로운 집단적 주체와 전복적 정치 그리고 연합의 새로운 노선을 제시한 철학·정치학 입문서.

23. **안토니오 그람시 옥중수고 이전**
    리처드 벨라미 엮음 / 김현우·장석준 옮김
    『옥중수고』 이전에 씌어진 그람시의 초기저작. 평의회 운동, 파시즘 분석, 인간의 의지와 윤리에 대한 독특한 해석 등을 중심으로 그람시의 정치철학의 숨겨져 온 면모를 보여준다.

24. **리얼리즘과 그 너머 : 디킨즈 소설 연구**
    정남영 지음
    디킨즈의 작품들에 대한 치밀한 분석을 통해 새로운 리얼리즘론의 가능성을 모색한 문학이론서.

31. **풀뿌리는 느리게 질주한다**
    시민자치정책센터
    시민스스로가 공동체의 주체가 되고 공존하는 길을 모색한다.

32. **권력으로 세상을 바꿀 수 있는가**
    존 홀러웨이 지음 / 조정환 옮김
    사빠띠스따 봉기 이후의 다양한 사회적 투쟁들에서, 특히 씨애틀 이후의 지구화에 대항하는 투쟁들에서 등장하고 있는 좌파 정치학의 새로운 경향을 정식화하고자 하는 책.

피닉스 문예

1. **시지프의 신화일기**
   석제연 지음
   오늘날의 한 여성이 역사와 성 차별의 상처로부터 새살을 틔우는 미래적 '신화에세이'!

2. **숭어의 꿈**
   김하경 지음
   미끼를 물지 않는 숭어의 눈, 노동자의 눈으로 바라본 세상! 민주노조운동의 주역들과 87년 세대, 그리고 우리 시대에 사랑과 희망의 꿈을 찾는 모든 이들에게 보내는 인간 존엄의 초대장!

3. 볼프
이 헌 지음

신예 작가 이헌이 1년여에 걸친 자료 수집과 하루 12시간씩 6개월간의 집필기간, 그리고 3개월간의 퇴고 기간을 거쳐 탈고한 '내 안의 히틀러와의 투쟁'을 긴장감 있게 써내려간 첫 장편소설!

4. 길 밖의 길
백무산 지음

1980년대의 '불꽃의 시간'에서 1990년대에 '대지의 시간'으로 나아갔던 백무산 시인이 '바람의 시간'을 통해 그의 시적 발전의 제3기를 보여주는 신작 시집.

Krome …

1. 내 사랑 마창노련 상, 하
김하경 지음

마창노련은 전노협의 선봉으로서 87년 노동자 대투쟁 이후 민주노총이 건설되기까지 지난 10년 동안 민주노동운동의 발전을 이끌어 왔으며 공장의 벽을 뛰어넘은 대중투쟁과 연대투쟁을 가장 모범적으로 펼쳤던 조직이다. 이 기록은 한국 민주노동사 연구의 소중한 모범이자 치열한 보고문학이다.

2. 그대들을 희망의 이름으로 기억하리라
철도노조 KTX열차승무지부 지음 / 노동만화네트워크 그림
민족문학작가회의 자유실천위원회 엮음

KTX 승무원 노동자들이 직접 쓴 진솔하고 감동적인 글과 KTX 투쟁에 연대하는 16인의 노동시인·문인들의 글을 한 자리에 모으고, 〈노동만화네트워크〉 만화가들이 그린 수십 컷의 삽화가 승무원들의 글과 조화된 살아있는 감동 에세이!